KB150267

Entrepreneurship &
Start-ups

기업가정신과 창업

preface

2판

본서를 출간한 지도 어언 3년이 지나 개정판을 출간하게 되었습니다. 그리 길지 않은 기간이었지만 그 사이 코로나 팬데믹, 우크라이나-러시아/이스라엘-하마스 전쟁, 공급망 재편과 무역 갈등, 그리고 챗GPT의 등장과 AI(인공지능)의 실용화 등 산업과 경제, 사회 전반에 큰 영향을 미칠 수 있는 크고 작은 일들이 있었습니다.

또한, 지구온난화와 글로벌 경제의 불확실성 등으로 ESG(Environmental, Social, Governance)에 대한 요구가 거세지고 있으며, 우리나라에서도 ESG 공시 의무를 공식화하고 있습니다. 제조업의 경우 공장자동화를 넘어 스마트 팩토리가 더욱 가속화되고 있으며, 산업 전반에 걸쳐 AI 활용도 더욱 확산될 것으로 보입니다.

창업시장에도 변화의 바람이 불고 있습니다. 긱 이코노미(Gig Economy)의 확산으로 자신의 재능과 능력을 기반으로 경제활동을 하는 슈퍼 프리랜서, 1인 창업 시대가 열리고 있습니다. 또한, 아이디어만 있으면 크라우드 펀딩을 통해 자금을 모아 제품을 생산, 판매할 수 있는 기회가 제공되고 있으며, 메이커스 운동(Maker's Movement)의 확산으로 누구나 오픈소스 하드웨어나 디지털 장비를 이용하여 아이디어를 실제 제품으로 만들어 볼 수 있게 되었습니다. 이러한 것들은 창업이 과거처럼 어렵고 복잡하거나 특정인만이 도전할 수 있는 영역이 아닌 누구나 아이디어만 있으면 창업을 할 수 있는 창업 대중화의 시대를 열어 가는데 마중물 역할을 하고 있습니다.

이에 본서에서는 이러한 시대적 변화를 반영하여 다음과 같은 몇 가지 내용을 추가 및 수정·보완하였습니다.

첫째, 제4차 산업혁명의 진행과 글로벌화, 기술적 혁신의 진전으로 인해 창업 시장에도 많은 변화가 예상되는데, 기존의 산업을 대체할 새로운 기술은 무엇이고 일자리 지형은 어떻게 변화할 것인지를 Boston Consulting Group을 비롯한 연구기관 자료를 근거로 제시하였으며, 이를 통해 앞으로 유망한 취업 및 창업 분야를 예측해 보았습니다.

둘째, 기업의 사회적 책임(CSR)에 대한 다양한 이해관계자 집단의 요구가 높아지고 있으며, 최근 코로나 팬데믹 이후에는 투자기관, 공급사 및 고객을 중심으로 ESG를 경영의사 결정에 반영하고 실천할 것을 요구하고 있습니다. 이에 CSR과 ESG경영을 이해하고 실천할 수 있도록 관련 내용을 보완하였습니다.

셋째, '벤처기업 확인제도'는 처음 등장한 1998년 이후 몇 차례의 개정 과정을 거쳐 2021년 2월 현재의 제도에 이르고 있는 바, '벤처투자 유형', '연구개발 유형', '혁신성장 유형', '예비벤처 유형' 등 4가지 유형으로 정착되었습니다. 이에 본서에서는 각각의 유형별 벤처기업으로 확인받기 위한 요건들을 정리하였습니다.

끝으로, 벤처·창업 업계의 Trends를 반영한 다양한 정보와 Case Study 등은 국내외 최근 자료를 수집하여 수정 및 보완하였습니다.

세계 경제는 급박하게 돌아가고 있지만, 기업은 그리고 조직 구성원들은 늘 새로운 환경 기회를 빠르게 포착하고 또 적응하면서 성장, 발전해 왔습니다. 창업 시장에도 앞으로 많은 변화가 있겠지만 아놀드 토인비(Arnold J. Toynbee)가 지적했듯이, 우리는 또 새로운 도전에 응전하며 새로운 기회를 만들고 발전해 나갈 것입니다.

아무쪼록 본서가 기업가정신을 배우고, 창업을 꿈꾸는 많은 분들에게 창업 성공의 디딤돌이 되기를 바라 마지않습니다.

2024. 1

저자 윤남수 씀

preface

피터 드러커(Peter F. Drucker)는 한 때 한국을 기업가정신이 가장 왕성한 국가라고 극찬하였습니다. 부존자원이나 자본, 기술이 부족한 우리나라가 한강의 기적을 만들어 내고 GDP 세계 10위권의 경제강국이 될 수 있었던 것은 기업가정신이 크게 기여하였다는데 이론의 여지가 없을 것입니다.

그러나 현재 우리나라의 기업가정신은 많이 쇠퇴하였습니다. 이유야 여러 가지가 있겠습니다만, 교육기관에 종사하는 한 사람으로서 기업가정신이나 창업에 대한 교육이 충분하지 않은데도 그 원인이 있다고 자인하지 않을 수 없습니다. 유럽의 주요 국가나 미국, 일본 등 선진국에서는 초·중·고등학교 단계별로 체계적인 기업가정신 교육과정을 마련하여 운영하고 있음에 비추어 볼 때 지금부터라도 다양한 기업가정신과 창업에 대한 교육이 시급히 필요하다고 하겠습니다.

우리는 지금 제4차 산업혁명시대라는 초연결, 초지능, 초융합의 시대에 살고 있습니다. 새로운 기술에 의해 창업기업이 단기간에 글로벌 기업으로 성장할 수도 있는 반면, 기존의 기업들도 새로운 비즈니스를 창출하지 못하면 한 순간에 사라질 수 있습니다.

제4차 산업혁명의 파고는 큰 위협이기도 하지만 한편으로는 새로운 도전과 성공의 기회이기도 합니다. 웹(web)과 스마트폰을 기반으로 한 유비쿼터스 환경, 활성화된 이커머스(e-commerce)와 소셜미디어(social media)는 개인의 창업을 더욱 쉽게 만들고 있으며 창업의 대중화를 가속화하고 있습니다. 기술변화가 급격히 일어나고 산업 재편이 빠르게 전개되면서 평생직장이 아닌 평생직업의 시대라는 말이 자연스럽게 들리고 있습니다. 우리 시대에 창업은 일생에 누구나 한번은 해야 하는 일이 되었으며, 창업에 성공하기 위해서는 먼저 기업가정신을 올바로 이해하고 창업에 대한 기본적인 지식과 정보를 충분히 갖추는 것이 필요합니다.

이에 본서에서는 창업을 준비하는 예비창업자들에게 꼭 필요한 두 가지 주제, 즉 '기업가정신 (entrepreneurship)'과 '창업(start-ups)'을 다루고 있습니다. '기업가정신(entrepreneurship)'에서는 기업가로서 갖추어야 할 기본적인 지식과 역량은 무엇인지, 기업의 오너(owner)로서 어떠한 역할과 책임이 따르는지에 대한 내용을 수록하였습니다. 또한, '창업(start-ups)'에서는 창업을 추진하는데 반드시 요구되는 아이템 탐색과 사업타당성 분석, 자금조달, 마케팅, 경영전략 등을 사례와 함께 이해할 수 있도록 제시하였으며, 구체적으로 창업 실무과정에서 필요한 산업재산권, 세무, 창업절차 등에 대한 내용도 세세하게 다룸으로써 실제 창업을 준비하는데 부족함이 없도록 하였습니다.

아무쪼록 본서가 우리나라 기업가정신을 일깨우는 조그만 주춧돌이라도 되어 주길 바라며, 소자본 창업 준비하는 일반인, 벤처 창업을 꿈꾸는 예비 벤처인, 그리고 창업에 관심있는 학생들에게 든든한 창업 성공의 밑거름이 되어 주기를 바라마지 않습니다.

끝으로 본서의 출간을 허락하고 도움을 주신 한올출판사 대표님과 직원 여러분들께도 감사의 말씀을 드리고, 다양한 문헌을 통해 집필 과정에 도움을 주신 모든 선배 학자들께도 이 자리를 빌어 심심한 감사의 말씀을 전합니다.

2020년 여름

윤남수

contents

CHAPTER 14
창업기업의 세무전략

CHAPTER 15
창업 실무절차

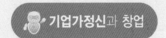

제4차 산업혁명과 창업기회

학습 목표

1. 제4차 산업혁명의 정의와 특징

2. 제4차 산업혁명의 파급효과

3. 제4차 산업혁명과 창업기회

① 제4차 산업혁명의 정의와 특징

① 제4차 산업혁명의 정의

우리는 지금 제4차 산업혁명의 시대에 살고 있다. '제4차 산업혁명'이란 용어는 2016년 1월 스위스 다보스에서 열린 세계경제포럼(WEF: World Economic Forum)에서 처음 나온 말인데, 클라우스 슈밥(Klaus Schwab) 회장은 '제4차 산업혁명'을 "디지털 혁명인 3차 산업혁명에 기반을 두고 있으며, 디지털(digital), 물리적(physical), 생물학적(biological)인 기존 영역의 경계가 사라지면서, 융합되는(fusion) 기술적인 혁명"이라고 개념적으로 정의 하였다. 디지털 기술에서는 사물인터넷(IoT), 빅데이터(Big Data) 등, 물리적 기술에서는 무인 운송수단, 3D 프린팅, 로봇 공학 등, 그리고 생물학적 기술에서는 유전공학 등이 부상하고 있다. 특히, 3D 프린팅과 유전공학이 결합하여 생체조직 프린팅이 발명되고, 물리적, 디지털, 생물학적 기술이 사이버물리시스템(CPS: Cyber Physical System)으로 연결되면서 새로운 부가가치를 창출할 것으로 전망된다.

산업혁명은 역사학자인 아놀드 토인비(Arnold J. Toynbee)에 의하면 신기술이 출현하여 생산과 소비 측면에서 폭발적인 변화와 결과를 초래하는 것을 의미한다.

제1차 산업혁명은 1760~1840년경에 걸쳐 증기기관의 발명을 바탕으로 기계에 의한 생산방식이 이끌었으며, 이를 통해 기계가 사람을 내체하는 계기가 되었다. 제2차 산업혁명은 19세기 말에서 20세기 초까지 전기와 생산 조립라인의 출현으로 시작되었으며, 대량생산이 가능하게 되었다. 그리고 1960년대에 시작된 제3차 산업혁명은 반도체와 컴퓨터, 인터넷 발달이 주도하였으며 생산의 자동화가 가능해졌다.

제4차 산업혁명은 2010년 독일이 '첨단기술전략 2020'의 일환으로 추진한 「Industry 4.0」에 기반을 두고 있다. Industry 4.0은 독일의 강점인 제조업에 ICT

기술을 융합하여 생산성과 효율성을 극대화하는 스마트 팩토리(smart factory) 중심의 산업 혁신과 이를 통한 새로운 성장 동력을 만들기 위한 국가전략이다. 그러나 제4차 산업혁명은 전통적 제조업의 경쟁력을 높이기 위한 기술전략적 개념인 Industry 4.0 보다는 훨씬 포괄적인 개념을 담고 있다.

2 제4차 산업혁명의 특징

4차에 걸친 산업혁명의 역사를 실질적 의미에서 살펴본다면 업무의 효율을 높일 도구의 발명으로 인한 혁명이라고 할 수 있는데, 각 산업혁명 단계의 특징을 살펴보면 〈표 1-1〉과 같다.

제4차 산업혁명은 '초연결성(hyper-connected)', '초융합(hyper-convergence)', '초지능화(hyper-intelligence)'의 특성을 갖고 있으며, 이를 통해 모든 것이 상호 연결되고 통합되어 보다 지능화된 사회로 변화될 것이다.

1. 초연결성(hyper-connected)

사물인터넷(IoT), 클라우드 등 정보통신기술(ICT)의 급진적 발전과 확산은 사람과 사람, 사람과 사물, 사물과 사물 간의 연결성을 기하급수적으로 확대시키고, 이를 통해 초연결성이 강화되고 있다. 인터넷과 연결된 사물(internet-connected objects)의 수는 2017년 280억 개에서 2020년 500억 개로 증가하고, 2025년에는 800억 개까지 증가될 것이다.

2. 초지능화(hyper-intelligence)

딥 러닝(deep learning)과 빅데이터에 기반한 인공지능(AI) 관련 시장이 급성장할 것으로 예상되며, 국내 인공지능 시장 규모는 2020년 8,072억원 수준에서 2025년 1조 9,074억원 수준으로 급성장할 것으로 예측된다.

표 1-1_ 산업혁명 단계별 특징

시 대	특 징
제1차 산업혁명 (1760~1840)	· 18세기 증기기관의 발명과 함께 영국의 섬유공업과 석탄 기반의 철도 인프라가 전 세계적으로 확산. · 1784년 영국의 HenryCort가 교반법(PuddlingProcess:액체상태의 철을 쇠막대기로 저어 탄소와 불순물을 제거하는 공법)을 수행하는 기계를 발명한 것이 자동화의 단초로 여겨짐. · 석탄과 석유와 같은 고에너지 연료의 사용을 통해 증기기관 및 증기기관차의 시대가 시작됨. · 기계의 발명을 통한 초기 자동화의 도입과 다리, 항만 등을 통한 국가 내의 연결성을 촉진함.
제2차 산업혁명 (19세기 말~20세기 초)	· 전기에너지와 생산 조립라인 출현 및 작업의 표준화를 통해 기업-기업 및 국가-국가 간 노동부문 연결성 강화와 대량생산 산업 구조가 세계적으로 전개. · 자동화된 대량생산은 초기에는 기업내 공급사슬에 국한되었으나 추후 다른 기업 및 국가를 포괄하는 국가적/국제적 대량생산의 공급사슬로 확대됨. · 자동화를 통한 대량생산은 노동부문에서의 효율적이고 생산적인 연결성을 촉진하였음.
제3차 산업혁명 (1960년대)	· 1969년 인터넷의 전신인 알파넷이 개발되며 디지털 및 정보통신기술시대의 서막을 알림. · 디지털 기술의 발전은 2년에 트랜지스터 집적용량이 2배 증가한다는 무어의 법칙(Moore's law)을 실현함. · 디지털 시대의 향상된 계산능력은 보다 정교한 자동화를 가능하게 하고, 사람과 사람, 사람과 자연, 사람과 기계 간의 연결성을 증가시켰음.
제4차 산업혁명 (현재)	· 4차 산업혁명은 자동화와 연결성이 극대화되는 변화를 의미함. · 극단적인 자동화는 자동화 할 수 있는 작업의 폭을 크게 넓혀서 저급 및 중급 수준의 기술에 모두 적용될 것임. · 인공지능(AI)이 적용된 자동화의 최전선에서는 언어와 이미지를 포함하는 빅데이터를 분석, 처리하는 등 인간만이 수행 가능하다고 여겨졌던 업무 중 상당부분을 로봇이 대체할 것으로 예측됨. · 국제적이면서도 즉각적인 연결을 통하여 다수의 새로운 사업 모델이 등장할 것임.

출처: UBS.(2016) 및 과학기술정책연구원.(2017) 재구성

3. 초융합(hyper-convergence)

초연결과 초지능을 통해 기존에는 상상하지 못했던 새로운 산업이나 서비스가 결합됨으로써 세상에 존재하지 않았던 새로운 기술과 산업이 출현할 것이다. 예를 들며, 금융(finance)에 기술(technology)을 결합한 핀테크(finTech), 정보통신기술이 주택에 적용된 스마트홈, 자동차에 적용된 자율주행차도 초융합의 사례이다.

한편, 제4차 산업혁명은 변화의 속도 측면에서 현재의 기술변화와는 비교가 불가능할 정도로 빠르게 변화할 것이며, 범위의 깊이 측면에서는 거의 모든 국가의 전 산업에서 와해적인 혁신을 불러오고, 시스템의 충격 측면에서는 생산, 경영 및 거버넌스 등을 포함하는 전체 시스템의 변혁을 초래할 것으로 전망된다. 제4차 산업혁명이 기존의 제3차 산업혁명과 현저히 구별되는 세 가지 특징을 살펴보면 다음과 같다.

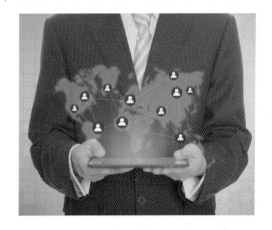

- **속도**(velocity): 제1~3차 산업혁명과는 달리, 제4차 산업혁명은 선형적 속도가 아닌 기하급수적인 속도로 전개 중이다. 따라서 이전에는 경험하지 못한 빠른 속도의 획기적 기술 진보가 일어날 것이다.
- **범위와 깊이**(breadth and depth): 제4차 산업혁명은 디지털 혁명을 기반으로 다양한 과학기술을 융합해 개인뿐만 아니라 경제, 사회, 기업을 유례없는 패러다임으로 전환하도록 유도한다. 따라서 각 국가의 전 산업분야에 걸쳐 파괴적 기술(disruptive technology)에 의한 대대적 산업 재편이 일어날 것이다.
- **시스템의 충격**(system impact): 제4차 산업혁명은 생산, 관리, 지배구조를 포함한 전체적인 시스템의 변화가 예상되며, 이는 국가 간, 기업 간, 산업 간, 그리고 사회 전체 시스템의 변화를 수반할 것이다.

2 제4차 산업혁명의 파급효과

1 제4차 산업혁명의 파급효과

제4차 산업혁명은 경제, 산업구조, 노동시장 등 거의 모든 분야에 상당한 파급효과 를 미칠 것으로 예상된다. 기술융합으로 생산성은 높아지면서 생산 및 유통 비용을 낮춰 소득의 증가와 삶의 질 향상이라는 긍정적 효과가 기대되는 반면, 사회적 불평 등 빈부격차 뿐만 아니라 기계가 사람을 대체하면서 노동시장 축소와 같은 부정적인 결과들이 나타날 것이다.

특히, 노동시장 측면에서는 '고기술/고임금'과 '저기술/저임금' 간의 격차가 커질 뿐만 아니라 일자리 양분으로 중산층의 지위가 축소될 가능성이 크다. 또한, 산업구조 측면에서는 수요와 공급을 연결하는 기술 기반의 플랫폼 발전으로 공유경제(Sharing Economic)나 온디맨드 경제(On Demand Economy)가 급부상할 것으로 예측된다.

한편, 기술 기반의 플랫폼을 활용한 다양한 서비스 및 사업 모델이 증가하면서 개인들에 의해 창업이 활기를 띨 것이다. 플랫폼 활용은 품질이나 가격, 서비스 등을 빠 르게 개선하는 효과를 가져올 것이며, 이는 기존 기업을 대체하는 새로운 사업기회를 제공할 것이다. 대표적으로 우버(Uber)나 에어비앤비(Airbnb)는 차량이나 호텔을 소유하고 있지 않으면서도 공유경제라는 플랫폼을 이용하여 기업을 운영하고 있으며 전 세계에 지사를 두고 있는 글로벌 기업으로 성장하였다.

노동시장 측면에서는 인공지능(AI), 빅데이터(big-data), 바이오(bio) 등 하이테크놀로지에서 필요로 하는 전문 기술직에 대한 수요는 늘어나는 반면, 단순직 고용 불안정성은 더욱 커질 것이다. 또한, 제4차 산업혁명으로 당분간은 과학 및 기술 분야의 고용이 증가할 것으로 기대되나 인공지능(AI), 로봇기술, 자율주행차와 같은 노동력 대체 기술 의 발달로 전체적인 일자리는 줄어들 것이다.

공유경제(sharing economy)

2008년 미국 하버드대 법대 로런스 레식 교수에 의해 처음 사용된 말로, 한번 생산된 제품을 여럿이 공유해 쓰는 협력 소비를 기본으로 한 경제 방식을 말한다. 대량생산과 대량소비가 특징인 20세기 자본주의 경제에 대비해 생겨났다. 즉 물품은 물론, 생산설비나 서비스 등을 개인이 소유할 필요 없이 필요한 만큼 빌려 쓰고, 자신이 필요 없는 경우 다른 사람에게 빌려주는 공유 소비의 의미를 담고 있다.

온디맨드 경제(on-demand economy)

플랫폼과 기술력을 가진 회사가 수요자의 요구에 즉각적으로 대응하여 서비스 및 제품을 제공하는 경제 전략 혹은 활동을 일컫는 말이다. 온디맨드(on-demand)는 사전적으로 모든 것이 수요에 달려있다는 의미를 지닌다. 2002년 10월 IBM의 최고경영자(CEO) 샘 팔미사노(Sam Palmisano)가 처음으로 온디맨드라는 단어를 차세대 비즈니스 전략으로 내세우면서 널리 알려졌다. 온디맨드 경제 하에서 기업은 질 좋은 제품이나 서비스를 제공하는 것뿐 아니라, 수요자와 공급자를 연결해주고, 이 둘 간의 거래가 원활하게 이루어질 수 있도록 서비스의 질을 관리하는 것 또한 기업의 역할 중 하나가 되었다

출처: 네이버 지식백과, 두산백과

② 제4차 산업혁명과 고용구조의 변화

제4차 산업혁명은 고용구조의 측면에서도 많은 변화를 가져올 것으로 예상되는데, 세계경제포럼(WEF)에서 발간한 「The Future of Jobs(WEF, 2016)」에 따르면, 과학기술적 측면에서 '모바일 인터넷', '클라우드 기술', '빅데이터', '사물인터넷(IoT)' 및 '인공지능(AI)' 등의 기술이 4차 산업혁명의 주요 변화 동인(動因)이 될 것으로 보고 있다. 보고서에 따르면 제4차 산업혁명의 변화 동인으로서 모바일 인터넷과 클라우딩 기술이 34%, 연산능력과 빅데이터 26%, 사물인터넷 14%, 인공지능 7% 등을 꼽고 있다〈그림 1-1〉.

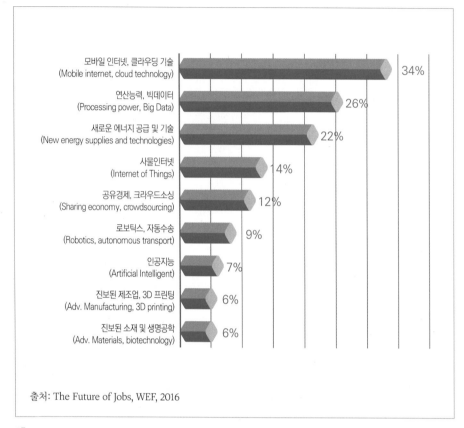

출처: The Future of Jobs, WEF, 2016

🎯 **그림 1-1_** 「The Future of Jobs」가 전망한 제4차 산업혁명의 주요 변화 동인

Boston Consulting Group은 인더스트리 4.0(Industry 4.0)에 기반한 기술적 측면의 변화 동인(動因)들이 일자리 지형에 직접적인 영향을 미쳐 기술발전을 가속화 시킴으로써 제조업 생산성이 크게 향상될 것으로 전망하였으며, 이러한 변화의 중심에는 빅데이터, 로봇, 자동화 등의 기술이 자리할 것으로 예측하였다.

옥스퍼드 대학(Oxford Univ.)의 Martin School은 유럽에서의 미래 일자리 지형 변화를 연구하였는데, 유럽 노동시장이 '글로벌화'와 '기술적 혁신'으로 인해 변화될 것으로 전망하였고, 과학기술의 발전이 단순 업무에서부터 복잡한 업무까지 자동화시켜 일자리뿐만 아니라 업무영역에서도 커다란 변화가 나타날 것으로 전망하였다. 특히, S/W 및 빅데이터 등 정보통신기술(ICT)의 발달로 업무영역이 자동화되고, 자율주행기술 및 3D 프린팅 기술 등의 등장으로 일자리 지형이 크게 변화할 것으로 예측하였다.

호주 경제개발위원회(CEDA)는 노동시장의 미래 변화에 대한 연구를 수행하였는데, 과학기술적 측면과 과학기술 외적측면에서의 변화 동인을 제시하였다. 과학기술적 측면에서는 클라우드 서비스, 사물인터넷(IoT), 빅데이터, 인공지능 및 로봇기술 등이 변화동인으로 제시되었다. 과학기술 외적으로는 글로벌화, 인구통계학적 변화, 사회변화 및 에너지 부족 등이 변화동인으로 제시되었다.

그 밖에 세계적 민간기업인 제너럴일렉트릭(GE, General Electronics Corp.)은 미래 공급체인의 발전과 고객 니즈 충족과 관련된 기술을 연구하였는데 과학기술의 발달이 기업의 공급체인을 더욱 발전시키고 고객의 다양한 요구를 충족시켜 경제규모를 더욱 크게 만들 것으로 전망하였다. 특히, 클라우드, 자동화 기술, 예측 분석 및 선행제어를 위한 스마트 시스템 등의 기술이 미래에 생산성을 높일 기술로 제시되고, 기계 센서와 커뮤니케이션 기술, 3D 프린팅 기술 등은 고객의 니즈를 충족시킬 수 있는 기술이 될 것으로 예측하였다.

이러한 다양한 미래 전망자료를 종합·분석해보면, 과학기술 측면에서 4차 산업혁명과 미래사회 변화를 야기하는 주요 변화 동인이 ICBM(IoT, Cloud, Big Data, Mobile) 등 정보통신기술(ICT) 기반의 기술임을 알 수 있으며, 이를 바탕으로 4차 산업혁명이 발전될 것임을 예측할 수 있다.

③ 제4차 산업혁명과 창업 기회

① 제4차 산업혁명과 일자리 변화

정보통신기술의 발전 과정을 살펴보면, 새로운 기술의 출현은 기존 일자리를 감소시키는 동시에 새로운 창업의 기회를 제공해 왔음을 알 수 있다. 정보통신기술 발전 단계별 일자리 변화를 살펴보면, 1950년대 정보기술이 태동하면서 미국을 중심으로 점차 일자리가 사라질 것이라는 공포가 확산되었으나, 컴퓨터, 반도체 등의 정보기술 개발 과정에서 일자리가 지속적으로 창출하였다.

1960년대 전후에는 IBM, 컴캐스트, 인텔 등 컴퓨터, 방송 미디어, 반도체 산업이 등장하여 고용을 창출하였다. 1970~1980년대에는 개인용 컴퓨터 분야에서 마이크로소프트, 애플, 오라클 등이 등장하였으며, 1990년대 이후에는 인터넷, 전자상거

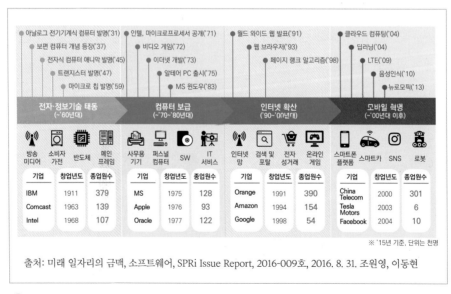

출처: 미래 일자리의 금맥, 소프트웨어, SPRi Issue Report, 2016-009호, 2016. 8. 31. 조원영, 이동현

그림 1-2_ 정보통신기술 발전 단계별 일자리 변화

래, 온라인게임 등 인터넷 서비스 산업에서 오렌지, 아마존, 구글 등이 창업하여 고용을 창출하였다.

모바일 시대로 대변되는 제4차 산업혁명 시대에는 자율주행차, 로봇, 빅데이터 등 인공지능(AI)과 ICT 융합기술 관련 창업이 증가하여 고용을 창출할 것으로 전망된다〈그림 1-2〉.

2 제4차 산업혁명과 창업 기회

혁신기술을 기반으로 성장하는 스타트업(창업기업)은 기존 기업에 비해 훨씬 많은 양질의 일자리를 창출하는데 기여한다. 미국 고용시장 추이를 살펴보면, 1980년 이후 기존 일반 기업들이 연 평균 130만 개의 일자리가 감소된데 반해, 스타트업은 연 평균 280만 개의 새로운 일자리를 창출하였다. 따라서 4차 산업혁명의 혁신기술을 기반으로 한 스타트업 창업의 증가는 새로운 일자리 창출의 기회가 될 것이다〈그림 1-3〉.

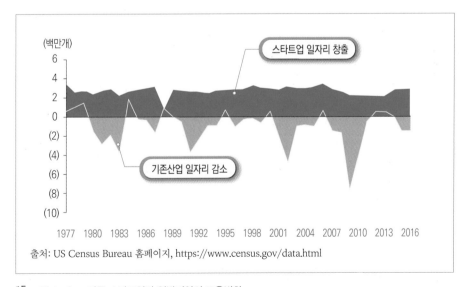

출처: US Census Bureau 홈페이지, https://www.census.gov/data.html

🚂 그림 1-3_ 미국 스타트업과 일반기업의 고용변화

쉬어
가기

스타트업을 위한 공간 팹랩 서울

팹랩(FabLab)은 '제조 연구실(fabrication lab-oratory)'의 준말로 MIT 미디어랩의 닐 거셴필드 교수가 최초로 고안한 디지털 제작 공작소이다. 그가 대학 커리큘럼의 일환으로 '거의 모든 것을 만드는 방법(How to Make Almost Anything)'이라는 수업에서 처음 공간에 대한 아이디어가 나왔다. 그리고 MIT는 '시설을 안전하게 사용하고, 아껴서 관리하며, 팹랩 활동을 통해 쌓은 지식을 공유한다'는 원칙만 지킨다면 세계 어디서나 누구든지 팹랩을 만들 수 있도록 허용했다. 이런 설립 취지에 공감한 세계 각국의 교육기관과 지자체, 시민단체 등이 프로젝트에 동참했고 현재는 50여 개국에서 약 240개의 팹랩을 운영하고 있다.

이 중 돋보이는 것은 단연 영국 맨체스터 팹랩이다. 산업혁명의 영광을 뒤로하고 폐공장만 흉물스럽게 남아있던 맨체스터 지역이 3D 프린터를 비롯한 디지털 제작 도구로 중무장한 팹랩이 들어서면서 활기를 띠게 됐다. 디지털 제작 공간이 지역사회의 성장을 이끌수 있다는 것을 보여준 사례이다.

서울에도 이와 유사한 공간이 있다. 바로 청계천 세운상가 5층에 자리한 팹랩 서울이다. 건축가 김수근의 설계로 1968년 완공한 이 건물은 한때 국내 유일의 종합 가전제품 상가로 전성기를 누렸으나 용산전자상가 등이 세워지며 쇠락의 길을 걸었다. 누구도 세운상가의 내리막길을 멈출 수 없을 것이라 생각했지만 타이드 인스티튜트(Tide Institute) 고산

대표가 이 지역의 잠재력을 발견하고 이곳에 팹랩 서울을 오픈했다. 팹랩 서울은 3D 프린터를 비롯해 레이저 커터, CNC 라우터, CNC 밀링 머신, 비닐 커터, 3D 스캐너 등을 보유하고 있으며 아두이노, 라즈베리 파이 같은 각종 전자 부품도 사용할 수 있다.

팹랩 서울의 김동현 책임 연구원은 다양한 제작 장비를 보유하고 있는 것이야말로 팹랩 서울의 가장 큰 특징이라고 말했다. "디지털 제작소를 표방하는 다른 곳에서는 보통 3D 프린터나 CNC 기계 정도만 보유하고 있다. 하지만 제대로 된 요리를 하려면 전자레인지뿐 아니라 오븐, 칼, 도마 등이 있어야 하듯 제대로 된 시제품 하나를 만들기 위해선 여러 제작 도구를 갖추고 있어야 한다." 이 밖에 각종 수공구도 마련해놓아 팹랩은 미국의 개라지(garage)를 방불케 한다. 장비사용 교육과정을 이수한 뒤 일정 비용만 지불하면 자유롭게 장비를 사용할 수 있고 예약은 인터넷상에서 이뤄진다. 또 매주 목요일은 오픈 데이로 진행하는데 무료로 장비를 사용할 수 있는 대신 페이스북 팹랩 서울 커뮤니티에 그날 나온 결과물 사진을 업로드하도록 한 것이 특징이다.

팹랩 서울은 다양한 스타트업이 탄생할 수 있는 환경을 제공하고 있는데, 킥스타터를 통해 펀드라이징에 성공한 직토(Zikto)의 걸음걸이 교정용 손목밴드 아키(Arki), 닷(dot)의 시각장애인용 스마트워치 등이 팹랩 서울과의 협력으로 프로젝트를 진행한 사례이다.

출처: 21세기 연금술사들을 위한 공동 대장간, 팹랩 서울, 디자인하우스, 2015. 11월

③ 메이커스 운동의 확산

메이커스 운동(Maker's movement)은 아이디어를 제품화하고 싶지만 자본과 시장 기반이 없는 개인이 누구나 제조, 판매를 할 수 있도록 오픈소스 하드웨어, 디지털 장비 등을 개인들이 자유롭게 사용할 수 있도록 제공하여 시제품을 제작해 보고 아이디어를 실현하도록 지원하는 활동을 말한다. 제4차 산업혁명 시대에는 프로슈머(Prosumer: 소비자 겸 생산자) 또는 메이커(Maker)가 창업을 주도하며, 이들이 결국 산업혁신의 동력으로 작용될 것이다.

기존에는 하나의 제품이 완성되어 출시되기까지 많은 시간과 비용이 소요되는 예전과 달리 제4차 산업혁명의 시대에는 누구나 디지털 제작 도구를 활용하여 본인이 희망하는 제품을 만들고 판매하는 방식으로 제조 환경이 급변할 것이다. 예를 들어 기업이 공장에서 비싼 레이저절단기나 금속절삭기로 제품을 만들던 것이 이제는 그보다 훨씬 저렴한 3D 프린터로 개인이 제품 프로토타입을 만들 수 있고, 디자이너는 까다로운 코딩을 하나하나 하지 않고도 컴퓨터 보드의 일종인 아두이노를 이용해 간단하게 디자인을 디지털화 할 수 있다.

메이커스 운동은 아동, 청소년, 성인 등 누구나 본인이 상상하던 것을 제품으로 당장 실현해 보는 시험의 장이 된다는 데에 의미가 있는데, 이를 통해 제작에서부터 판매에 이르기까지 독자적으로 수행하는 1인 기업의 창업이 증가할 것으로 전망된다.

④ 제4차 산업혁명과 기업가정신

클라우스 슈밥은 제4차 산업혁명 시대는 산업생태계의 재편성으로 많은 창업기업(start-up)이 등장할 것이라고 예측하였다. 창업기업들은 R&D로부터 생산, 마케팅, 유통에 이르는 가치사슬을 지원하는 글로벌 디지털 플랫폼을 활용하여 품질, 속도, 판매 가격 등을 혁신하고 있으며, 이는 과거 기업들이 직접 가치사슬의 연결과 통합을 수행해야 했던 수고를 이제 여러 가지 디지털 플랫폼들이 대신해 주고 있어 누구

제4차 산업혁명 시대의 생존전략

제4차 산업혁명은 2016년 1월 스위스 다보스에서 열린 '세계경제포럼'에서 처음 언급된 개념으로서 인공지능, 로봇공학, 사물 인터넷, 무인 운송 수단, 3차원 인쇄, 나노 기술과 같은 새로운 분야에서의 기술혁신을 의미한다. 이러한 혁신이 가져올 변화는 엄청나서 '혁명'이라는 글자를 붙이고 있다. 혁명은 말 그대로 급진적이고 근본적인 변화가 와서 현경제체제와 사회구조를 완전히 변화시킬 수 있다는 의미이다.

우리는 흔히 미래의 변화를 과소평가하는 측면이 있다. 우리가 지금 쓰고 있는 인터넷이 처음 등장한 것은 1989년인데 불과 30년도 되지 않아 세계 73억 인구 중에서 32억 인구가 사용하고 있다. 이는 전 인류 중 거의 절반에 육박하는 숫자이다. 2007년 애플에서 처음 개발된 스마트폰 역시 10년 만에 한국인 10명 중 9명이 사용하고 있을 정도로 엄청나게 빠른 속도로 확산되었다. 인터넷, 스마트폰에 이어 다음 타자로 거론되는 인공지능, 나노기술, 빅데이터, 유전공학 등의 분야들에서 앞으로 얼마나 빠른 발전과 확산이 일어날지, 그리고 이러한 모든 기술들이 서로 융합될 때 어떠한 세상이 전개될지는 누구도 예측할 수 없다.

이스라엘의 역사학자인 유발 하라리(Yuval Noah Harari)는 최근 화제가 되고 있는 새 저작 『호모 데우스』에서 기하급수적으로 발전하는 기술이 인간 사회의 패러다임을 빠른 시간 안에 완전히 뒤바꿔버릴 수 있다는 점을 시사하며, 업그레이드된 세계에서의 인류를 뉴욕 월스트리트 가에 뚝 떨어진 네안데르탈인에 비교한다. 수렵과 채집을 하던 네안데르탈인

이 월가의 주식시장을 걱정할 필요가 없었던 것은 그것이 그들이 익숙한 사회로부터 수만 년 뒤의 일이었기 때문인데, 하라리는 대부분의 사람들이 이해할 수 있는 수준보다 훨씬 더 빠른 속도로 진행되는 요즘의 과학 연구와 기술 개발을 고려하면, 우리에게 의미있는 현재의 세계는 몇 십 년 안에 무너질 수 있다고 지적하였다. 그의 말을 요약하자면, 우리가 원하든 원하지 않든 세상은 엄청난 속도로 변하고 있고, 잠깐 한 눈을 팔면 마치 복잡한 월스트리트 한복판에 어리둥절하게 서 있는 네안데르탈인 같은 신세가 될 수 있다는 것이다.

사람들이 4차 산업혁명에 대해 우려하는 가장 큰 점은 아마도 "직장을 잃게 되지나 않을까?"하는 걱정일 것이다. 실제로 옥스퍼드 대학의 마틴 스쿨(Martin School)에서 연구한 자료는 현재 직업의 47%가 20년 이내에 사라질 가능성이 높다고 보고하고 있으며, 매킨지(Mckinsey)에서 2016년에 발표한 자료에서도 미국의 경우 인공지능이나 첨단로봇 등으로 물리적・지적 업무의 자동화로 인해 인간이 하는 업무의 45%가 자동화될 수 있을 것이라고 전망하고 있다. 그나마 다행인 것은 제4차 산업혁명과 관련된 기술 직군과 산업분야에서 새로운 일자리가 계속 창출될 것이고, 또 이와 별개로 창의력을 요구하는 업무나 감정을 인지하는 업무는 자동화되기가 어려울 것이라는 점이다. 이런 맥락에서 보면 새로운 기술변화를 주의 깊게 살펴보고, 새로운 일자리를 찾는 일에 그 어느 때 보다도 한 시도 게을리 할 수 없다.

출처: 윤남수. (2017. 8. 7.). 4차산업혁명시대의 생존전략. 한국증권신문.

든 새로운 비즈니스를 창업하기 쉬워졌다는 의미이다. 이를테면, 소비자들이 가지고 있는 니즈(needs)를 파악하고 이를 해결해 줄 수 있는 혜택(benefits)을 식별한 창업자는 문제 해결에 대한 아이디어만 있으면 킥스타터(Kickstarter) 같은 크라우드 펀딩 플랫폼을 통해 투자자를 모을 수도 있고, 아이디어 자체를 개선, 발전시킬 수도 있으며, 저비용의 클라우드 서비스를 이용하는 가운데 제품 컨셉의 설계, 제조, 판매 등을 함께 할 파트너를 찾아 빠르게 사업화를 진행할 수 있다.

제4차 산업혁명 시대에는 이른바 세계화와 비용절감으로 급성장을 한 기업의 황금기는 저물고 20세기를 대표하는 대기업 중심의 관리 자본주의가 벤처 중심의 기업가적 자본주의로 변화될 것이다.

제4차 산업혁명 시대의 혁신은 기업의 전유물이 아니라 개인 자체를 혁신가, 잠재적인 기업가(entrepreneur)로 상정하기 때문에 각자의 노력에 따라 성공한 기업가가 될 수 있다. 또한, 기존기업가의 성공방정식은 제4차 산업혁명에서는 더 이상 적용되지 않을 것이다. 제4차 산업혁명이라는 새로운 환경의 등장은 개인의 선천적인 기업가적 자질보다는 후천적인 기업가정신 발현을 통해 누구나 기업가(entrepreneur)가 될 수 있는 길을 열어 놓고 있다.

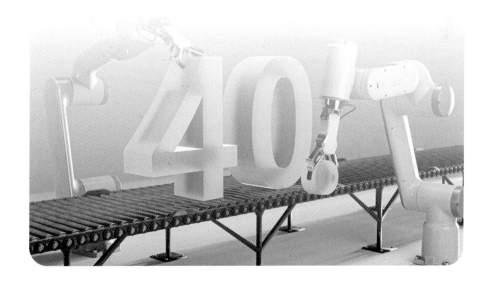

참고문헌

· 과학기술정책연구원. (2017. 9. 11.). 4차 산업혁명 시대 기업가정신의 의의와 방향. STEPI Insight, vol.218.

· 김덕현. (2019). 4차 산업혁명과 융합. 비즈프레스.

· 김동규 외 4. (2017). 제4차 산업혁명 미래 일자리 전망. 한국고용정보원.

· 김석관 (2018). "산업혁명을 어떤 기준으로 판단할 것인가?", 과학기술정책.

· 김진수 외4. (2018). 제4차산업혁명시대의 기술창업론. 탑북스.

· 네이버 지식백과. 두산백과, https://terms.naver.com/entry.nhn?docId=3560861&cid=40942&categoryId=31819.

· 네이버 지식백과. 시사상식사전, https://terms.naver.com/entry.nhn?docId=938206&cid=43667&category Id=43667

· 디자인하우스. (2015. 11). 21세기 연금술사들을 위한 공동 대장간, 팹랩 서울.

· 박무일, 정해주, 김성용. (2000). 기술창업과 기업가정신.탑북스.

· 산업통상자원부. (2016). 4차 산업혁명 정의 및 거시적 관점의 대응방안 연구.

· 연합뉴스TV. 제4차 산업혁명 3분 요약. https://www.youtube.com/watch?v=-5P2OL9a1A8

· 윤남수. (2017. 8. 7.). 4차산업혁명시대의 생존전략. 한국증권신문.

· 정민, 조규림, 주원. (2016). 4 차 산업혁명의 등장과 시사점. 한국경제주평, 705.

· 제4차 산업혁명 미래 일자리 전망. (2017)., 김동규 외4, 한국고용정보원.

· 조원영, 이동헌. (2016. 8. 31). 미래 일자리의 금맥, 소프트웨어, SPRi Issue Report, 2016-009호.

· 클라우스 슈밥 저, 송경진 역.(2016). 클라우스 슈밥의 제4차 산업혁명. 새로운 현재.

· 한형상, 김현. (2018). 제4차 산업혁명과 지식서비스, 한국산업기술평가원.

· Boston Consulting Group. (2016). Man and Machine in Industry 4.0.

· CEDA. (2015). Australia's Future Workforce.

· General Electronics. (2016). The Workforce of The Future.

· Oxford Martin School & Citi Research. (2016). The Technology at Work v2.0.

· Schwab, K. (2017). The fourth industrial revolution. Currency.

· UBS. (2016). White Paper for the World Economic Forum. Annual Meeting 2016.

· US Census Bureau 홈페이지, 미국 스타트업과 일반기업의 고용변화. https://www.census.gov/data.html

· WEF. (2016). The Future of Jobs.

기업가정신과 창업

기업가정신의 이해

학습 목표

1. 기업가정신의 개념
2. 기업가정신의 구성요소
3. 기업가정신의 발전단계
4. 경제발전에서 기업가정신의 역할

1 기업가정신의 개념

1 기업가정신의 의의

우리나라가 1960년대 이후 급속한 경제성장을 해 온 배경에는 기업가정신을 가진 기업가들과 정부의 역할이 컸다. 협소한 국토와 부족한 부존자원에도 불구하고 오직 기회를 보고 도전과 열정, 헌신으로 일군 우리나라의 경제성장 과정은 기업가정신에 의하지 않고는 충분히 설명될 수 없다. 우리나라의 기업가정신은 크게 세 번의 변천 과정을 거쳐 현재에 이르고 있다〈표2-1〉.

1. 제1차 기업가정신

1960~1980년대 정부의 경제성장 및 산업정책에 따라 대기업을 중심으로 한 기업가정신이 발현된 시기로서 6.25전쟁 이후 한국 산업 발전의 초석을 다진 시기이다. 이 시기의 대표적인 기업가로는 현대그룹의 정주영, 삼성그룹의 이병철, LG그룹 구인회, 포항제철(현재 포스코)의 박태준 등을 들 수 있으며, 해외 원조와 정부의 적극적인 지원을 바탕으로 식품, 의류 등 경공업에서 시멘트, 비료, 정유 등 중공업, 건설업, 수출업이 발전하게 되었다.

2. 제2차 기업가정신

1990년대~2000년대 초반까지의 기간으로 김대중 정부 출범 이후 정부의 중소·벤처기업 육성정책과 전세계적인 벤처붐 시기가 맞물려 다양한 벤처기업이 등장한 시기이다. 이에 따라 기존 대기업 위주의 산업에서 기업가정신으로 무장한 벤처기업가들을 중심으로 IT산업 등 중소기업으로 산업의 영역이 확산되었다. 이에 따라 기존의 완제품 및 하드웨어 제품 생산 중심의 산업 구조에서 반도체 및 전자

표 2-1_ **시대별 기업가정신의 변천과 변화원인 분석**

구 분	제1차 기업가정신			제2차 기업가정신		제3차 기업가정신
	전후 복구기 1950년대	고도 성장기 1960~70년대	전환기 1980년대	벤처 성장기 1990년대	조정기 2000년대	창업대중화기 2010년대
기업가 역할 모델	이병철, 정주영	구인회, 이병철, 정주영	정주영, 박태준	정문술, 안철수, 이민화, 조현정	김택진, 장병규, 김영달, 이해진	김범수, 권혁빈, 김봉진, 김범석
기회 특성	6.25전쟁 후 건설, 식품, 의류시장, 확실한 기회	경제개발5개년, 정부 + 시장, 의류, 기계, 수출시장	산업기반 발전, 해외시장 선전, 개선적 혁신, 수입대체재	글로벌시장형성, 해외자금유입과 벤처투자, IMF 위기, 혁신적 기술	글로벌시장확대, 세계시장권 역화, 시장다양화, 시장융합 및 틈새	본글로벌(Born Global) 동남아 등 시장다양화, 유비쿼터스 접속환경
산업 특성	농업, 광업, 의류, 식품	경공업, 중공업 (시멘트/ 비료/ 정유)	건설업, 수출업 (전자제품/ 자동차/기계/ 철강 등)	반도체/전자제품/ 선박/자동차/ 컴퓨터 등	IT산업, 서비스산업, 환경 및 에너지 관련 산업, NT 산업	ICT융합산업, 서비스산업, 바이오 및 에너지 등
자원 원천	노동력, 내부자원 빈약	노동력, 낮은 인건비, 외국 원조	노동력, 국내자본 형성, 해외투자	자본력(은행, VC, 금융시장 형성), 엔젤투자	기술력, 외국자본 증대, 자본시장 연동, M&A 활성화	창의성 및 아이디어, 기술, 시장 및 자금정보
창업 동기	생계유지	정부 주도, 기회 추구, 생계 유지	정부 주도의 기회 추구, 부의 창출	사회적 분위기, 수익 창출, 기술 사업화	신기술 사업화, 생계형 창업 증대, 사회적 문제해결	사회경제적 성공, 자아실현, 사회문제 인식
경쟁력 원천	외국원조 의존, 농업인구 60%, 낮은 인건비	공업화 추진, 중화학공업, 낮은 인건비	건설, 제철, 자동차 등 핵심기술 획득, 수출력 확보	선도적 원천/핵심 기술 획득, 글로벌 시장, 접근성, 기술혁신 능력	선도적 기술혁신(정보통신 기술, 나노기술 등), 세계시장 접근, 실행력	비즈니스 모델, 글로벌 마인드, 네트워킹 역량, 실행력
경제 성장률	3.69%	8.01%	7.67%	6.26%	4.84%	2.9%

출처: 김선우, 고혁진. (2017). 4 차 산업혁명시대 기업가정신의 방향. 한국창업학회 Conference.

제품 위주의 정부주도 산업화 정책이 본격적으로 시작되면서 1세대 벤처기업이 역
동적으로 성장하게 된다.

3. 제3차 기업가정신

2010년대~현재까지의 기간으로 애플(Apple)의 아이폰이 주도한 스마트폰 플랫폼
등장과 함께 창업대중화의 시대 개막 시기이다. 이 시기에는 정부 주도의 창업 활성
화 정책과 창의성 및 아이디어를 바탕으로 한 새로운 창업붐이 조성된 시기로서 이
는 창업의 양적 확산에 기여하게 되었다.

② 기업가정신의 정의

기업가정신을 이해하기 위해서는 우선 그 용어의 유래를 이해하여야 한다. 기업가
정신은 '시도하다' 또는 '모험하다'의 프랑스어 'entreprendre'에서 유래되었다. 즉,
새로운 것을 시도하거나 모험을 감수한다는 의미를 담고 있는 것이다. 기업가정신은
영어 표현인 앙트르프러너십(entrepreneurship)을 번역한 것으로서 한자로 표현하자면
회사를 운영하는 사람을 뜻하는 「企業家」精神이 아닌 새로운 가치나 일자리를 창
출하는 사람을 뜻하는 「起業家」精神라고 표현하는 것이 보다 정확하다.

기업가정신을 한마디로 표현한다면, "보상과 위험을 가정하고 새로운 어떤 것을
창조하는 과정"이라고 볼 수 있는데, 학자에 따라서 다양하게 정의를 내리고 있다.
기업가정신에 대한 학자들의 징의를 살펴보면 다음과 같다.

- 론스타트(R. C. Ronstadt): 기업가정신이란 빨간 신호등 앞에서도 때로는 이를 무
  시하고 돌진하는 것과 같다. 기업가정신은 스스로 사업을 일으키는 것, 그리고
  이를 자기 인생에서 가장 즐거운 일로 여기는 것이다.
- 슘페터(J. A. Schumpeter): 기업가정신이란 기업가가 갖추고 있는 혁신능력과 신시
  장, 신상품, 신기술개발을 위한 노력, 투자의욕 등이라고 할 수 있으며, 이러한
  기업가정신은 혁신(innovation)을 통해 구체적으로 발현된다.

- 스티븐슨(H. Stevenson): 기업가정신이란 기업을 설립하거나 혁신 또는 위험을 감수하는 정도이다.
- 티몬스(J. Timmons): 기업가정신은 실질적으로 아무것도 아닌 것으로부터 가치있는 어떤 것을 이루어내는 인간적이고 창조적인 행동이다.
- 드러커(P. F. Drucker): 기업가정신은 새로운 문제나 새로운 기회에 대해 적절히 대응해 나가는 경영관리의 적응, 그리고 혁신을 경영관리에 실천해 나가는데서 찾아볼 수 있다. 또한, 기업가정신은 대기업 뿐만 아니라 중소기업 또는 공공기관에서도 필요한 것이며 새로운 기업에서 뿐만 아니라 기존기업에서도 필요하다.

이러한 학자들의 견해를 종합해보면, 기업가정신이란 「미래의 불확실성과 높은 위험에도 불구하고 주도적으로 기회를 포착·도전하며, 혁신 활동을 통해 새로운 가치를 창출하는 실천적 역량」이라고 정리할 수 있다.

2 기업가정신의 구성요소

위에서 기업가정신의 개념을 살펴보았다. 그렇다면 기업가정신을 설명하기 위해서는 어떠한 요소들이 필요할까? 앞서 학습한 기업가정신의 정의를 바탕으로 기업가정신을 구성하는 요소들을 정리하면, 혁신성, 위험감수성, 진취성, 자율성, 경쟁적 공격성으로 요약할 수 있는데, 이들 요소들에 대해 자세히 살펴본다.

1 혁신성(innovativeness)

혁신성은 통상적인 활동에서 벗어나 모든 물질적 요소와 힘을 새롭게 결합하여 재가공하는 것으로서 기업가정신의 핵심 개념이다. 슘페터(Schumpeter)가 혁신이란

'창조적 파괴'를 수반한다고 주장하면서 이후 많은 학자들이 혁신의 중요성을 강조해 왔다. 혁신성이란 기업 성장과 전략적 위치를 강화하기 위한 중요 수단으로서 새로운 아이디어, 제품, 서비스, 그리고 프로세스 개발을 목표로 한 실험과 창조적 프로세스를 통해 새로운 것을 기꺼이 받아들이려는 성향이라고 할 수 있다. 좀 더 구체적으로 말하자면, 혁신성은 새로운 기회와 해결책을 찾고자 하는 기업의 노력, 즉 대담하고 광범위한 행동에 개입하고자 하는 기업의 욕구로서 기꺼이 혁신을 하고자 하는 자발성, 그리고 혁신을 하고자 하는 기업의 성향이라고 설명할 수 있다.

2 위험감수성(risk taking)

위험감수성은 새로운 사업에 대한 성공의 확신이 없을지라도 과감하게 활동해서 기꺼이 새로운 사업기회를 포착하는 의사결정 활동을 의미한다. 즉, 경영환경에서 의사결정은 항상 위험을 수반하는데 이러한 위험을 기꺼이 감수하는 것이다. 그러나 여기서 말하는 위험은 무턱대로 무모하게 도전하는 것이 아니라, 기업가의 풍부한 경험과 전문적 지식을 바탕으로 철저한 시장조사를 통해 예측 가능한 위험을 말하며, 이러한 위험을 세심한 준비로 극복하여 계산된 위험을 감수한다는 것이 위험감수성이다.

3 진취성(proactiveness)

진취성이란 새로운 기회를 포착하기 위한 노력을 의미하며, 반응성의 상대적 개념으로서 기업의 활동지향성으로 설명된다. 진취성은 시장 내 경쟁자에 대한 적극적인 경쟁의지와 우월한 성과를 창출하려는 의지를 보이거나, 시장 내 지위를 높이기 위한 경쟁자에 대한 직접적이고도 강도 높은 수준의 도전정신을 의미하며, 이는 새로운 비즈니스를 창업하고자 하는 기업가가 갖추어야 할 중요한 능력이다.

정주영 회장의 성공 마인드

간척지 사업은 방조제를 쌓아 바닷물을 가두고 그 물을 빼서 육지로 만든다. 먼저 해야 할 일은 방조제를 만들어 물을 막는 것, 이를 '물막이 공사'라고 한다. 그런데 착공 5년째 되던 1984년에 한 최종 물막이 공사는 가장 어려운 공사였다. 방조제의 길이는 6400여 미터였는데, 그 중 마지막 남은 270미터를 쌓을 수가 없었다. 초속 8미터의 무서운 급류가 흘렀기 때문이다. 한강이 여름 홍수 때에는 초속 6미터로 흐르니 그 세기가 얼마나 빠른지를 비교해볼 수 있을 것이다. 자동차만 한 바위를 넣어도, 30톤 덤프트럭들이 끊임없이 돌을 날라도, 거센 물살은 이 모든 걸 한 번에 휩쓸어가 버렸다.

"최신 장비들을 다 써도 소용이 없습니다.", "학계에도 문의해보고 해외 건설사에 컨설팅 의뢰도 해봤는데 모두 속수무책입니다."

정주영 회장은 그동안 수많은 공사를 하면서 얻은 모든 지혜를 짜냈다. "그럼, 이건 어떨까?" 정주영의 머릿속에 번쩍하고 떠오른 아이디어는 '천수만호'였다. 천수만호는 원래 유조선으로 사용하던 23만 톤 급 스웨덴 배였다. 현대가 해체해서 고철로 팔기 위

해 30억 원을 주고 사들여 울산에 정박시켜 두고 있었다.

"폭 45미터, 높이 27미터, 길이 322미터. 충분해. 천수만호로 막아두고 메우면 어떨까?"

"회장님, 그게 가능한지는 아직 검증된 바가 없습니다."

"이론도 중요하지만 학교에서 배운 이론만 따라하면 세상 공사를 다 할 수 있겠나? 즉시 현대정공, 현대상선, 현대중공업 기술진에 모두 연락해. 유조선을 가라앉힐 수 있는 방법을 찾아보라고."

건축학 어디에도 없는 '유조선 공법'이 성공할지 실패할지 세간의 이목이 집중된 가운데 천수만호가 서산에 도착했다. 수많은 취재진 앞에서 유조선 가라앉히기가 시작됐다. 결과는 대성공이었다. 그렇게 애를 먹이던 물막이 공사가 이틀 만에 끝이 났다. 어려운 공사를 해결해서 얻은 열매는 달고도 달았다. 이 유조선 공법으로 공사비를 290억 원 절감했다.

탄탄한 이론들에 비해 다소 허술하고 황당해 보이던 유조선 공법은 '정주영 공법'이라고도 불리며 뉴스위크와 타임지에 소개됐다.

출처: 정주영. (2009). 시련은 있어도 실패는 없다. 제삼기획.

4 자율성(autonomy)

자율성은 개인이나 팀이 아이디어와 비전을 제시하기 위해 독립적으로 수행하는 기업가적 감각으로, 조직의 관료주의를 탈피하여 새로운 아이디어를 요구하는 기업가적 독립성을 의미한다. 조직의 전통적이고 보수적인 규범은 기업가적 독립성을 저해하지만, 개인이나 팀의 자율성은 새로운 벤처 개념과 기업가적 행동으로 새로운 아이디어를 탐색하고 사업기회를 포착하는데 보다 효과적인 역할을 한다. 자율성은 조직구성원들의 유연성을 증가시키고, 조직 전체의 분위기를 향상시키는 것으로 규명되었다. 대기업의 경우 인위적으로 자율성을 촉진시키기 위해 부서의 인력과 예산을 독립시키는 분사(스핀오프: spin-off)가 활용되고 있다.

5 경쟁적 공격성(competitive aggressiveness)

경쟁적 공격성은 시장에서 경쟁사를 압도하기 위해 직접적이고 집중적으로 경쟁하는 기업의 성향으로 정의된다. 중소기업이나 창업기업이 대기업 또는 기존기업과 경쟁에서 시장경쟁력을 확보하기 위해서는 경쟁적 공격성이 매우 중요한 역할을 한다. 신규 창업기업은 기존기업에 비해 높은 실패 확률과 한정된 자원이라는 불리한 점을 극복하고 시장에 진입하기 위해 보다 공격적 태도를 보이는 성향이 있고, 기존기업의 경우는 시장점유율과 경쟁률 확보 차원에서 신규 시장 진입자를 효과적으로 제압하고 방어하는 전략으로서 가격할인, 마진 축소, 마케팅 강화 등의 공격성을 보인다. 이러한 경쟁적 공격성은 기업 경쟁력 확보 차원에서 긍정적인 측면이 있으나 무분별하게 사용될 경우에는 기업에 부정적 영향을 미치는 경우가 많으므로 치밀한 전략에 의해 추진되어야 기대하는 성과를 거둘 수 있다.

3 기업가정신의 발전단계

기업가정신의 발전단계는 혁신능력의 발전단계라는 측면으로 설명될 수 있다. 아버나디와 클라크Abernathy & Clark는 혁신에 발전단계가 존재한다고 주장하며 네 가지 유형의 매트릭스를 작성하여 설명하였다<그림 2-1>. 혁신의 발전단계는 2차원으로 파악될 수 있는데, 가로축은 '생산·기술체계'로서 (+) 방향은 기존의 생산·기술체계를 파괴하여 새로운 생산·기술체계를 도입하는 정도이고, (-) 방향은 기존의 생산·기술체계를 한층 더 유지·강화하려는 정도이다. 세로축은 '시장·고객과의 연결' 로서 (+) 방향은 기존의 시장·고객과의 연결을 파괴하여 신시장을 창출해 나가는 정도이고, (-) 방향은 기존의 시장·고객과의 연결을 한층 유지·강화하려는 정도이다.

이상의 구분에 기초하면 창조적 혁신(architectural innovation), 틈새시장 창조의 혁신(niche market creation), 통상적 혁신(regular innovation), 혁명적 혁신(revolutionary innovation)로 구분할 수 있다. 일반적으로는 기업가정신은 창조적 혁신이나 혁명적 혁신에서 통상적 혁신으로, 혁명적 혁신에서 창조적 혁신으로, 그리고 통상적 혁신에서 틈새시장 창조의 혁신 등으로의 발전 형태를 나타낸다.

1 창조적 혁신

창조적 혁신(architectural innovation)은 전혀 새로운 기술이나 생산체계의 도입 또는 신결합에 의해 기존의 기술이나 생산체계를 파괴함과 동시에 전혀 새로운 시장·고객과의 연결을 창조하는 것을 의미한다. 즉, 새로운 산업이나 체제를 창조하는 것과 같은 혁신을 뜻한다. 예를 들면, 1908년 포드자동차는 T형 모델을 개발하여 대량생산·대량소비 시스템을 확립하였는데, 이는 이전의 숙련공에 의한 주문형 생산방식

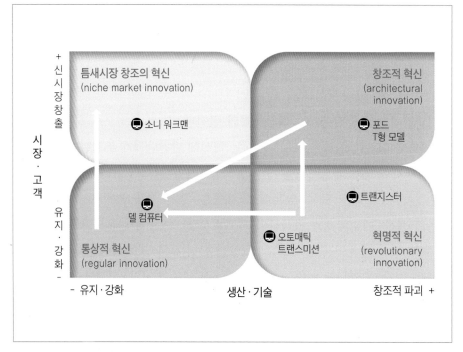

그림 2-1_ 혁신의 네 가지 유형

을 컨베이어시스템의 도입을 통한 대량생산방식으로 바꾸어 자동차의 가격을 크게 낮춤과 동시에 종업원들이 자동차 구매가 가능하도록 임금을 대폭 인상함으로써 자동차부문을 하나의 산업으로 성장시키는데 결정적인 역할을 하였다.

② 통상적 혁신

창조적 혁신에 의해 출현한 새로운 제품 및 산업은 성숙과정에서 통상적 혁신 (regular innovation)으로 옮겨가는 경우가 많다. 통상적 혁신은 기존의 생산·기술체계를 한층 세련, 강화함과 동시에 기존의 시장·고객과의 연결을 유지·강화하여 가는 혁신으로, 이 단계 혁신의 본질은 새로운 발명이나 발견에 있는 것이 아니고 이미 존재하고 있는 것을 보다 저렴하게 그리고 양질의 제품으로 생산 및 판매하는데 있다. 델 컴퓨터는 build to order(주문생산) 방식을 컴퓨터 제조업에 도입하여 기성복처럼 만들어 시장에 판매하던 방식을 지양하고 고객이 사양을 선택한 후 주문을 완료하면 이를 조립하여 완성된 제품을 인도하는 방식으로 전환함으로써 비용절감과 고객만족을 제고하였다. 또한, 이러한 의미의 혁신은 특히 기업 내 각 부문 및 기업 간의 협조를 유도하는 여러 제도에서 찾아볼 수 있는데 예를 들면, 종신고용제, QC서클, 아웃소싱, 공동연구 등을 통한 제품개선 및 공정혁신 등이 이에 해당된다.

3 틈새시장 창조의 혁신

틈새시장 창조(niche market creation)의 혁신은 기존의 기술·생산체계를 결합하거나 세련되게 함으로써 새로운 시장을 창조하거나 판매조직의 강화 또는 기존의 유통채널의 결합 등을 통해 새로운 시장을 창출하는 혁신이다. 예를 들면, 소니(Sony)는 기존의 스테레오 카세트와 경량의 이어폰을 결합한 소형의 워크맨을 개발하여 새로운 틈새시장을 구축하였고, 타이맥스(Timex)는 종래의 시계 제조기술을 이용하여 고가의 보석이 아닌 경질합금을 사용한 시계를 개발함으로써 염가로 손쉽게 구할 수 있는 시계를 출시하여 시장에서 성공을 거두었다. 또한, 혼다(Honda)가 소형 오토바이의 판매 방식을 기존의 오토바이 대리점 위주에서 전국에 소재하고 있는 자전거 대리점으로 유통망을 확충하였는데 이는 유통채널의 결합으로 새로운 시장을 창출한 좋은 사례이다.

4 혁명적 혁신

혁명적 혁신(revolutionary innovation)은 기존의 생산·기술체계를 전면적으로 파괴하면서 기존의 시장·고객과의 연결을 한층 강화한다는 특징을 갖는 혁신이다. 이는 과격한 기술상의 혁명적인 약진을 의미하지만 창조적 혁신과 구별되는 점은 그 자체

가 새로운 시장을 구축하지 않고 기존시장에서의 제품혁신에 머문다는 점이다.

혁명적 혁신에는 두 가지 경향이 존재한다. 하나는 기존의 산업을 크게 활성화시키는 혁신이고, 다른 하나는 그러한 혁신이 출현한 산업에 커다란 영향을 미침과 동시에 앞서 설명한 창조적 혁신단계로 이행하여 새로운 산업의 창조에까지 이르는 혁신이다. 전자의 예로는 1940년 GM에 의해 도입되어 미국의 자동차시장에서 기존의 수동변속기를 오토매틱 트랜스미션으로 전환시킨 경우이고, 후자의 예로는 트랜지스터를 들 수 있는데 이것은 처음에는 진공관의 대체물로만 인식되었지만 이후 반도체, 컴퓨터, 정보통신이라는 새로운 산업을 연달아 창조해가는 혁신으로 전개되었다.

우리나라의 혁신 발전단계는 기존 생산기술 체계를 지속적으로 강화하는 가운데 신규 또는 기존시장·고객과의 연결을 통해 주로 통상적 혁신과 틈새시장 창조의 혁신에 집중되어 있다. 이러한 현상은 최근 글로벌 시장에서 국내 기업들이 위기에 빠지게 만드는 원인이 되고 있는데, 스마트폰의 경우 초기 모델에 추가적인 기능을 지속적으로 추가해 감으로써 신규모델을 출시하고, 이를 바탕으로 국내외 시장에서 시장점유율을 늘려 나가고

있다. 그러나 최근 획기적인 생산·기술 체계를 바탕으로 급성장한 샤오미 등 중국 기업들에게 시장점유율의 많은 비중을 빼앗기고 있다. 이를 타개하기 위해서는 국내 기업들이 새로운 생산·기술체계를 도입함으로써 창조적 혁신 또는 혁명적 혁신을 달성하고 이를 통해 새로운 경쟁력을 갖추어야 글로벌 시장에서 경쟁 우위를 점할 수 있을 것이다.

4 경제발전에서 기업가정신의 역할

기업가정신은 경제발전에 중요한 역할을 해왔으며, 국내외 많은 경제학자들의 연구는 기업가정신이 경제성장에 긍정적 영향을 미치고 있으며 특히, 고용창출에 크게 기여한다는 것을 보여주고 있다.

일찍이 슘페터(Schumpeter)는 경제발전의 원동력으로 '창조적 파괴'를 수행하는 기업가정신에서 찾았다. 즉, 신생기업은 비효율적인 기존기업을 대체해가는 '창조적 파괴'를 통해 경제 전체의 효율성을 끌어올리는 역할을 하였다.

경제성장에서 기업가정신의 중요성이 부각된 것은 1980년대 이후이다. 즉, IT산업의 급속한 발전과 세계화의 급진전 속에서 중소기업, 특히 신생 중소기업의 역할이

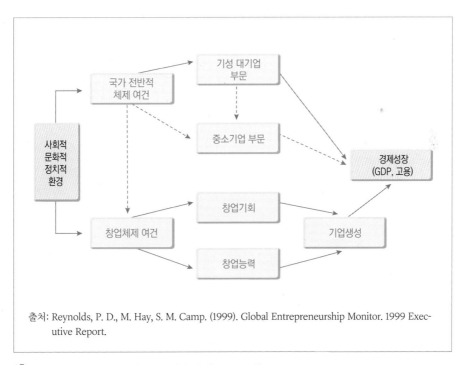

출처: Reynolds, P. D., M. Hay, S. M. Camp. (1999). Global Entrepreneurship Monitor. 1999 Executive Report.

그림 2-2_ 기업가정신과 경제성장의 관계(GEM 모델)

부각되면서 기업가정신이나 기업가의 활발한 창업활동이 경제성장에 큰 영향을 미친다는 것을 인식하게 되었다.

기업가정신과 국가 경제성장 간의 상관관계 분석을 목적으로 수행되는 비영리 국제 연구 프로젝트인 글로벌 기업가정신 모니터(GEM: Global Entrepreneurship Monitor)의 연구모델에 따르면 기업가정신은 경제성장에 직접적인 영향을 미치며, 국가의 경제성장은 3분의 1은 기존기업, 3분의 1은 기업가의 창업활동, 나머지 3분의 1은 이들 두 부문 간의 상호작용 등에 의해 달성된다고 한다〈그림 2-2〉.

우리나라의 경우 1960년대 이후 급속한 경제성장을 이룩하는데 정부나 근로자 등 많은 요소들이 영향을 미쳐왔지만, 그 중에서도 무에서 유를 창조하다시피 한 기업가의 왕성한 창업활동 및 기업가정신의 역할을 빼놓을 수 없다.

참고문헌

· 국민경제자문회의지원단. (2015. 4. 8.). 패러다임 전환의 시대에서 경영환경 개선과 경영혁신 방안. 보고서, 127.

· 김상훈. (2014). 기업가적 지향성과 기업성과와의 상관관계 연구. 성균관대학교 박사학위논문.

· 김선우, 고혁진. (2017). 4차 산업혁명시대 기업가정신의 방향. 한국창업학회 Conference.

· 김성희, 엄기용. (2018). 대학생의 기업가정신이 창업의지에 미치는 영향. 호서대학교 사회과학연구소, 37집.

· 김영래. (2005). SPC초당 허창성 선생과 허영인 회장의 경영이념과 기업가정신. 경영사학, 20(2).

· 김영수. (2006). 기업가정신과 지역발전: 이론적 접근. KIET 산업경제.

· 박종석. (2014. 11.). 비즈니스 모델 혁신에 성공한 기업들. LG Business Insight.

· 이건창. (2009). 기업가정신. 무역경영사.

· 이윤재. (2003). 기업가정신과 경제성장의 관계분석: GEM가설을 중심으로. 중소기업연구, 25(3).

· 이윤준. (2014). 창조경제와 기업가정신. 과학기술정책, 24(4)

· 정주영. (2009). 시련은 있어도 실패는 없다. 제삼기획.

· 창업진흥원. (2009. 11.). 기업가정신 역량 평가지표 개발. 연구보고서.

· Reynolds, P. D., M. Hay, S. M. Camp. (1999). Global Entrepreneurship Monitor. 1999 Executive Report.

CHAPTER 3

기업가의
역할과 책임

학습 목표

1. 기업가의 정의

2. 기업가와 경영자 비교

3. 기업가의 책임과 역할

4. 사업 수행을 위한 두 가지 수단

5. 성공한 기업가의 공통적인 정신

① 기업가의 정의

기업은 기업가의 수준만큼 성장한다는 말이 있다. 그만큼 기업 성장에 있어서 기업가의 역할과 영향력은 절대적이다. 국가나 사회적으로 보면 이들의 열성적인 노력과 창의성에 의해 신제품이나 새로운 형태의 서비스가 출현하게 되고 그 결과 국가나 사회의 경제적 활동이 활력을 갖게 되므로 기업가를 국가나 사회 발전의 동인(動因)이라고 해도 과언이 아니다.

기업가는 앙트르프러너(Entrepreneur)라고도 불리는데, 이 단어에는 기업가에게 가장 중요한 요소인 '모험'이나 '개척자 정신'의 의미가 담겨있다. 기업가에 대한 정의는 학자들에 따라 다양한 의견이 제시되고 있는데, 개념 이해를 위해 몇몇 학자들의 정의를 살펴보면 다음과 같다.

- 피터 드러커(P. F. Drucker): 기업가란 변화를 탐지하고, 변화에 대응하며, 또한 변화를 기회로서 이용하는 자이다.
- 슘페터(J. A. Schumpeter): 기업가는 ①신제품의 발명 또는 개발, ②새로운 생산방법의 도입이나 신기술의 개발, ③신시장의 개척, ④신원료나 부품의 새로운 공급자, ⑤신산업에서 새로운 조직의 형성 등을 이루는 새로운 혁신자이다.
- 베스퍼(K. Vesper): 기업가란 다른 사람이 발견하지 못한 기회를 찾아내는 인간, 또는 사회의 상식이나 권위에 사로잡히지 않고 새로운 사업을 추진할 수 있는 인간이다.
- 놈 브로드스키(Norm Brodsky): 기업가는 새로운 벤처에 대한 아이디어만으로 시작하여 그러한 아이디어를 스스로 성장시키며, 그 사업으로부터 나온 자금을 통하여 지속적으로 발전하는 기업으로 변모시키는 사람이다.

이상 학자들의 주장을 근거로 기업가정신의 정의를 정리해 보면 다음과 같다.

- 기업가란 일정한 수익을 기대하면서 위험을 무릅쓰고 사업을 일으키고 추진해 나가는 사람이다.
- 기업가란 기업가정신을 발휘하여 기업을 창업, 운영하는 혁신자·선구자·모험자로서의 개척자 정신을 수행하는 개인이다.

2 기업가와 경영자 비교

기업가는 흔히 경영자와 비교된다. 기업가와 경영자는 사업이나 기업을 경영한다는 측면에서는 같은 의미로 이해되지만, 실질적으로 다양한 면에서 차이가 있다. 기업가와 경영자의 차이점을 살펴보면 다음과 같다.

구 분	기업가	경영자
전략	기회를 인식함(외부시장 지향)	통제하의 자원(내부자원 지향)
기회포착	현실적이고 단기간	점진적이고 장기간
자원확보	많은 단계를 밟지만 각 단계가 구분되지 않는 경향	위임된 권한구조 하에서 체계적인 의사결정으로 이루어짐
자원관리	획일적 활용/기존 자원 최적 활용	한정된 기존 자원을 활용
경영구조	다양한 비공식 네트워크를 가진 평면조직	계층조직(관료적 조직)
가치창출	무에서 유(有)를 창조	작은 유(有)에서 큰 유(有)를 창조
책임	최종책임(무한책임)	경영책임(경영권에 대한 책임)
보상	성과중심적/무제한적 보상	승진을 통한 보상/제한적 보상

출처: Stevenson (1999); 배종태 (2010) 일부 수정

기업가정신과 창업

기업가와 경영자는 어떻게 다른가?

기업가의 역할은 무엇일까? 단지 돈을 벌 뿐일까? 19세기 마차 이야기를 해보자. 마차가 미국 뉴욕거리를 가득 메운 어느 날 멀리서 이상한 기계 한 대가 도심에 등장한다. 훗날 자동차라고 불리는 기계다. 이 기계는 도로에 똥과 오줌을 쏟아내는, 냄새나는 마차와 완전히 다르다. 물론 말보다 훨씬 빠른 속도로 달린다. 자동차를 처음 만든 이는 다가올 미래를 분명히 보았을 것이다.

기업가와 기업가정신은 마차 이야기에 모두 녹아 있다. 기업가는 단순히 산출량을 늘리는 사람이 아니라 산출물의 질적 변화를 일으키는 사람이다. 마차 수를 늘리는, 즉 산출량만 늘리는 사람은 기업가가 아니다. 자동차는 마차와 완전히 다른, 질적인 변화를 가져왔다. 이것이 바로 기업가정신의 발현이다. 타자기와 계산기를 능가하는 컴퓨터를 만들어낸 이가 바로 기업가다. 목조 건물의 한계에서 벗어나 철골조로 고층건물을 지을 생각을 한 사람, 고층 건물에 꼭 필요한 엘리베이터를 고안해낸 사람, 유저 인터페이스를 채택해 스마트폰 시대를 연 사람, 무인항공기 드론의 미래를 본 사람이 바로 기업가다.

기업가는 경영자와 다르다. 경영자는 간단한 함수관계로 설명할 수 있다. Q=f(K, L). 경영자는 산출물 Q를 최적량으로 생산하기 위한 K(자본)와 L(노동)을 선택하기 위해 고용된 사람이다. 훌륭한 경영자는 Q의 생산량이 극대화되도록 하면 된다. 경영자와 기업가와 이렇게 다르다. 기업가는 효율과 최적량보다 새로운 어떤 것을 추구하는 모험가다. 우리가 흔히 리스크(risk)라고 하는 위험을 기업가는 마다하지 않는다.

기업가는 시장의 균형을 깨는 사람이다. 이것을 슘페터라는 경제학자는 '창조적 파괴'라고 불렀다. 어떤 재화의 시장이 더이상 성장할 가능성이 없다면, 즉 이익이 거의 제로점에 접근하는 경우 기업들은 손실을 본다. 이익이 발생하지 않을 정도로 시장이 균형 상태에 있을 때 누군가는 혁신을 통해 창조적 파괴를 일으킨다. 스마트폰 혁명을 일으킨 스티브 잡스는 기존 휴대폰 시장을 완전히 뒤엎는 혁신을 일으켰다. 잡스 같은 창조적 파괴자는 흔치 않았다. 하지만 인류 문명사에서 제2, 제3의 잡스는 언제든 나타났다.

기업가는 특히 다른 사람들이 미처 알아차리지 못하는 기회를 포착하고 판단하고 실천하는 민첩한 사람이다. 이런 사람은 앞을 내다보는 통찰력과 지식에 예민하게 반응한다. 혁신을 하려면 새로운 재화를 만들어내고, 새로운 생산방식을 도입하고, 새로운 판매시장을 개척하고, 새로운 원자재를 구해야 하고, 새로운 조직을 구성해야 한다. 이런 새로운 결합은 기업가가 민첩하고 예민할 것을 요구한다.

출처: 중앙일보. (2017. 1. 16).
자동차가 마차 대신 도로를 점령한 혁신은 바로 기업가가 만들어요.

③ 기업가의 책임과 역할

기업을 설립하고 운영해 나가는데 있어 기업가의 책임과 역할은 절대적으로 중요하다. 특히, 최근과 같이 경영환경이 급변하는 제4차 산업혁명 시대에 기업의 성패를 좌우하는 것은 전적으로 기업가의 역량에 달려 있다고 해도 과언이 아니다.

기업가는 사업의 기회를 포착하고 필요한 인적, 물적 자원을 활용하여 기회를 실제 결과로 전환하는 역할을 한다. 기업가로서의 책임과 역할을 구체적으로 정리하면 다음과 같다.

① 사업기회의 포착과 사업구상

기업가는 남다른 통찰력으로 남들이 인지하지 못하는 새로운 사업기회를 포착하고 이를 사업화하기 위한 아이디어를 만들어내야 한다. 즉, 시대적 트렌드에 맞는 사업 아이템을 포착하고 이러한 아이템이 충분히 사업성이 있는지 판단할 수 있는 통찰력이 있어야 하는데, 이를 위해서는 미래에 대한 창의적 사고력과 통찰력이 필요하다.

② 혁신 의지

슘페터(J. A. Schumpeter)는 기업가를 '혁신을 추진하는 개인'이라고 정의하였다. 기업가의 역할은 혁신을 통해 생산방식을 진일보시키고, 기업의 지속가능한 발전을 도모하는데 있다. 자본주의 사회에서 혁신이 이루어지지 않으면 경쟁에서 도태될 수 있는 데, 도태되지 않기 위해서는 끊임없는 혁신이 이루어져야 한다. 따라서 기업가는 성취동기가 높아야 하며, 혁신을 위한 의지가 필요하다.

3 사업의 실행(사업화)

새로운 사업기회를 포착하여 이를 사업화하기 위해서는 큰 위험부담이 따르기 때문에 미래의 위험을 정확히 예측하고 판단하여 적절한 대안을 선택하는 전략적 의사결정 능력이 필요하다. 이를 위해서는 실무에 관한 충분한 지식과 경험뿐만 아니라 필요한 정보를 신속하고 정확하게 확보하고 활용할 수 있어야 한다.

4 이해집단과의 우호적 관계

기업을 창업하고 운영해 나가기 위해서는 주변 사람들의 도움이 필요하다. 사업에 필요한 자원을 조달하기 위해서는 금융기관, 정부, 지방자치단체 등의 기관으로부터 도움을 받아야 하며, 생산 및 판매와 관련해서는 공급자, 유통업체, 고객, 지역사회 등 외부 이해관계자들과도 좋은 관계를 유지해야 한다. 이를 위해서는 다양한 네트워크 확보와 우호적인 관계 유지 능력이 요구된다.

5 리더십 발휘

기업가는 조직구성원의 능력을 충분히 파악하고 그들이 능력을 발휘할 수 있게 해야 한다. 특히, 비전을 제시해주고 사업 목표에 적합한 일을 열정적으로 할 수 있도록 동기부여를 해주는 것은 기업가의 중요한 역할이다. 이를 위해서는 조직구성원들의 잠재력을 최대한 이끌어내고 통합시키는 조직화 능력과 리더십 발휘가 필요하다.

6 사회적 책임 의식

기업가는 단순히 이익극대화 뿐만 아니라 사회적 가치를 증진시키기 위한 노력을 게을리하지 않아야 한다. 특히, 기업을 둘러싼 다양한 이해관계자 집단(주주, 종업원, 고객, 지역사회, 정부, 지방자치단체, 시민단체, 환경단체 등)에 대한 사회적 책임이 필요하다. 이를 위해서는 기업인으로서의 윤리관과 사회적 책임 의식이 요구된다.

4 사업 수행을 위한 두 가지 수단

기업가로서 필요한 자질과 능력을 고루 갖추었다고 하더라도 실제 창업을 하여 성공적으로 사업을 수행하기 위해서는 기본적으로 두 가지 수단이 요구된다. 하나

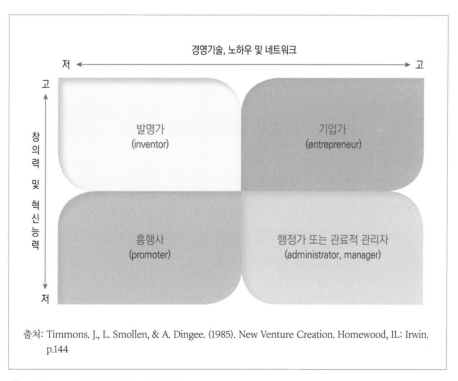

출처: Timmons. J., L. Smollen, & A. Dingee. (1985). New Venture Creation. Homewood, IL: Irwin. p.144

🐛 그림 3-1_ 사업수행의 두 가지 수단

는 기업가의 경영기술, 노하우(know-how) 및 네트워크이고, 다른 하나는 창의력 및 혁신능력이다.

다음 〈그림 3-1〉에서 보는 바와 같이 기업가(entrepreneur)는 경영기술, 노하우 및 네트워크와 창의력 및 경영혁신능력이 다른 사람에 비해 높다. 이는 뛰어난 기업가 는 창의력과 혁신성, 경영기술과 노하우 모두를 겸비하여야 함을 의미한다.

창의력은 뛰어나지만 경영기술이 부족한 사람은 기업을 창업하여 기업가가 되 기보다는 발명가(inventor)에 그칠 가능성이 높다. 또한, 경영기술은 뛰어나지만 창 의력이 부족한 사람은 정부조직의 행정가(administrator) 또는 관료적 기업의 관리자 (manager)가 될 가능성이 높다.

한편, 흥행사(promoter)는 이러한 두 가지 수단이 모두 부족하여도 성공할 수 있다. 물론 성공적인 이벤트 주최나 흥행을 위해서는 번뜩이는 아이디어나 노하우가 필요 하지만 그것은 상대적으로 지속적이지 못하고 부분적이기 때문에 창의력과 경영기 술이 다소 부족하여도 성공할 수 있다는 것이다.

5 성공한 기업가의 공통적인 정신

국내외적으로 사업에 성공한 기업가들의 기업가정신에는 공통점이 있다. 이들 공 통점을 살펴보면 많은 시사점을 얻을 수 있는데, 여기서는 성공한 기업가들의 공통 점을 찾아보고 이들의 사례를 통해 시사점을 살펴본다.

1 도전과 개척정신

도전과 개척정신은 창업자들이 창업의 뜻을 이루기 위해 목표를 향하여 도전하

정주영 회장의 도전정신

정주영은 '이봐 해봤어'로 상징되는 불굴의 도전정신을 보여주는 여러 일화들을 남겼다. 그는 1971년 조선소 건립사업계획서와 예정 부지인 울산 미포만의 백사장 사진만 들고 영국으로 건너갔다. 그리고 거북선이 그려진 500원짜리 지폐를 보여주며 "우리는 400년 전에 이미 철갑선을 만들었다"고 당당히 말하면서 차관 도입과 선박 수주를 성사시켰다. 1984년 천수만 방조제 공사 때는 큰바윗덩이도 순식간에 쓸려갈 정도로 유속이 빠른 곳에 길이

322m의 고철 유조선을 가라앉혀 물막이를 완수한 이른바 '정주영 공법'을 선보였다. 한국 최초의 고유 모델 자동차인 포니로 마이카 시대를 열고, 국토의 대동맥인 경부고속도로를 건설했으며, 세계 굴지의 건설사들을 제치고 사우디아라비아의 주베일 항만공사를 따내 '오일쇼크' 극복에 일조했다. 그의 이름 앞에 '위기의 승부사', '세기의 도전자', '불굴의 개척자' 같은 수식어가 붙는 이유다.

출처: 한겨레신문. (2015. 11. 24). 이봐 해봤어?… 위기의 경제, 정주영 도전정신에 길을 묻다.

고, 시련과 역경을 극복하며, 극한의 어려움을 무릅쓰고 개척하여 성공하려는 기업가정신을 의미한다. 미국에서 프론티어정신(frontierism)이라고 일컫는 개척정신은 말 그대로 미지의 영역을 탐험하고 발견하여 자신의 것으로 만들어 나가는 정신을 말하는데, 이는 무에서 유를 만들고, 미지의 황무지 같은 사업에 도전하여 정복하고, 성공하고자 부딪치는 정신이라고 할 수 있다.

② 신용 제일주의 정신

국내외를 막론하고 성공한 기업가들은 경제적 거래 관계에서 약속을 지키는 것을 가장 중요하게 생각하였다. 그들은 항상 믿음과 약속을 바르게 지켰으며, 신용을 자산과 철칙으로 여기면서 사업을 성공으로 이끌었다. 현대의 창업자인 정주영 회장은 "기업이 쓰러지더라도 신용은 지켜야 한다"는 확고한 신념을 바탕으로 정직과 신용을 무기 삼아 사업을 성공시켰다.

3 신념의 정신

신념이란 기업가의 생각이나 행동에 대해 옳다거나 이룰 수 있다고 믿는 마음의 정신을 의미한다. 이러한 기업가의 신념주의는 '하면 된다'는 'can-doism'을 탄생시켰으며, can-doism은 할 수 있다는 불굴의 정신, 개척정신과 도전정신을 총합한 신념의 정신이라고 할 수 있다.

4 근검절약정신

성공한 기업가들은 대부분 근면하며, 절약하고, 저축하여 부를 축적하였다. 이들의 한결같은 지적은 "부자가 되는 길은 부지런하고 검소해야 한다"는 것이었다.

계속 굽을 갈아가며 세 켤레의 구두를 30년 넘게 신었다는 현대 정주영 회장의 일화는 유명하며, 미국의 세계적 부호인 마이크로 소프트 빌 게이츠 회장도 근검절약정신이 생활화되었다고 술회하고 있다. 특히 그는 전 재산의 99%을 사회에 내어놓으며 재산을 자식들에게 물려주면 장래를 망친다며 자식에게는 극히 적은 재산만 물려준 일화로도 유명하다.

5 고객만족정신

고객만족경영이란 경영의 모든 부문을 고객의 입장에서 생각하고 진정한 의미에서 고객을 만족시켜 기업의 생존을 유지하고자 하는 경영전략이다. 고객은 기업이 성공하기 위해서 가장 먼저 다가가야 하는 존재이다. 기업의 성패는 결국 고객들이 기업에 대해 얼마나 만족감을 느끼고 제품이나 서비스를 이용하느냐에 달려있다. 고객만족은 제품의 품질 뿐만 아니라 제품의 기획, 설계, 디자인, 생산, 유통, A/S 등에 이르는 모든 과정, 그리고 기업문화, 상품 이미지, 기업의 이념 등이 고객에게 전달되어 만족감을 제공함으로써 이루어질 수 있다. 스타벅스의 고객만족경영은 고객에게 제품이 아닌 문화를 나눈다는 커피문화를 창조함으로써 이루어졌다. 단지 커피만을 파는 것이 아니라 사람들이 커피를 마시면서 즐겁고 친밀한 분위기를 느낄 수 있는 감성적인 경험을 제공하여 브랜드에 대한 호감도 상승과 함께 브랜드 이미지 향상에 이르는 효과를 창출하였다.

6 인간존중정신과 인재제일주의

"기업은 사람이다"라는 말이 있듯이 인간을 존중하고 개인의 능력을 최대한 발휘하도록 여건을 조성하여 개인과 조직 발전의 원동력이 되게 하는 정신을 인간존중정신 또는 인재제일주의라고 한다. 이는 조직에서 뛰어난 능력이나 기술을 가진 사람, 기술개발이나 혁신의 인재를 발굴하여 적재적소에 배치하는 정신을 말한다. 삼성그룹의 이병철 회장은 평생 경영이념을 인재제일주의 정신에 두고 삼성을 글로벌 기업으로 성장시켰다. 그는 인재제일주의에 대해 "나는 일생을 통해 80%는 인재를 모으고 교육시키는데 시간을 보냈다. 내가 키운 인재들이 성장하면서 두각을 나타내고 좋은 업적을 내는 것을 볼 때 고맙고 반갑고 아름다워 보인다"라고 말했다.

7 창의와 혁신정신

혁신정신이란 지금까지 없었던 새로운 분야를 개척하는 정신으로서, 기업이 영속적으로 성장하기 위해서는 끊임없이 창의적 아이디어를 창출하고 기술을 개발하며 경영혁신을 해야 한다. 손정의, 빌 게이츠, 정주영, 이병철 등 성공한 창업가는 공통적으로 창의와 혁신 없이는 사업을 할 수 없다고 공통적으로 지적하고 이를 실행에 옮겨 성공하였다. 또한, 윤종용 전 삼성전자 부회장은 "기술혁신에 의해 사업구조, 상품, 생산방식, 마케팅 등 경영 전반을 혁신해 성장하는 것이 혁신성장이며 이는 기업가정신에 의해 주도된다"며 혁신과 기업가정신의 중요성을 강조하였다.

8 책임주의 정신

성공한 기업가는 책임주의 정신을 강조하는데, 이들은 자신의 미래에 대해, 자신이 하고 있는 사업에 대해 전적으로 자신이 책임을 지지 않는 한 기업은 성공할 수 없다는 생각을 철저히 갖고 있다. 성공한 기업가에게 있어서 책임이란 첫째, 한 가족의 일원으로서의 책임 둘째, 직장과 사회구성원으로서의 책임 셋째, 국가와 민족에 대한 책임 넷째, 인간으로서 이 세상에 태어나 인간답게 할 일을 다해야 하는 책임을 의미한다.

9 합리추구의 정신

성공한 기업가는 경영이론이나 논리에 합당한 것을 선택하여 경영기법으로 활용하는데 이것이 합리추구의 정신이다. 합리추구는 효율적·능률적인 경영을 통하여 기업을 성장시키고 사회적 책임을 다하는 목적을 달성하는 지름길이다.

10 산업평화주의 - 노사공동체정신

기업은 종업원의 생활을 안정시킬 수 있도록 충분히 대우하고 편안한 직장이 될 수 있도록 해야 하며, 전직원은 스스로의 삶의 터전을 더욱 발전시킬 수 있도록 서로 화합해야 하는 것이 산업평화주의이다. 또한, 노사관계를 공생공존하는 공동체정신으로 여기는 것이 노사공동체정신으로서 기업도 발전하고 종업원도 대우받는 상생의 경영철학이다.

11 정직과 정도경영정신

성공한 기업가의 중요한 비결 중 하나가 정직과 정도경영정신이다. 사업은 신용을 기반으로 정직하게 행하는 것이 정론이다. 미국의 테일러(F. W. Taylor)는 기업가의 자질조건 중에서 정직을 생명으로 여기는 창업자는 성공한다고 기술하고 있다. LG는 정도경영, 즉 윤리경영을 바탕으로 실력을 배양하여 정정당당하게 승부한다는 LG만의 행동방식을 표방하고 실행하고 있다.

12 사업보국정신

삼성 이병철 회장은 "사업으로 국가에 보답한다"는 사업정신으로 기업을 일구었으며, 엠코테크놀러지코리아 김향수 회장도 기업이란 마땅히 기업을 통해 자기의 뜻을 실현하고 국가에 공헌해야 한다고 하였다. 사업보국정신은 기업이 수익을 내고 성장을 이룩한 데는 국가의 정책에 호응하고 협조한 국민들이 있었기에 이에 보답해야 한다는 순수하고 합리적인 동기가 내재되어 있다. 이러한 정신은 한국기업 태동기부터 싹이 터서 1980년대 말까지 한국 경제를 지배했으며, 1990년대 이후 글로벌 시대를 맞아서는 '인류와 공생'으로 한걸음 더 나아가게 되었다.

Case Study

박태준 회장의 사업보국정신

청암 박태준(1927~2011)은 포스코의 창업·건설·경영에 평생을 바친 불세출의 기업가다. 그는 자신의 트레이드마크인 '우향우 정신'으로 제철보국과 교육보국을 실천한 애국자이자 탁월한 경영성과를 이뤄낸 CEO이기도 했다.

박태준의 기업가정신을 말할 때 '우향우 정신'이 약방의 감초처럼 등장한다. 이는 청암이 임직원들에게 "목숨을 걸자. 조상의 핏값(대일청구권)으로 짓는 것이다. 실패하면 우리 모두 사무실에서 똑바로 걸어 나와 우향우 한 다음 영일만 앞바다에 몸을 던져야 한다"고 독려한 데서 비롯됐다. 영일만에서 우향우를 하게 되면 바로 동해바다다. 우향우 정신이란 '포항제철소 건설에 죽기 살기로 달려들고, 실패하면 바다에 빠져죽자'는 지독한 결기를 의미한다.

제철보국은 철강 불모지에 포스코를 세워 세계 일류 철강기업을 키움으로써 조국 근대화의 견인차가 되겠다는 박태준의 다짐이자 평생의 사명이 된다. 박태준은 기업의 성패는 기업구성원, 즉 임직원의 정신적 자세에 있다고 믿었다. 그래서 포항제철을 건설할 구성원을 선발할 때도 능력보다는 품성이 바른 사람, 경제적 이익보다는 제철보국의 사명감을 공유할 사람을 우선으로 뽑았다고 한다.

박태준의 기업가정신은 미래를 내다본 인재 양성의 교육보국에서 그 마지막 빛이 난다. 박태준은 포스코 최고경영자로 재임한 25년 동안 포항과 광양에 유치원, 초, 중, 고교 14개교를 세우고 모두 일류 사학으로 키워냈다. 1986년에는 한국 최초의 연구중심 이공계 대학인 포스텍을 세워 세계적인 명문대학으로 육성했다.

출처: 한국의 기업가정신을 찾아서…
박태준 포스코 창업자, 포브스코리아, 2016년 11호(2016.10.23.)

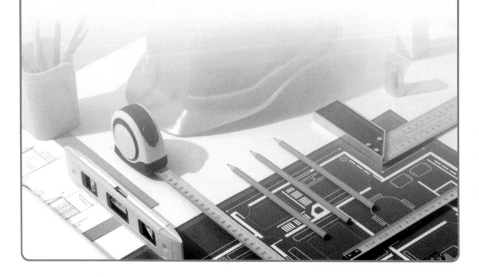

 참고문헌

· 김성수. (2004). 성공한 창업자의 기업가정신. 삼영사.

· 김형길 외. (2001). 벤처기업의 창업과 경영. 도서출판 두남.

· 매일경제. (1997. 11. 18.). 고 이병철회장 10주기_경영이념.

· 민경호. (2006). 기업가정신. 무역경영사.

· 윤남수. (2008). 벤처비즈니스의 이해와 창업. 백산출판사.

· 이건창. (2009). 기업가정신. 무역경영사.

· 이장우. (1997). 벤처경영. 매일경제신문사.

· 중앙일보. (2017. 1. 16). 자동차가 마차 대신 도로를 점령한 혁신은 바로 기업가가 만들어요.

· 포브스코리아. (2016. 10. 23). 한국의 기업가정신을 찾아서...박태준 포스코 창업자. 2016년 11호

· 한겨레신문. (2015. 11. 24). 이봐 해봤어?··· 위기의 경제, 정주영 도전정신에 길을 묻다.

· 한국경제. (2018. 10. 10.). 기업가정신 되살려 시장을 뛰게 하라.

· Timmons. J., L. Smollen, & A. Dingee. (1985). New Venture Creation. Homewood, IL:Irwin

CHAPTER
4

기업가정신의 확장

학습 목표

1. 기업가정신 확장의 의의
2. 사내 기업가정신
3. 대학 기업가정신
4. 사회적 기업가정신

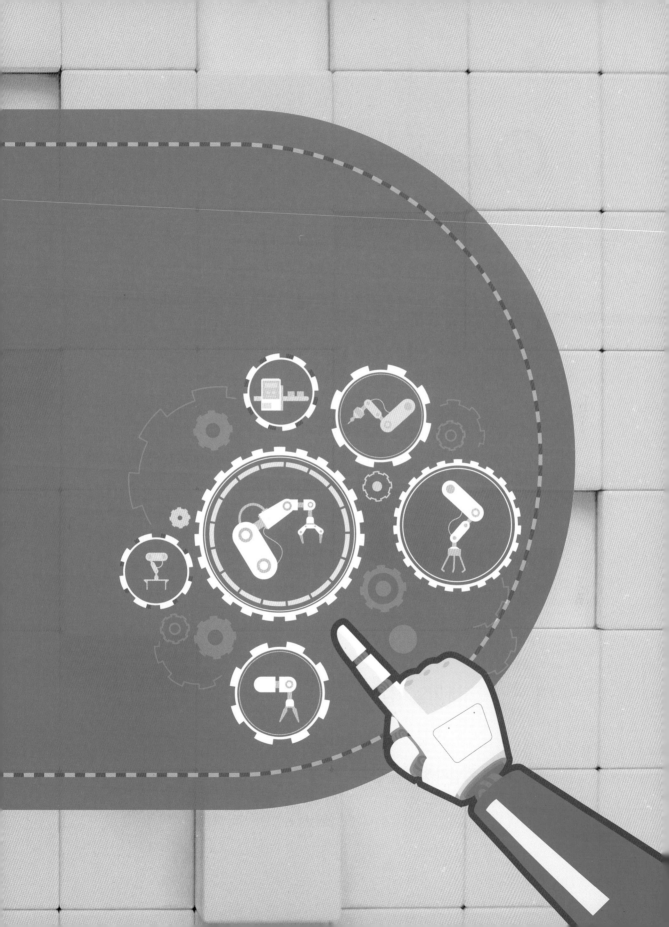

1 기업가정신 확장의 의의

기업가정신은 학문적으로 그리고 실물경제에서 발전을 거듭하며 사회 및 경제발전의 원동력으로서의 역할을 해 왔다. 이러한 발전이 뒷받침되어 최근에는 이윤극대화를 근본 목표로 하는 영리기업의 기업가정신 메커니즘 원리가 그 범위를 벗어나 대학 및 비영리단체, 사회적기업 등 다른 영역으로 확장, 응용되고 있다. 이는 기업가정신에서 추구하는 새로운 기회 포착과 혁신 활동을 통한 새로운 가치 창출이라는 기본원리와 접근방법이 영리조직이 아닌 다른 조직에도 효율적으로 적용될 수 있음을 보여주는 것이다.

즉, 기업가정신은 꼭 창업한 기업에서만 나타나는 것이 아니고 기존기업에서도 나타날 수 있으며, 대기업과 중소기업, 수익을 목적으로 하지 않는 비영리기업 등에서도 나타날 수 있다는 것을 의미한다. 기업가정신의 핵심은 새로운 가치나 일자리를 창출한다는 의미인 '기업가정신(起業家情神)'과 동일한 뜻을 갖는다. 그렇기 때문에 기업가정신은 다양한 조직 형태로 그 의미가 확장될 수 있는데, 여기서는 기업가정신의 확장 영역을 사내 기업가정신, 대학 기업가정신, 그리고 사회적 기업가정신으로 한정하여 살펴본다.

2 사내 기업가정신

1 사내 기업가정신의 정의

사내 기업가정신은 기존기업 내에서 발생하는 기업가적 행동을 가리키는 용어로서 Corporate Entrepreneurship, Internal Corporate Venturing, Internal Entrepreneurship 등으로 표현된다. 사내 기업가정신에 대한 학자들의 견해는 일치하지 않으며 다양하게 정의를 내리고 있는 바, 각 학자들의 견해를 정리해 보면 다음과 같다.

- 자라(S. Zahra): 기존기업 내에서 제품 또는 공정혁신이나 시장개발을 통해 신규사업을 창출하는 것으로, 공식적 또는 비공식적 활동을 모두 포함한다.
- 샤르마·크리스만(P. Sharma & J. Chrisman): 기존기업에 소속된 개인이나 소집단이 기존기업 내에 새로운 조직이나 사업을 만들거나 조직 전체를 혁신적으로 변화시키는 과정에서 나타나는 기업가정신을 의미한다.
- 배종태·차민석: 기업 내에서 사내 기업가가 신규사업을 개발하거나 조직을 전략적으로 쇄신하는 과정에서 나타나는 기업가적 사고방식 및 행동양식이다.

이러한 정의를 바탕으로 사내 기업가정신의 개념을 정리하면 다음과 같다.
- 독립적인 창업이 아닌 '기존기업 내에서' 발휘되는 기업가정신임을 강조한다.
- '사내 기업가'의 존재를 핵심요소로 본다.
- 사내벤처(corporate venturing)와 전략쇄신(strategic renewal)을 기업가적 활동의 주된 대상으로 본다.
- 사고방식을 바탕으로 행동이 수반되는 적극적, 능동적 활동임을 강조한다.

② 사내 기업가정신의 필요성

기업은 규모가 커지고 성장할수록 최대한 효율을 높이는 방향으로 조직구조와 업무 프로세스, 문화를 발전시켜 나간다. 그 과정에서 자연스럽게 조직관리에 필요한 규칙이나 규정이 생기게 되고 중간관리 감독을 위한 위계질서가 자리를 잡게 된다. 이에 따라 업무는 정해진 계획에 따라 진행되고 표준화된 프로세스에 의해 조정 활동이 이루어진다. 이러한 일련의 변화는 기업 성장과정에서 당연히 수반되는 일들

이지만, 그 과정에서 관료주의가 자리잡고 그 결과 기업가정신은 점차 쇠퇴하게 된다. 창업 초기에 기업을 번창하게 했던 기업가정신이 성장해 나가면서 오히려 침체되는 현상이 발생하는 것이다. 이러한 모순을 극복할 수 있는 해결책이 사내 기업가정신이다.

기업에서 전략을 수립하는 프로세스는 크게 유도된 전략(induced strategy)와 자율적 전략(autonomous strategy) 두 가지로 구분된다〈그림 4-1〉. 기업 전략 개념에 의해 유도된 전략 행동은 구조적 맥락(조직구조, 계획 및 통제시스템, 자원배분 규칙, 성과측정 및 보상시스템 등)을 통해 강화돼 나간다. 반면, 자율적 전략 행동은 기업의 전략 개념과는 무관하게 자율적인 행동을 하는 개인, 이른바 사내 기업가의 행동을 보여주는데, 이들은 자원과 역량을 새롭게 조합하는 자율적인 전략적 행동을 통해 기존 핵심사업과는 다른 신규사업을 창출해낸다. 규모가 큰 기업일수록 기업의 생존에 필요한 다양성(diversity)이 필요한데 이는 바로 자율적 전략, 즉 사내 기업가의 행동을 통해 구현된다.

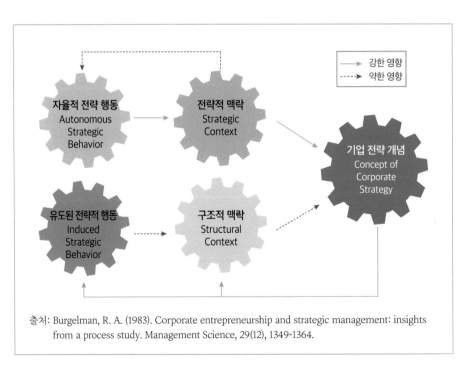

출처: Burgelman, R. A. (1983). Corporate entrepreneurship and strategic management: insights from a process study. Management Science, 29(12), 1349-1364.

그림 4-1_ 전략적 행동, 기업 맥락, 전략 개념의 상호작용 모델

한편, 유도된 전략과 자율적 전략이라는 두 가지 전략 간에 적절한 균형을 유지하는 것이 기업의 지속적 성장을 위해 바람직하다. 즉, 유도된 전략을 통해 얻을 수 있는 질서와 자율적 전략을 통해 구현할 수 있는 다양성이 균형을 이룰 때 기업이 지속적 성장을 도모할 수 있다.

③ 사내벤처

사내벤처(corporate venturing)란 기업이 기존 사업과는 다른 신규 사업을 개발하기 위해 기업가정신을 가진 사내 기업가를 중심으로 사내 자원을 활용하여 추진하는 혁신활동을 의미하며, 주로 대기업이 이 제도를 전략적으로 활용하고 있다.

사내벤처를 도입하는 목적은 ①생존과 지속적 성장(사업 다각화, 신제품 개발, 신시장개척, 자본이득), ②창의적인 기업문화 형성, ③직원들의 자아실현 욕구 충족, ④우수인력 유출 방지, ⑤미래 경영자 육성 등을 들 수 있다.

사내벤처의 몇 가지 특성을 살펴보면 다음과 같다.

- 내부자원(인력, 자금, 아이디어 등)을 활용하여 추진된다.
- 고위험 고수익(high-risk, high-return)에의 도전 기회를 제공한다.
- 목적이 다양하며 다양한 대안들(예, M&A, licensing, 합작 등)과 비교해서 추진된다.
- 조직 독립성과 경영 자율성을 제공하여 유연하고 창의적인 활동을 보장한다.
- 사내 기업가와 참여팀의 기업가적 행동양식에 기반을 둔다.

사내벤처가 사내 기업가정신을 바탕으로 성공을 거두기 위해서는 다음과 같은 요건을 충족시켜야 한다.

첫째, 벤처사업 전략을 궁극적인 목표에 따라 체계적으로 정립하고 효과적으로 실행해야 한다. 예를 들면, 신사업개발인지 전략혁신인지, 신사업개발이라면 기업 외부의 벤처기업에 투자하고 육성하는 간접전략을 택할 것인지 아니면 기업 내부에 사내벤처를 직접 운영할 것인지를 전략적 차원에서 검토하고 방향을 설정해야 한다.

둘째, 기업 내부에서 기업가적 활동, 특히 신사업이나 신제품 개발을 촉진하기 위해서는 이러한 사업 추진을 위한 다양한 조직구조를 설계하고 실행할 수 있어야 한다. 예를 들면, 아이디어 창출 그룹을 별도로 운영하거나, 전사적 기업가적 활동을 계획하고 지원하는 체계를 설계할 수도 있다.

셋째, 기존사업과 신규사업을 균형있게 발전시키기 위해 이에 맞는 유연하면서도 활기 넘치는 조직분위기를 만들어야 한다.

넷째, 사내벤처를 추진하기 위해서는 제시된 새로운 아이디어를 올바르게 선별(screening)하고, 보육(incubating)하고, 육성(accelerating)하는 프로세스가 정착되어야 하며, 사내기업가에 대한 평가 및 보상시스템도 마련할 필요가 있다.

다섯째, 기업 내부에 많은 사내 기업가들이 배출될 수 있도록 조직구성원들의 역량을 키우고 새로운 경험에 도전할 수 있는 기회를 제공하여야 한다.

여섯째, 경쟁력 있고 매력있는 사업 아이디어와 기회가 꾸준히 발굴되어야 하고, 이러한 아이디어들이 내부 저항으로 쉽게 폐기되지 않도록 제도적 설계가 필요하다.

일곱째, 최고경영자가 신념과 의지를 가지고 지속적으로 사내벤처를 육성 및 지원해 주어야 하며, 너무 조급하게 성과를 기대하지 말고 여유를 가지고 기다려 줄 수 있어야 한다.

 Case Study

사내벤처로 시작해 성공신화 쓴 기업들

사내벤처 기업으로 시작해 성공 신화를 써 내려간 기업들이 있다. 사내벤처의 장점인 혁신적인 아이디어, 빠른 의사결정을 발판 삼아 업계를 선도하는 기업으로 우뚝 올라섰다. 이들 기업의 사례는 수많은 사내벤처의 목표이자 성장의 원동력으로 통한다.

네이버, 사내벤처에서 거대 공룡으로

정보기술(IT)업계의 거대 공룡으로 자리매김한 네이버의 시작은 삼성SDS의 사내벤처였다. 설립 과정도 흥미롭다. 네이버 창업자인

이해진 의장은 1992년 삼성SDS에 입사했다. 그는 재직 당시 지금의 네이버와 같은 '인터넷 서비스' 사업계획서를 제안했다가 회사로부터 퇴짜를 맞았다. 하지만 그는 포기하지 않았다.

사내벤처 제도를 활용해 이를 추진하기로 결정한다. 만약 삼성SDS의 사내벤처 제도가 없었더라면 지금의 네이버 역시 존재하지 않았을 가능성이 높은 셈이다.

이 의장은 1997년 네이버포트라는 사업팀을 꾸렸고 1999년 네이버컴으로 독립했다. 2000년에는 같은 삼성SDS 출신인 김범수 카카오 의장이 만들었던 한게임을 인수·합병(M&A)하며 몸집 불리기에 성공했다. 이후 인터넷 열풍을 타고 가입자가 폭발적으로 증가하면서 '인터넷은 네이버'라는 인식마저 생겼다. 네이버는 현재 대한민국 최고의 인터넷 포털 기업으로 거듭났다. 벤처 DNA를 탑재한 채 다방면으로 사업 영역을 넓히며 여전히 가파른 성장세를 이어 나가고 있다.

나인앤틱, 사내벤처 열풍 재점화하다

해외 사례를 살펴보면 '포켓몬 고'를 개발해 주목받고 있는 나이앤틱이 있다. 나이앤틱은 구글에서 보다 신속한 의사결정 및 프로젝트 진행을 위해 만든 사내벤처였다. 존 행크 나이앤틱 최고경영자(CEO)는 원래 구글 부사장이었다. 구글의 위성사진 서비스인 구글어스 창업 멤버로, 이전부터 위성항법장치(GPS)와 지도 서비스에 관심을 두고 있었다. 순식간에 몸집이 커져 대기업이 된 구글에서 부사장 역할을 하는 것은 적성에 맞지 않는다고 생각한 그는 프로그램 개발에 대한 열망을 갖고 사내벤처인 나인앤틱을 설립한 것으로 알려졌다. 나인앤틱은 GPS와 증강현실을 기반으로 기존과 다른 차원의 게임을 보급하는 데 주력해 왔다. 그러던 2015년 구글이 지주회사로 변경하면서 구글로부터 독립했다. 현재는 일본 게임사 닌텐도와 산하 포켓몬컴퍼니가 주요 주주다. 구글은 일부 지분을 가진 것으로 알려졌다. 즉, 포켓몬 고는 구글의 사내벤처인 나이앤틱의 기술과 닌텐도의 포켓몬 캐릭터들이 합쳐져 대박을 낸 사례다.

잘 키운 사내벤처 '효자 역할'

일본에서는 편의점 '세븐일레븐'을 탄생시킨 세븐&아이홀딩스의 사례가 있다. 스즈키 도시후미 세븐&아이홀딩스 회장은 일본을 대표하는 슈퍼마켓 업체이자 세븐&아이홀딩스의 전신인 이토요카도에서 근무했다. 그는 과거 미국 출장에서 세븐일레븐이라는 편의점 형태의 매점을 처음 접했다. 이를 일본에 도입해야겠다는 생각을 가진 그는 회사의 사내벤처로 세븐일레븐재팬을 설립했다. 당시 일본의 유통시장은 대형마트가 점령하던 시기였는데, 중소 소매점만의 독특함을 내세워 차별화된 장사를 한다면 충분히 성공할 수 있다는 판단에서였다. 그는 미국 세븐일레븐 본사로부터 받은 노하우를 일본식으로 수정했다. 그 결과 미국 본사를 능가하는 실적을 올렸고 결국 미국 본사까지 매수하기에 이른다. 이토요카도는 미국 본사를 자회사로 편입한 뒤 지금의 세븐&아이홀딩스로 사명을 변경했다. 스즈키 회장은 공로를 인정받아 그룹 총수에 앉게 된다.

출처: 사내벤처로 시작해 성공신화 쓴 기업들. (2017. 2. 8). 한경business, 제1107호.

3 대학 기업가정신

1 대학 기업가정신의 정의

슘페터(Joseph A. Schumpeter)는 기업가의 '창조적 파괴' 행위가 자본주의의 역동성 및 경제발전의 원동력이라고 주장했다. 이종산업(異種産業) 간 융합이 가속화되는 제 4차 산업혁명 시대에 창의와 혁신을 요체로 하는 기업가정신의 중요성은 더욱 커지고 있다. 특히, 인재양성과 연구개발 활동에서 핵심적 역할을 하는 대학의 기업가정신에 대한 관심은 그 어느 때 보다도 높아지고 있다.

대학 기업가정신(university entrepreneurship)은 대학이 주체가 되어, 창업·산학협동연구·특허·라이센싱·창업지원·국가/지역경제 발전·교육혁신 등 내외적 혁신/연계활동을 통해 새로운 기회를 창출하고 학교 위상 강화와 수익 창출에 기여하려는 사고방식과 행동양식을 의미한다.

대학 기업가정신의 핵심 내용을 살펴보면 첫째, 기업가적 주체가 대학이라는 것이며 둘째, 기업가적 활동의 핵심대상을 창업·산학협동연구·특허·라이센싱·창업지원·국가/지역경제 발전·교육혁신 등 7개 영역으로 제시하고 있으며 셋째, 기회에 초점을 맞춘 목표지향적 활동이며 넷째, 사고방식을 바탕으로 적극적·능동적 행동이 수반되는 활동임을 강조한다.

2 대학 기업가정신의 필요성

대학은 지식창출, 인력양성, 기술혁신의 원천으로서 지식중심 사회에서 매우 중요한 역할을 하고 있다. 또한, 다양한 활동을 통해 우수인력 양성, 새로운 지식이나 기술, 아이디어나 아이템을 공급하고 있다. 그러나 급격하게 변화하는 사회 및 경제환경 속에서 대학이 단순히 상아탑에 머물고 있다는 비판에 따라 새로운 역할 변화를 요구받고 있다. 또한, 대학 자체적으로도 재원 마련을 위해 보유기술을 산업계로 이전하여 사업화하거나 다양한 수익창출 매커니즘을 도입해야 한다는 필요성이 제기되고 있으며, 이에 따라 대학 기업가정신에 대한 요구는 계속 증가하고 있다.

③ MIT의 기업가정신

미국은 자율과 실용을 중시하는 사회·문화적 배경을 바탕으로 기업가정신으로 무장한 도전적인 기업가를 다수 배출하고 있다. 미국 내에서도 대학 기업가정신의 모범으로 꼽는 대학은 미국 동부에 소재하고 있는 MIT대학이다. MIT는 과학기술 분야에서 세계 최고의 대학으로서 우수한 인력을 기반으로 기술 베이스의 혁신적 벤처 창업에 중점을 두고 기업가를 육성하고 있다.

MIT는 "모든 지식(mind)이 실제 생활에 적용 가능(hand)할 때만 비로소 그 지식이 참된 의미를 갖는다"라는 MIT의 모토에 기반하여 혁신적 기술의 상업화가 촉진될 수 있는 기업가 생태계를 체계적으로 구축해왔다.

MIT의 기업가 생태계는 대학 구성원들이 혁신적인 아이디어를 사업화하는데 필요한 다양한 기능을 창업 단계별로 지원하는 체계적 시스템을 갖추고 있다〈그림 4-2〉 즉, ① 아이디어 도출, ② 타당성 검증, ③ 상업화, ④ 사업계획 개발, ⑤ 창업 등 각 단계별로 교육, 멘토링, 네트워킹, 펀딩 등의 기능을 직접 제공하거나 도와주는 역할을 담당하는 MIT 공식 기관들이 존재하며, 이 중 MIT 기업가정신 센터, 벤처 멘토링 서비스, 데시판데 센터가 핵심적 역할을 하고 있다.

- MIT 기업가정신 센터(MIT Entrepreneurship Center): 1990년 에드워드 로버츠(Edward Roberts) MIT 슬론스쿨(경영대학원) 교수의 주도로 출범했으며, 기업가정신 교육 프로그램을 운영함으로써 차세대 기업가를 양성하고, 창업을 준비하는 이들과 기존 사업가, 투자자 등을 연결시켜 창업을 활성화시키는데 도움을 줄 뿐만 아니라 성공한 기업가들의 업적을 적극적으로 알리고 축하함으로써 기업가정신

을 확산시키는 역할을 한다.

- 벤처 멘토링 서비스(Venture Mentoring Service: VMS): 검증된 기술과 경험이 사업 초기부터 결합될 때 기업의 성공 확률이 높아진다는 믿음하에 2000년 출범하였으며, 창업하여 성공한 기업가, 벤처 캐피탈리스트 등이 멘토로 참여하여 창업을 꿈꾸는 예비창업자에게 무료로 상담을 해 준다. 상담 영역은 제품개발, 마케팅, 재무관리, 인사관리, 지적재산권 관리 등 매우 다양하다.

- 데시판데 센터(Deshpande Center): 일종의 개념검증 센터인 데시판데 센터는 2002년 MIT랩에서 나온 첨단 연구 결과의 상업화를 가속화하기 위한 노력의 일환으로 출범하였으며, MIT출신 기업가이자 '시카모어 네트워크(Sycamore Network) 창업자인 데시판데 박사부부가 사재를 털어 설립되었다. 가장 중요한 프로그램은 너무나 혁신적이고 리스크가 커서 벤처캐피탈에서조차 투자를 꺼리는 대학 연구개발 프로젝트에 자금을 지원하는 일로서, 창업 초기 단계 아이디어의 타당성 검증을 위해 '점화 지원금', 벤처캐피탈 등으로부터 투자를 받기 충분할 정도로 사업화를 진척시킬 수 있도록 지원하는 '혁신 지원금'을 지원하고 있다.

④ KAIST의 기업가정신

우리나라에서 대학 기업가정신이 가장 우수한 대학은 KAIST이다. KAIST의 기업가정신이 활발한 이유는 첫째, 깊이 있는 이론과 실제적인 응용력으로 국가 산업 발전에 기여한다는 KAIST의 설립 배경과 실용을 중시하는 캠퍼스 문화를 들 수 있다. 둘째, 연구실(lab) 중심 문화의 정착과 연구실 중심의 창업 경험을 축적할 수 있다는 점이다. 셋째, 정부의 강력한 지원을 받을 수 있다. 넷째, 조직운영의 유연성과 창업보육센터 등 제도적인 중심 기반이 구축되어 있다는 점이다. 다섯째, 졸업생의 풍부한 네트워크와 역할모형이 존재한다는 것이다.

이러한 기업가정신이 바탕이 되어 졸업생 및 교수 창업이 활발하게 이루어지고 있으며, 산학협동연구도 매우 폭넓게 전개되고 있다. 또한, 교수를 중심으로 다수의

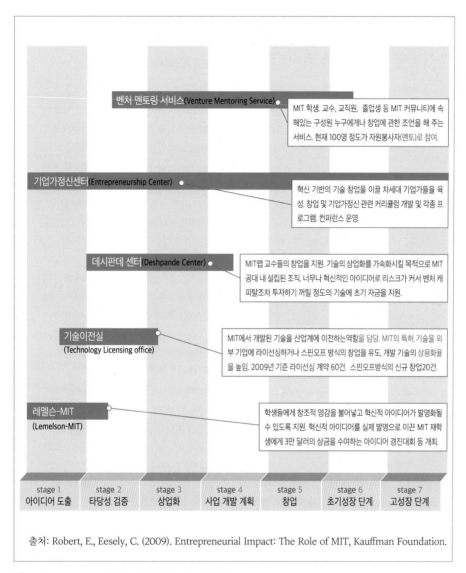

벤처 멘토링 서비스(Venture Mentoring Service)

> MIT 학생, 교수, 교직원, 졸업생 등 MIT 커뮤니티에 속
> 해있는 구성원 누구에게나 창업에 관한 조언을 해 주는
> 서비스. 현재 100명 정도가 자원봉사자(멘토)로 참여.

기업가정신센터(Entrepreneurship Center)

> 혁신 기반의 기술 창업을 이끌 차세대 기업가들을 육
> 성. 창업 및 기업가정신 관련 커리큘럼 개발 및 각종 프
> 로그램, 컨퍼런스 운영.

데시판데 센터(Deshpande Center)

> MIT랩 교수들의 창업을 지원. 기술의 상업화를 가속화시킬 목적으로 MIT
> 공대 내 설립된 조직. 너무나 혁신적인 아이디어로 리스크가 커서 벤처 캐
> 피탈조차 투자하기 꺼릴 정도의 기술에 초기 자금을 지원.

기술이전실
(Technology Licensing office)

> MIT에서 개발된 기술을 산업계에 이전하는역할을 담당. MIT의 특허 기술을 외
> 부 기업에 라이선싱하거나 스핀오프 방식의 창업을 유도, 개발 기술의 상용화율
> 을 높임. 2009년 기준 라이선싱 계약 60건. 스핀오프방식의 신규 창업20건.

레멜슨-MIT
(Lemelson-MIT)

> 학생들에게 창조적 영감을 불어넣고 혁신적 아이디어가 발명화될
> 수 있도록 지원. 혁신적 아이디어를 실제 발명으로 이끈 MIT 재학
> 생에게 3만 달러의 상금을 수여하는 아이디어 경진대회 등 개최.

stage 1	stage 2	stage 3	stage 4	stage 5	stage 6	stage 7
아이디어 도출	타당성 검증	상업화	사업 개발 계획	창업	초기성장 단계	고성장 단계

출처: Robert, E., Eesely, C. (2009). Entrepreneurial Impact: The Role of MIT, Kauffman Foundation.

그림 4-2_ MIT의 기업가 생태계: 창업 단계별

국가연구개발 사업에도 참여하고 있으며 이를 위해 별도의 연구원을 조직하여 설치
운영하고 있다. 성과를 보면 특허 등록건수 기준으로 국내 대학 1위를 차지할 정도
로 지적재산권이 풍부하고, 라이센싱을 통한 누적 로열티도 국내 대학 중 가장 많은
실적을 보이고 있다.

 Case Study

"내가 제2 저커버그" 美대학생 年40만명이 창업 공부

미국 보스턴 MIT대 캠퍼스엔 '예비 창업자들의 요람'이라 불리는 마틴 트러스트 기업가정신센터가 있다. 격의 없는 자유로운 분위기를 상징하듯 칸막이 없이 확 트인 이곳에서 학생들은 스스럼없이 어울리며 서로의 사업 아이디어를 교환하고, 열띤 토론도 벌인다.

기업가정신센터 소장을 맡은 빌 올렛 경영대 교수는 MIT 창업 지원 교육의 특징으로 '실용성'을 꼽았다. "우리는 단지 지식을 전수하는 게 아니라 학생들이 스스로 창업해서 배운 것을 실현할 수 있도록 적극 지원하고 있다." 동문이 만든 기업 4만개, 매년 졸업생이 새로 창업하는 기업 수 900개라는 기록을 보유한 MIT는 스탠퍼드대와 1~2위를 다투는 미국 내 '스타트업 사관학교'로 꼽힌다.

미국 대학에서 학생들의 창업을 지원하는 프로그램이 급속히 늘고 있다. 뉴욕타임스는 최근 "미국 대학들이 제2의 마크 저커버그를 배출하기 위해 치열한 경쟁을 벌이고 있다"고 보도했다. 프린스턴대는 929㎡(약 280여평) 규모의 '기업가단지'를 개설했다. 창업을 목표로 하는 학생들을 적극 지원하기 위해 기존 기업가센터를 6배 이상 확대했다. 또 매년 여름마다 예비 창업자들이 신생 기업에서 실제 사업 경험을 쌓을 수 있는 인턴십 프로그램도 운영한다.

코넬·펜실베이니아·UC버클리·예일·컬럼비아·뉴욕주립대 등도 이와 비슷한 대규모 창업 지원 단지를 조성하고, 다양한 창업 지원 프로그램을 운영 중이다. 비교적 보수적인 학풍의 하버드 역시 기업가육성센터를 열어 스타트업을 배출하고 있다. 미국 기업가 정신 육성 재단인 유잉 매리온 카우프만재단에 따르면 1985년 미 전역 대학에 250여개에 불과했던 창업 지원 교육 프로그램은 2013년 5000여개로 증가했다. 2016년 연간 40만명의 학생이 대학에서 창업 관련 과정을 이수하고 있다.

미국 대학이 이렇게 창업 교육에 열의를 쏟는 이유는 학생들의 수요에 부응하기 위해서다. 스타트업 지원을 위해 수백만달러를 투자하겠다고 밝힌 텍사스주 라이스대학교의 데이비드 리브론 총장은 "요즘 대학생 중 상당수가 '나는 세상을 바꿀 아이디어가 있어. 그걸 현실화시키겠어'라는 꿈을 갖고 진학한다. 대학은 그런 학생들을 위해 무엇을 해야 할지, 어떻게 그들을 이끌어야 할지 고민해야 한다"고 했다. 대학이 상아탑 이미지를 허물고 스타트업 산실로 탈바꿈하는 추세는 일본 최고 명문인 도쿄대에서도 발견할 수 있다. 월스트리트저널(WSJ)은 "수많은 총리와 관료를 배출한 보수적인 도쿄대가 실리콘밸리의 도전 정신을 캠퍼스에 들여오려 한다"고 보도했다. 도쿄대 졸업생으로, 벤처 캐피털인 '도쿄대 에지 캐피털'을 창업한 도모타카 고지(友孝鄉治) 회장은 "과거엔 '도다이(東大·도쿄대의 줄임말)' 졸업생 진로가 대개 대기업 취업이나 관료였다면, 최근엔 스타트업 설립을 목표로 하는 학생들이 늘었다는 것을 피부로 느낀다"고 했다.

중국 명문 칭화(淸華)대도 창업 지원센터인 칭화창업원을 설립해 학부생과 대학원생들의 창업 인큐베이터 역할을 담당하고 있다. 이곳이 운용하는 창업 기금은 40억위안(약 7170억원)에 달하며, 칭화창업원의 도움을 받아 창업한 스타트업도 2000여개나 된다. 베이징대에서도 동문들이 주축이 된 교우 창업 연합회가 학생들의 창업 활동을 지원하고 있다.

출처: "내가 제2 저커버그" 美대학생 年40만명이 창업 공부, (2016. 1. 6). 조선일보.

4 사회적 기업가정신

1 사회적 기업가정신의 정의

사회적 기업가정신은 현재 보유하고 있는 자원이나 능력에 구애받지 않고 사회적 가치를 창출하고 유지하고자 하는 사고방식과 행동양식이라고 정의할 수 있다.

사회적 기업가정신은 다양한 측면을 가진 개념으로서 크게, 사회적 임무수행(social mission focus)에 초점을 맞춘 개념과 사회적기업의 운영과정(operational processes)에 초점을 맞춘 개념으로 구분된다.

1. 사회적 임무수행

메어(J. Mair)와 마티(I. Marti)는 사회적 기업가정신은 "사회변화를 촉진시키고, 사회적 니즈(needs)를 해결하기 위한 기회를 추구하기 위해 혁신적인 방법과 자원의 조합을 결부시키는 과정"이라고 정의하였다. 이런 과정으로서의 세 가지 요소를 강조하고 있는데, 첫째는 새로운 방법으로 자원을 결합하여 가치를 창조하는 것, 둘째는 사회변화를 촉진하고 사회적 니즈를 충족시키기 위해 기회를 탐색하고 활용하는 것, 그리고 마지막은 서비스와 상품을 제공하고, 새로운 조직을 설립하는 것이다.

2. 사회적기업의 운영과정

사회적 기업가정신의 교육에 있어서 아버지라고 불리는 디이스(Gregory J. Dees)는 사회적 기업가정신을 정의하는데 있어서 세이(Jean Baptiste Say), 슘페터(Joseph A. Schumpeter), 드러커(Peter Drucker), 스티븐슨(Howard Stevenson)의 기업가정신에 대한 정의를 결합시켜 사회적 기업가정신의 정의에 활용하였다. 즉 사회적 기업가정신을

정의하기 위해서는 영리기업들에게 작동하는 시장규율(market discipline)을 대체하기 위한 개념이 필요하다고 주장하였다.

그들은 사회적 기업가들이 사회부문에서 변화의 주도자 역할을 하는데 이것이 사회적 기업가정신을 나타낸다고 주장하면서, 다음과 같은 사회적 기업가들의 역할을 제시하였다.

- 영리적 가치뿐만 아니라 사회적 가치를 창조하고 지속시키는 임무를 수행
- 이런 임무를 수행하기 위해 항상 새로운 기회를 인식하고 단호하게 추구
- 지속적인 혁신, 적응, 학습의 과정에 참여
- 현재 이용 가능한 자원의 한계를 극복하고 대담하게 행동하며, 봉사대상이 되는 고객과 창조된 결과에 대해 높은 책임감을 보임

② 사회적 기업가정신과 상업적 기업가정신 비교

사회적 기업가정신과 상업적 기업가정신의 공통점은 둘 모두 기회를 포착하고 추구하며, 한정된 자원을 조달하고 활용하는 기업가적 과정에 따라 운영된다는 점이다. 즉, 기업가정신을 가진 기업가적 역할이 기업성과와 지속가능성에 매우 중요한 영향을 미친다는 점에서 공통된 인식을 가진다〈표 4-1〉.

반면, 사회적 기업가정신과 상업적 기업가정신은 다음과 같은 점에서 차이점이 있다. 즉, 사회적 기업가들은 특별한 사회적 사명(social mission)을 가지며, 부의 창출보다는 사회적 사명이 기회를 인지하고 평가하는데 중요한 판단 기준이 되는 반면, 상업적 기업가들은 부의 창출이 가치창출의 측정수단이 되므로 부의 창출이 주요 기준이 된다. 따라서 사회적 기업가들은 투자자들에 대한 만족할만한 수익과 지역사회 구성원들과 지역사회에 대한 사회적 공헌을 동시에 제공하였는지를 고찰하는 반면, 상업적 기업가들은 기업 운영에 있어 주주(stockholder)의 이익극대화 및 고객만족을 중요시 한다.

③ 사회적 기업가의 역할

　사회적 기업가란 사회의 가장 절박한 사회문제를 혁신적인 해결책을 가지고 해결하는 개인으로서 이들은 야망을 가지고 지속적으로 중요한 사회적 이슈를 해결하려고 노력하며, 광범위한 변화를 위해 새로운 아이디어를 제시한다. 사회적 문제를 정부나 기업부문에 의존하기보다는 오히려 사회 시스템의 변화, 해결책의 확산, 새로운 도약을 위해 사회를 설득하면서 무엇이 작동하지 않는지를 발견하고, 그 문제해결 방법을 찾으려고 스스로 노력한다. 사회적 기업가의 주요 역할을 정리해 보면 다음과 같다.

1. 사회적 부문에서 변화의 주체

　사회적 기업가는 사회적 부문에서 변화 주체(change agents in the social sector)로서 슘페터의 표현을 빌리면 개혁주의자(reformers)이고 혁신주의자(revolutionaries)이면서 동시에 사회적 임무를 수행한다.

2. 사회적 가치를 창조하고 지속시키는 임무를 수행

　사회적 목적 달성이 가치창조의 측정기준이며, 장기적인 사회적 투자수익(SROI: Social Return on Investment)을 추구하면서 일시적이고 신속한 결과 보다는 오랫동안 지속될 수 있는 사회개선 목표를 중요시 한다.

3. 새로운 기회를 인식하고 과감하게 추구

　단순히 사회적으로 필요로 하는 것을 해결하기 위해 또는 동정심에 의해 일을 하는 것이 아니라, 어떻게 이런 문제들을 개선할 것인가에 대한 비전을 가지고, 이러한 비전이 달성될 수 있도록 과감하고 끈기있게 추진한다.

4. 지속적으로 혁신, 적응, 그리고 학습과정에 참여

　새로운 계기를 만들고, 새로운 사업모델을 개발하며, 새로운 문제해결 방법을 발

표 4-1_ 사회적 기업가정신과 상업적 기업가정신 비교

구 분	사회적 기업가정신	상업적 기업가정신
주요 적용대상	사회적기업	영리기업
공통점	• 기업가적 과정에 의해 운영(기회포착/추구, 자금조달/운용) • 기업가의 역할이 매우 중요	
차이점	• 사회적 가치창출에 초점을 두고, 사회적 문제해결 방식의 효율성/효과성을 추구하고 경제적 생존을 달성하는데 기업가정신 적용 • 이해관계자(stakeholder) 중시 • 협력적 환경, 공익성/공정성 중시 • 인적, 물적자원 활용의 한계(규범 등)	• 경제적 가치창출에 초점을 두고, 개인의 부를 축적하려는 경제적 동기에 의해 작동하며, 기회실현을 위해 외부자원 활용(투자유치) • 주주(stockholder) 및 고객 중시 • 경쟁적 환경, 수익성/신속성 중시 • 기업가/팀에 대한 무제한 보상 가능

굴하기 위하여 지속적으로 혁신하고 학습과정에 참여한다.

5. 현재 이용가능한 자원의 제약을 받지 않고 대담하게 행동

희소한 자원을 효율적으로 사용하고, 함께 일할 파트너들을 모으고, 다른 사람들과 협력함으로써 자신들이 가진 자원의 제약을 극복하며, 사회적 임무를 지원할 수 있는 자원활용을 위한 전략을 개발하고, 실패로부터 초래될 피해를 감소시키기 위해서 계산된 위험을 감수하고 취약점을 관리한다.

6. 봉사해야 할 고객들에 대해, 창출된 결과에 대해 높은 책임감

자신들이 봉사하려는 사람들과 이들이 활동하는 지역사회의 욕구와 가치를 정확하게 평가해야 하며, 어떤 경우에는 자신들의 지역사회와 밀접한 관계를 유지해야 하고, 자신들을 돕기 위해 돈, 시간, 전문지식을 투자한 투자자들의 기대와 가치를 이해해야 한다.

Case Study

가난한 사람들에게 희망을 대출해주다… 그라민 은행

무함마드 유누스는 미국에서 경제학 박사 학위를 따고 고국 방글라데시로 돌아와 치타공 대학에서 경제학을 가르쳤다. 그러던 1974년에 극심한 기근이 들어 굶어 죽는 사람들이 속출했다. 그는 대학 강의실에서 고상한 경제학 이론을 가르치고 있는 자신의 현실이 견디기 힘들었다. 가까이서 굶주림과 빈곤을 접하다 보니 갑자기 모든 경제학 이론들이 공허하게 느껴질 정도였다.

유누스는 곧 제자들과 함께 대학 주변의 마을 실태 조사에 나섰다. 그리고 우연히 고리 대금업자에게서 빌린 27달러를 갚지 못해 노예 같은 삶을 살고 있는 42명의 여자들을 만났다. 그는 지갑에서 27달러를 꺼내 아무 조건 없이 빌려 주면서 우선 고리대부터 갚으라고 말했다.

얼마 후 그녀들이 유누스를 찾아와 빌린 돈을 모두 갚았다. 겨우 27달러가 42명의 삶을 변화시킬 수 있음을 확인한 순간이었다. 1983년 문을 연 그라민 은행(Grameen Bank)은 아무리 노력해도 좀처럼 가난을 벗어나지 못하는 사람들에게 적게는 10달러에서 많게는 몇 백 달러에 이르는 천금 같은 돈을 오직 신용만으로 빌려 줌으로써 빈민들의 자립을 돕고 있다. 그라민 은행은 마이크로크레디트, 즉 가난한 이들에게 담보 없이 소액을 장기저리로 신용 대출하는 사업을 한다.

사업이 시작되고 첫 3년 동안 500여 가구가 절대 빈곤에서 벗어날 수 있었다. 이에 고무된 유누스는 1983년 그라민 은행을 법인으로 설립하였고, 150달러 가량의 소액을 신용만으로 빌려 주는 일을 계속했다.

2006년 기준으로 그라민 은행은 2,185개 지점에 1만 8천여 명의 직원이 종사하는 거대 은행으로 발전하였다. 대출금은 100% 예금으로 충당하는데 회수율은 99%에 이른다. 1993년부터 흑자로 전환되었으며 대출을 받은 600만 명의 빈민들 중 58%가 빈곤에서 벗어났다.

그뿐 아니라 그라민 은행은 빈민층에 이동 전화 서비스를 제공하는 그라민 폰, 전력 사정이 어려운 농촌에 전기를 공급하는 그라민 샤티, 프랑스 유제품 회사인 다농과 제휴하여 어린이용 유제품을 생산하는 그라민 다농 등을 설립하여 공공 가치를 실현하면서도 이윤을 내는 사회 비즈니스 기업(Social Business Enterprise)으로 활동하고 있다.

그라민 은행의 마이크로크레디트 운동은 전 세계로 전파되어 한국을 비롯해 아프가니스탄, 카메룬 등 37개국에서 운영되고 있다. 1997년에는 미국 워싱턴에서 139개국이 참여하는 마이크로크레디트 정사회의가 열렸고, 유엔은 2005년을 '마이크로크레디트의 해'로 정하기도 했다. 2006년 유누스는 그라민 은행을 대표한 9명과 함께 노벨평화상을 받았다.

출처: 고용노동부 사회적기업과.(2010. 12. 27.). 내 아들 내 딸에게 보여주고 싶은 사회적기업51.

 참고문헌

- 경향신문, (2012. 10. 25.). 스탠퍼드대학 출신 창업기업, 연 매출 총액 3000조원 육박.
- 고용노동부 사회적기업과. (2010. 12. 27.). 내 아들 내 딸에게 보여주고 싶은 사회적기업51.
- 동아일보. (2014. 11. 13.). GE의 130년 생존비법은 사내 기업가정신.
- 박승록. (2012.10.14.). 더불어 살아가는 세상을 위한 사회적 기업가정신. 착한자본주의연구원,
- 배종태, 차민석. (2009). 기업가정신의 확장과 활성화. The Korean Small Business Review, 31(1).
- 이방실. (2010),. 기술혁신_기업가양성, 대학이 불을 댕겨라. 동아비즈니스리뷰, 68호.
- 이방실. (2013). '내부의 적'과 싸워야 할 사내기업가 공조 이끌어 낼 베테랑이어야 한다. 동아비즈니스리뷰, 제141호.
- 이주성, 신승훈. (2011). 미래경제와 사회적기업. 도서출판 청람.
- 조선일보. (2016. 1. 6). "내가 제2 저커버그" 美대학생 年40만명이 창업 공부.
- 착한자본주의연구원. 사회적기업, 사회적기업가, 사회적기업가정신. http://good-capitalism.org/wp/wp-content/files/__III._____.pdf
- 한경business. (2017. 2. 8.). 사내벤처로 시작해 성공신화 쓴 기업들. 제1107호.
- Burgelman, R. A. (1983). Corporate entrepreneurship and strategic management: insights from a process study. Management Science, 29(12), 1349-1364.
- Mair, J., & Marti, I. (2006). Social entrepreneurship research: A source of explanation, prediction, and delight. Journal of Worlf Business.
- Nicholls, Alex. (2006). Social Entrepreneurship. Oxford University Press
- Roberts, E. & Eesely, C.(2009), Entrepreneurial Impact: The Role of MIT, Kauffman Foundation.
- Rothaermel, F. T., Agung, S. D., & Jiang, L. (2007). University entrepreneurship: a taxonomy of the literature. Industrial and corporate change, 16(4), 691-791.
- Sharma, P. and J. Chrisman (1999). Toward a Reconciliation of the Definitional Issues in the Field of Corporate Entrepreneurship. Entrepreneurship Theory and Practice, Vol.23.
- Timmons, J. A., Spinelli, S., & Tan, Y. (1994). New venture creation: Entrepreneurship for the 21st century (Vol. 4). Burr Ridge, IL: Irwin.
- Zahra, S. (1992). Predictors and Financial Outcomes of Corporate Entrepreneurship: An Exploratory Study. Journal of Business Venturing, Vol.6.

기업 성장과 기업가정신

학습 목표

1. 기업의 성장 단계

2. 기업 성장의 의미

3. 기업의 성장패턴과 기업가정신

4. 기업의 성장단계와 경영과제

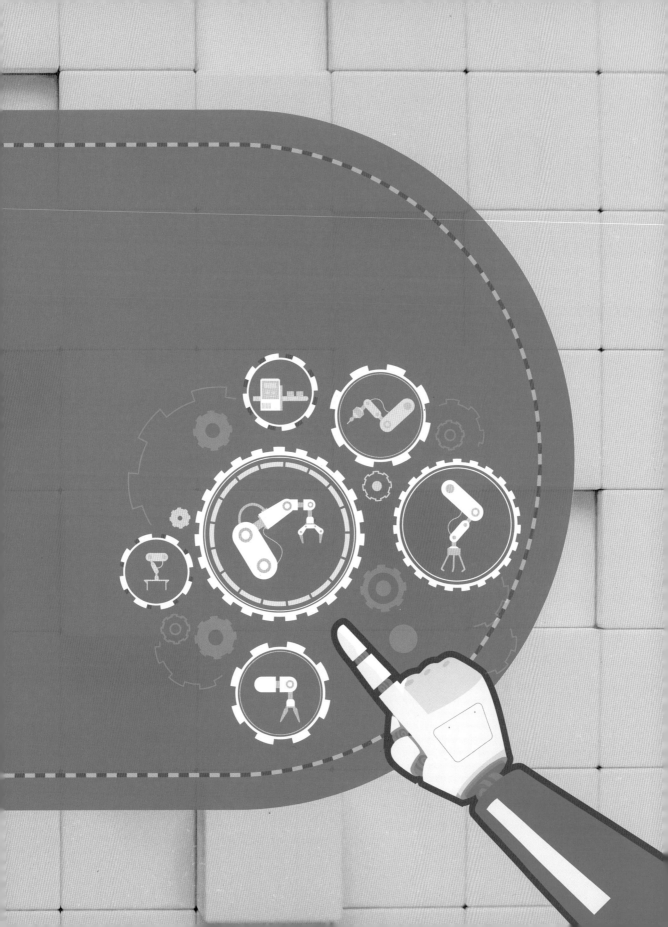

1 기업의 성장 단계

　우리나라의 기업은 일반적으로 매출액과 자산총액 등의 규모에 따라 대기업과 중소기업으로 구분할 수 있으며, 중소기업은 다시 중기업과 소기업으로 구분할 수 있다. 이를 보다 세분화하면, 생업이나 가업적 성격에 가까운 영세한 규모의 소기업, 영세한 규모에서 탈피하여 기본적인 경영조직의 틀을 구축하고 있는 단계의 중기업, 그리고 대기업 규모에는 미치지 못하지만 중소기업의 범주에서는 상위그룹에 속하며 대기업을 향해서 성장하고 있는 중견기업으로 분류할 수 있다.

　이와는 별도로 중소기업이지만 다른 기업에 비해 기술성이나 성장성이 상대적으

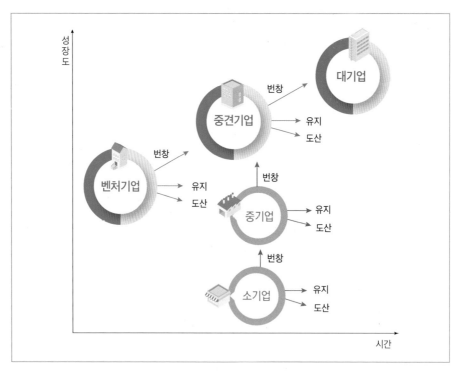

🐝 그림 5-1_ 기업의 성장 단계

성공한 기업가가 되려면

홍길동전에서 주인공이 천한 신분으로 태어나 한 시대의 풍운아로 성공할 수 있었던 이유는 무엇인가?

첫째, 홍길동이 주어진 환경에 안주하지 않고 집을 떠났다는 것이며 둘째, 훌륭한 스승을 만나 도술을 배운 것이다.

기업가가 성공하기 위해 가장 중요한 것이 무엇인지도 마찬가지이다. 즉, 주어진 틀을 깨고 나가야 한다는 것이고, 또 기업가 자신의 역량을 키워야 한다는 것이다.

창업이란 위험을 무릅쓰고 익숙해진 환경을 깨고 나가는 작업이다. 기업을 어느 규모 이상으로 키우려면 기업가는 작은 성공에 안주하지 않고 모든 자원과 능력을 투입해 전력투구하지 않으면 안 된다.

많은 기업가가 기업을 자신의 뜻대로 성장시키지 못하는 가장 큰 이유는 여러 환경적 요인을 극복하지 못하기 때문이다. 이와 함께 기업가 자신이 주어진 틀에 안주하거나 능력의 한계에 봉착하는 데에도 큰 원인이 있다.

기업을 어느 정도 키운 기업가는 자신의 성공을 사후적으로 재구성해 정당화하려는 경향이 있다. 그러나 엄밀히 말하면 과거의 성공은 자신의 능력이 아니라 운명적인 만남이나 행운으로 이뤄졌을 수도 있다. 설사 과거의 성공이 자신의 능력으로 이룬 것이라도 그 능력이 미래의 성공을 반드시 가져오진 않는다. 기업이 성장함에 따라 기업가의 역할도 달라지기 때문이다.

창업 시에는 돈과 사람을 끌어 모을 수 있는 비전이나 혁신적인 아이디어가 기업가에게 매우 중요하다. 소규모 기업일수록 기업가는 종업원과 고객 개개인을 섬세하게 배려해 자신의 것으로 만드는 능력이 필요하다. 기업이 커지면 기업가는 조직의 각 부분이 유기적으로 기능할 수 있도록 조정하며, 나아가 자신을 대신할 유능한 경영자를 키우거나 외부에서 발탁할 수 있는 능력이 더 중요해진다.

기업가는 반드시 훌륭한 경영자여야 할 필요는 없다. 기업가로 성공하기 위해선 주어진 틀을 끊임없이 깨고 나가고자 하는 열정과 성장의 각 단계에서 요구되는 역량을 키우고 자신을 위해 일할 수 있는 유능한 경영자를 찾아내 끌어안을 수 있어야 한다.

출처: 동아일보. (2009. 6. 26.). 성공한 기업가가 되려면.

로 높아 정부에서 지원할 필요가 있다고 인정되는 기업을 벤처기업으로 분류하고 있다. 우리나라의 경우 「벤처기업육성에 관한 특별조치법」에 의거하여 일정 요건에 해당되는 중소기업을 벤처기업으로 지정하여 다양한 정책적 지원을 해주고 있다.

2 기업 성장의 의미

기업을 경영하는 목적은 이윤창출, 주주가치극대화, 사회적 가치창출 등 여러 가지가 있겠지만, 그중에서도 기업을 장기적으로 성장 및 발전시켜야 하는 목적은 기업가로서는 가장 우선시되는 과제이다.

기업의 성장은 국가의 경제정책이 개별기업의 성장을 유도하기도 하지만, 기업가의 지속적인 신제품 개발, 신시장 개척, 경영시스템의 개선 등을 통한 경영능력의 향상, 환경변화에 대한 적절한 대응 등 기업가의 의지나 능력에 따라 발전하게 된다.

또한, 기업 성장은 양적 성장만으로 파악하는 것은 불충분하고 질적 성장이 함께 고려되어야 한다. 경영활동의 성과로서 나타나는 매출액, 종업원 수, 총자본이익 등의 증가에 의한 기업 규모의 확대 현상은 양적 성장요소에 해당되며, 기업의 연구개발 능력, 경영조직의 시스템화, 종업원의 자질향상, 노사관계의 안정, 기업 이미지 개선, 소비자에 대한 서비스 향상 등은 질적 성장요소로 볼 수 있다.

기업의 성장은 일반적으로 기업 규모의 확대 속도에 따라 측정되고 있는데, 측정 척도는 매출액, 종업원 수, 자산 총액 등이 성장의 척도로 많이 이용되고 있다. 그러나 이러한 양적 지표로서는 기업 성장의 실체를 정확히 파악하기가 어렵기 때문에 최근에는 기업 성장의 제약조건을 포함한 기업의 성장성, 수익성, 조직의 유연성 등의 종합지표에 의해 측정되어야 한다는 견해가 설득력 있게 제기되고 부분적으로 활용되고 있다.

기업 성장에 대한 개념은 학자들마다 각각 다르게 정의되고 있는데, 이들 내용을 정리하면 다음과 같다.

- 점부도미(占部都美): 기업의 성장은 양적 성장과 질적 성장으로 구분되며, 양적 성장은 기업에 투입된 인적, 물적요소의 확대 현상으로서 기업의 규모가 확대되는 것을 말하며, 질적 성장은 양적인 면에서 기업 규모가 확대된 것 이상으로 기업의 매출액이 증가하면서 기업의 생산성이 향상되는 것을 의미한다.

- 파우리손(Powlison): 기업 성장은 단순한 기업확장과 구분되어야 하며, 기업의 매출액이 일반적인 경제성장에 따라 증대하는 것만으로는 기업 성장이라고 볼 수 없고, 기업의 매출액 증가와 함께 총자본이익이 증대되어야 한다.

- 펜로즈(Penrose): 기업의 성장은 고정자산의 증대 현상으로 볼 수 있다. 또한, 어떤 기업이 이윤을 추구하기 위해서는 필연적으로 투자를 하게 되는데, 이러한 투자행위는 투자자를 위하여 배당 성향을 높이려는 목적도 있지만, 기업가가 개인적인 이해관계로 투자를 할 수 있다고 본다.

- 청수용영(清水龍瑩): 기업 성장은 기업의 많은 제약 조건 하에서 기업이 장기간에 걸쳐 기업규모를 확대해가는 과정으로서, 기업 규모의 확대와 기업 경영상 수반되는 제약조건의 충족은 모두 기업이 추구하는 목표이다. 기업의 제약조건에는 적정이윤을 추구하는 문제, 기업이 공해를 발생시켜서는 안된다는 문제를 포함하여 많은 문제가 포함될 수 있는데, 이러한 제약조건이 충족되지 않으면 기업은 단기적인 면에서 규모가 확대되어도 장기적인 면에서 존속하기 어렵다.

　위와 같은 학자들의 견해를 종합해 보면, 기업 성장이란 경영활동의 성과로서 나타나는 매출액, 종업원 수, 총자본이익 등의 증가에 따른 기업 규모의 양적 확대 뿐만 아니라 생산성 향상, 기업의 다양한 제약조건을 해결하기 위한 기업가의 능력 등 질적 요소의 향상 등이 동시적으로 나타나는 현상이라고 정리할 수 있다.

③ 기업의 성장패턴과 기업가정신

① 기업의 성장패턴과 기업가정신

청수용영(淸水龍瑩)은 기업의 성장요인으로서 기업가, 제품, 조직구조, 재무 등 많은 요인을 둘 수 있는데, 그 중에서 기업가 요인이 기업 성장의 원동력이라고 주장하였다. 즉, 21세기 급변하는 경영환경 하에서 기업가의 혁신적 경영능력과 환경 대응능력이 부족하다면 기업이 성장은 기대하기 어렵다고 하면서 기업가 요인을 기업 성장의 가장 중요한 요인이라고 지적하였다.

그의 주장에 따르면 기업은 창업에서부터 성장과정을 거치면서 일정한 패턴을 보인다고 한다. 기업의 성장패턴은 크게 생성발전기, 성장기, 안정성장기·재성장기로 구분된다〈그림 5-2〉.

기업의 생성발전기는 기업을 창업하여 출발하는 초기단계로서, 기업규모로는 소

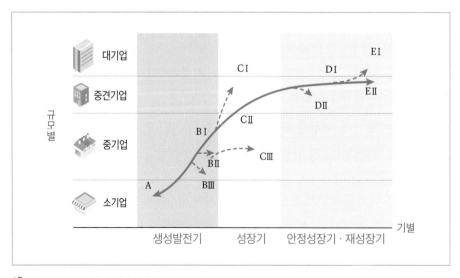

🐜 그림 5-2_ 기업의 성장패턴

기업에서 중기업으로 이행하는 시기이다. 성장기는 기업이 초기의 성장단계를 거쳐 본격적인 경영활동을 전개하면서 성장해가는 시기이다. 안정성장기·재성장기는 기업이 고도로 성장해 온 기업이 여러 가지 이유로 안정성장을 지향하게 되고, 얼마 후 다시 체계를 갖춰 재성장해 가는 시기이며, 여기서 재성장에 성공한 기업은 대기업으로 발전해 간다.

기업의 성장패턴에는 기업가정신이 영향을 미친다. 각각의 성장패턴에서 기업가정신이 어떠한 영향을 미치는지 살펴보면 다음과 같다.

- 생성발전기: 일반적으로 기업가가 창업 초기에 시장의 요구에 적합한 제품을 바탕으로 기업가정신과 경영능력을 발휘하면 기업은 고성장패턴(그림 BI)을 보이게 된다. 이와 반대로 고성장패턴을 보이지 못한 기업은 안정성장패턴(BII)을 보이게 된다. 그리고 기업가정신이 약화되면 일부 기업은 고성장과 안정성장이 어려워지면서 하강패턴(BIII)을 보이게 된다. 그러면서 기업은 제2의 성장단계인 성장기에 접어들게 된다.

- 성장기: 성장기에서는 지금까지 고성장패턴(BI)을 유지해 온 기업 중에서 기업가가 다시 기업가정신을 발휘하면서 일부 기업은 급성장패턴(CI)을 보이게 된다. 또한, 일부 기업에서는 생산 규모의 증대 등의 외적요인으로 고성장하는 고성장패턴(CII)이 생기게 된다. 생성발전기에 안정성장패턴(BII)을 보인 기업은 성장기에는 안정성장유지패턴(CIII)을 거치게 된다.

- 안정성장기·재성장기: 기업이 안정성장기·재성장기에 접어들면 지금까지 급성장(CI), 고성장(CII)을 보인 기업에서 기업가 능력의 한계와 기업경영 전반에 걸쳐 불균형 현상이 나타나게 된다. 따라서 기업가는 이러한 불균형 현상을 수정·보완하기 위하여 안정이행패턴(DI)을 겪게 된다. 안정성장기에서 어떤 기업은 다시 균형을 깨드리면서 재성장패턴(EI)을 보이고, 다른 어떤 기업은 그 균형을 유지하면서 안정지속패턴(EII)을 거치게 된다. 그러나 급성장, 고성장후 경영요인 간의 불균형을 수정하지 못한 기업은 하강패턴(DII)을 보이게 된다.

이처럼 모든 기업들이 시간의 흐름에 따라 소기업에서 중기업, 그리고 중견기업에

서 대기업으로 단계별로 성장해 가는 것은 아니다. 어떤 기업은 중기업 규모에서 정체 현상을 보이기도 하고, 또 어떤 기업은 하강국면을 맞아 시장에서 사라지게 된다. 기업이 정해진 패턴을 보이지 않고 각기 다른 국면을 보이는 것은 다양한 원인이 있겠지만, 그 중에서 기업가정신이 가장 큰 영향을 미친다고 할 수 있다.

2 기업의 성장패턴과 기업가의 행동특성

기업은 기업가가 진취적인 태도를 보이고 스스로 위험을 부담하면서 지속적인 혁신을 촉진하는 개인적 특성에 의해 성장·발전한다. 기업이 성장패턴에서 보이는 기업가의 행동특성을 기업가정신의 측면에서 정리해보면 다음과 같다.

1. 생성발전기

기업의 생성발전기는 창업패턴, 고성장패턴, 안정성장패턴, 하강패턴으로 구분된다. 창업패턴은 기업이 처음 창업한 시기로서 기업가의 충만한 기업가정신, 제품요인이 중심이 되어 성장한다. 이 패턴에서는 기업가의 왕성한 경영 의지와 개인적 특성이 중요시된다.

고성장패턴에서는 기업가가 창업 과정에서 겪은 경영관리상의 어려움을 극복하고 경영기반을 구축하면서 고도성장을 구현하는 단계이다. 이 패턴에서 기업가는 현장 경험을 충분히 쌓으면서 기업 경영에 대한 자신감을 얻게 되며, 기업가정신을 더욱 강화한다. 안정성장패턴에서이 기업가는 창업초기의 왕성한 기업가징신이 악화되면서 안정적인 경영 태도를 보이게 된다. 이에 따라 기업가는 기업을 확장하는 데 관심을 갖기 보다는 일상적인 업무처리에 매몰되어 장기적인 관점을 가지고 기업을 성장·발전시키는 일을 등한시하게 된다.

하강패턴에서는 기업의 경영환경이 창업당시에 비해 더 악화되어 있다. 그럼에도 불구하고 기업가는 창업당시에 보였던 왕성한 기업가정신과 경영의욕이 감퇴하기 시작한다. 이에 기업가는 단순한 기업의 수익과 비용관계만을 중요시하면서 경영상태가 악화되는 것을 방치하여 하강국면을 맞게 된다.

2. 성장기

성장기는 초기의 생성발전기를 지나 기업이 고도로 성장하는 시기로서 급성장패턴, 고성장패턴, 안정성장유지패턴으로 구분된다. 급성장패턴에서는 강한 기업가정신을 바탕으로 신제품개발과 신시장개척에 적극적으로 나서며, 기술 및 연구개발에 더욱 집중한다. 고성장패턴에서는 주력제품의 판매가 급증하고 시장 확대현상이 나타나면서 기업규모는 확대된다. 한편, 이제까지 기업을 지탱해 온 강한 기업가정신이 기업규모가 확대되고 관리업무가 복잡해지면서 기업가정신만으로는 능률적인 경영관리가 어렵게 되는데, 여기서 기업가정신과 함께 기업가적 관리자정신이 요구된다.

안정성장유지패턴에서는 기업가가 안정적인 방향으로 기업의 성장전략을 설정한다. 이러한 성향을 취하는 이유는 기업가로서의 경험과 능력이 쌓이면서 스스로 자신이 성취한 것에 만족하게 되기 때문이다. 즉, 기업가 개인의 생활목표와 기업의 경영목표 사이에 균형이 이루어지면서 기업가정신이 약화 현상이 나타나는 것이다. 이처럼 기업가정신이 약화되면서 기업가는 "이만하면 성공했으니 됐다"는 자만심을

 심화학습

기업가적 관리자정신이란?

기업 규모가 점차 확대되면 창업 초기의 기업가정신만으로는 경영상의 제반 문제 해결에 어려움을 겪게 된다. 이 경우 관리자는 기업가정신과 함께 관리자정신을 적절히 갖추어야 하는데 이것이 기업가적 관리자정신이다.

기업가적 관리자는 조직내의 각 구성원에게 기업가적 발상과 행동을 할 수 있도록 해야 한다. 그러기 위해서는 관리자 스스로 틀에 박힌 관리활동에서 탈피하여 기업가적 행동을 취하면서 기업조직의 내부 환경을 기업목적 달성에 유효한 형태로 전환하는데 중점을 두어야 한다.

출처: 淸水龍瑩. 1985. 企業成長論. 中央經濟社. p.17.

갖게 된다. 이를 자만경영(complacent management)이라고 하는데, 자신이 성취한 성과에 자만하여 끊임없는 환경변화에도 불구하고 스스로 변화하여 적응하기 보다는 기존의 성과나 관행에 안주하는 태도를 의미한다. 이러한 태도로 인해 기업은 지속적인 성장·발전이 이루어지지 않고 정체 현상을 보이면서 조직은 고정화, 고령화 경향을 보이게 된다.

3. 안정성장기/재성장기

기업이 창업을 하여 생성발전기와 성장기를 지나면 안정적인 성장을 지향하는 시기에 이르게 되는데, 이 시기는 안정이행패턴, 재성장패턴, 하강패턴, 안정유지패턴으로 구분된다.

안정이행패턴에서는 그동안 경영관리 측면에서 나타난 경영요인 간의 불균형 정도를 분석하기 위해 제품의 시장동향, 재무상태, 노동조합, 종업원 등에 대한 정보를 수집, 분석해 보아야 한다. 또한, 이 시기에 기업가는 고착화된 관료적 분위기에 휩쓸리지 않고 시장을 중심으로 한 전략적 발상으로 기업의 안정적인 성장·발전이 이루어지도록 다각적인 노력을 해야 한다. 재성장패턴에서는 강한 개성을 지닌 기업가가 신제품개발이나 신시장개척 등의 적극적인 경영전략을 추진하면서 장기계획에 의한 전체적인 균형을 유지하게 된다. 또한, 종업원에 대한 교육강화, 새로운 경영정보 수집, 과학적인 경영관리시스템 도입 등으로 새로운 성장의 기회를 맞는다. 하강패턴에서는 기업가가 과거의 성장 경험과 자신의 경영능력을 과신하게 되면서 기업의 경영상태를 객관적으로 파악하지 못하고 과거 성장기의 경영관행을 답습하게 된다. 또한, 관리자정신이 쇠퇴하여 기업의 경쟁력이 약화되고 있음에도 불구하고 새로운 전략적 시도를 하지 않게 된다. 안정유지패턴에서의 기업가는 안정적인 경영방식과 경영철학에 익숙해져서 스스로 만족감을 갖게 된다. 안정적인 거래처와의 거래관계를 지속하면서 원가절감과 제조기술 혁신에 노력하게 된다.

위에서 살펴본 바와 같이 기업의 성장패턴에 따라 기업가는 각기 다른 행동특성을 보이는데, 급성장패턴, 고성장패턴에서는 기업가정신이 크게 강화되는 반면, 기업성장이 안정국면이나 하강국면에 접어들 때는 기업가정신이 약화된다. 이러한 사실로 미루어 볼 때, 기업 성장과 기업가정신은 매우 밀접한 관련성이 있다고 할 수 있다.

 기업의 성장단계와 경영과제

❶ 기업의 성장단계와 경영과제

기업의 성장단계에 대하여 많은 학자들의 연구가 진행되었으나 비교적 잘 알려진 이론은 처칠(Churchill)과 루이스(Lewis)의 5단계 기업 성장 모델이다. 그들은 기업규모나 사업의 다양성, 조직의 복잡성, 경영스타일, 조직목표 등의 요인을 중심으로 창업 기업의 성장 과정을 ①존재(existence), ②생존(survival), ③성공(success), ④도약(take-off), ⑤성숙(resource maturity) 등 5단계로 구분하였다. 각 단계의 특징과 경영과제들을 살펴보면 다음과 같다.

1. 존재단계

존재(existence)단계는 제품이나 서비스를 제공할 수 있는 고객과 자금을 확보하는 단계로서 이 단계에서의 조직과 경영시스템은 매우 단순하며, 창업가가 대부분의 일을 수행한다. 이 단계에서의 경영과제는 다음과 같다.

- 사업을 영위할 수 있을 정도로 충분한 고객을 확보하고 제품과 서비스를 효율적으로 공급할 수 있는가?
- 핵심고객이나 시험생산공정으로부터 한층 더 넓은 판매기반을 확충해 나갈 수 있는가?
- 창업단계에서 필요한 현금을 충분히 조달할 수 있는가?

2. 생존단계

생존(survival)단계는 기업이 하나의 생존 가능한 기업 실체로서 성립되는 단계로서 이 단계에서는 충분한 고객을 확보하고 그들을 계속고객으로 유지해 갈 수 있을 만큼 충분히 만족스러운 제품이나 서비스를 공급하게 된다. 이 시기에는 단순한 존재에서 벗어나 수익과 비용의 관계가 핵심적인 현안으로 떠오르며, 조직과 시스템의 발달이 여전히 미미하고 창업자가 사업에서 중요한 부분을 차지하지만 기업의 규모가 양적으로 팽창되어가는 단계이다. 이 단계에서의 경영과제를 살펴보면 다음과 같다.

- 단기적으로 수지균형을 달성하고 자본자산이 마모됨에 따라 설비의 수선이나 교체비용을 감당할 수 있을 만큼 충분한 현금수익을 창출할 수 있는가?
- 계속기업으로의 성장과 산업 및 시장을 고려할 경우 미래 경제적 수익을 올릴 수 있을 만한 규모의 기업으로의 성장을 뒷받침할 만한 충분한 현금을 창출할 수 있는가?

3. 성공단계

성공(success)단계는 기존의 사업 성과를 활용하여 기업을 확장할 것인지, 아니면 수익을 안정적인 상태로 그대로 유지할 것인지를 결정하는 단계로서, 이 단계에서는 창업자가 전면 혹은 부분적으로 기업에서 손을 뗌에 따라 창업자의 생활지원 수단으로 사용할 것인가(성공-지속단계), 아니면 기업을 성장의 발판으로 활용할 것인가(성공-성장단계) 여부를 결정하게 된다.

- 성공-지속(success disengagement)단계: 이 단계는 평균 또는 그 이상의 수익을 올리고 경제적 성공을 얻을 정도로 상품 시장에서 성공하고 기업의 규모를 구축한 시기로서 창업자가 점차 직접적인 경영에서 물러나는 단계이다. 이 단계에서 창업자는 이러한 수준의 수익성과 성공에 만족하고 사업의 안정을 도모한다.
- 성공-성장(success-growth)단계: 이 단계는 성공한 상황에서 안정적으로 현상을 유지하는 것이 아니라 창업자가 지속적인 성장을 위해 추가적인 자원을 동원

하고 새로운 사업위험에 도전하는 단계이다. 이를 위해 창업자는 기반사업의 수익성을 유지하면서 성장사업 성장에 요구되는 경영진을 확보해야 한다. 예산 등 운영상의 기획 뿐만 아니라 창업자 자신의 전략적 기획 능력이 매우 필요한 시기이다. 이러한 노력이 성과를 거두게 되면 다음 단계인 도약단계로 진입하게 된다.

4. 도약단계

도약(take-off)단계는 고도의 성장을 도모하고 경험하는 시기이다. 창업자에게는 어떻게 신속한 성장을 달성하고 이를 위해 필요한 자금은 어떻게 확보할 것인가가 핵심적인 이슈로 떠오른다. 이 시기를 성공적으로 잘 극복하면 대규모 기업으로 성장할 수 있다. 이 시기에는 분권화가 이루어지고 경영시스템은 성장압박 때문에 한층 치밀하고 포괄적으로 변하게 된다. 이 시기의 경영과제는 다음과 같다.

- 회사의 성장에 따르는 막대한 자금수요를 충족할 수 있는 능력이 있는가?
- 점차 복잡해지는 업무의 관리적 효율성을 개선하기 위해 다른 사람에게 권한을 위양할 수 있는가?

5. 성숙단계

성숙(resource maturity)단계는 성공적으로 성장한 기업이 안정화되는 시기로서 급속성장을 통해 얻어진 재무적 성과를 건실하게 유지함과 동시에 기업가정신을 포함하여 소규모기업이 가지고 있는 이점을 계속 유지하는 것이 핵심적인 과제가 된다. 이를 위해서는 경영진을 신속히 확충해 나감으로써 성장으로 유발되는 비효율성을 신속히 제거하고, 예산과 전략계획, 목표관리 및 표준원가체제 등의 전문경영시스템을 도입하여 기업의 경영을 전문화해야 한다. 이 단계에서 재무적 기반, 규모의 경제, 경영 역량 등의 이점을 충분히 활용하고 기업가정신을 유지한다면 시장에서 안정적인 입지를 굳힐 수 있다. 반면, 그렇지 못할 경우에는 고정화(ossification) 현상이 나타나 외부 환경변화에 적응하지 못하고 경쟁에서 도태될 수 있다.

2 기업의 성장단계별 핵심 경영요소의 변화

기업은 성장·발전해 가면서 핵심적인 경영자원의 중요성도 변화하게 되는데, 기업의 핵심 경영자원으로는 크게 재무, 인사, 시스템, 사업관련 자원 등을 들 수 있다. 이들 자원의 구체적인 내용을 살펴보면 다음과 같다.

- 재무적 자원: 현금 및 자금동원력
- 인적 자원: 경영진과 스태프 등 인력의 규모, 자질, 수준 등
- 시스템 자원: 정보와 기획 및 통제 시스템의 세련화 정도
- 사업 자원: 고객관계, 시장점유율, 공급업체 관계, 제조 및 유통과정, 그리고 기술과 명성 등 해당 산업과 시장에서 기업의 지위를 규정지우는 요소
- 사업에 대한 목표: 창업자 자신과 사업에 관한 목표
- 업무능력: 마케팅, 발명, 제조, 유통 등 주요 업무를 수행하는 창업자의 능력
- 경영 역량: 경영 책임을 위양하고 타인의 업무를 지휘하고, 감독할 수 있는 능력과 의지
- 전략적 비전: 현재를 뛰어넘어 미래를 투시하고, 기업의 장단점을 자신의 목표와 일치시킬 수 있는 전략적 능력

또한, 이들 경영자원과 함께 각 성장단계별로 창업자의 역할이 매우 중요한데, 창업자의 역할과 관련해서는 사업에 대한 목표, 업무능력, 경영능력, 전략적 비전 등과 같은 역량이 각 단계별로 요구된다.

이들 핵심 경영자원이 기업에 대한 중요도 수준은 '성공을 위해 핵심적이고 최우선적인 수준(★★★)', '필수적이고 중요하지만 관리 가능한 수준(★★)', 그리고 '최고경영진의 큰 관심사가 아니거나 부수적으로 발생하는 수준(★)' 등 크게 세 가지로 나누어 볼 수 있다〈표 5-1〉.

- 존재와 생존 등 창업 초기의 최우선적인 경영요소는 재무 및 사업자원, 그리고 창업자의 목표와 업무능력
- 성공/지속 단계에서는 창업자의 업무능력

스타트업이 '데스밸리'를 극복하기 위한 방안

모든 스타트업은 초기에 자금 조달이나 시장 진입에서 어려움을 겪는다. 업계에서는 이를 '데스밸리(Death Valley)에 빠졌다'고 표현한다. '데스밸리'는 미국의 캘리포니아 중부 모하비 사막의 북쪽에 위치한 척박한 분지다. 여행 가능 지역이 전체 면적의 5%에 불과할 정도로 매우 덥고 건조해 사람이 살 수 없는 땅으로 악명이 높다. 도산 위기에 빠진 스타트업 창업자를 '데스밸리'에 들어선 상황에 비유한 것이다. 스타트업 초기에는 수익보다 투자가 많아 현금 흐름이 하향 곡선을 그린다. 그러다 수익이 발생하기 시작하면서 급격히 상승 곡선을 그리게 된다. 이렇게 창업 초기 자본이 소진돼 마이너스를 기록하다가 변곡점을 지나고 가파르게 성장하는 그래프 형태를 'J 커브'라고 하는데, '데스밸리'는 사업 초기부터 안정적인 비즈니스 모델을 구축해 성공적으로 자리 잡기 이전까지를 말한다.

스타트업은 1~3년 차에 '데스밸리'를 겪는다. 상품 개발, 매출 부진, 엔젤 펀더(Angel funder)의 투자금 고갈 등으로 성장이 정체되고 신규 투자 유치에 실패해 도산 위기에 놓인다. 어렵게 연구 개발(R&D)에 성공했지만, 자금이 부족해 사업화에 난항을 겪기도 한다.

'데스밸리' 극복 방안 첫 번째는 창업 시작 전 충분한 자금 및 자원을 축적하는 것이다. 비즈니스 모델이 자리 잡아 안정적인 수익을 창출하기 전까지 필요한 재원을 측정하고, 자체 자금 또는 부트스트랩을 준비하는 일은 사업의 리스크를 크게 줄일 수 있다.

두 번째는 크라우드 펀딩을 활용하는 것이다. 사업 아이템이 높은 시장성을 지닌다면, 아이디어나 계획서 등을 토대로 불특정 다수에게 투자금을 모금하는 크라우드 펀딩도 대안이 될 수 있다.

세 번째는 공모전 및 지원 사업을 통해 사업 보조를 받는 것이다. 기술 연구 등 프로젝트가 개발에 초점이 맞춰져 있다면 정부 공모전이나 사업에 지원해 보조금을 받을 수 있다. 또는 스타트업에 현금, 사무 공간, 컨설팅 등을 제공하는 정부나 민간 산하 스타트업 인큐베이터에 가입할 수도 있다.

네 번째는 배급업자나 수혜자와 합동으로 사업하는 것이다. 사업에 연관되거나 전략적으로 관심을 보인 기업이나 개인에게 이른 시기에 투자를 받고 추후 수익이 발생할 시 상환하는 것이다.

다섯 번째는 서비스 및 제품 교환이다. 기술이나 제품, 서비스를 돈 대신 교환하는 것이다. 예를 들어 회계 관련 스타트업은 부동산 소유주의 자산 관리를 해주면서 무료 사무 공간을 얻을 수 있다.

마지막은 스타트업 간의 협력을 통해 네트워크의 가치를 극대화하는 것이다. 서로 다른 두 기업이 필요한 제품이나 서비스를 상대 기업에 제공하면서 상호보완적 관계를 형성할 수 있다.

출처: 스타트업투데이. (2020. 6. 18.). https://www.startuptoday.kr

표 5-1_ 기업의 성장 단계별 핵심 경영 과제의 변화

단 계	재무적 자원	인적 자원	시스템 자원	사업 자원	창업자의 목표	창업자의 업무능력	창업자의 경영 역량	창업자의 전략적 비전
제1단계 존재	★★★	★	★	★★★	★★★	★★★	★	★
제2단계 생존	★★★	★	★	★★★	★★★	★★★	★	★
제3단계 성공/지속	★	★★	★	★★	★	★★★	★	★
제3단계 성공/성장	★★★	★★	★★	★★	★★★	★★★	★★	★★
제4단계 도약	★★★	★★★	★★★	★	★★★	★★	★★★	★★★
제5단계 성숙	★★	★★	★★	★	★★	★	★★	★★★

출처: Churchill, N. C., & Lewis, V. L. (1992). The Five Stages of Small Business Growth [w:] The Entrepreneurial Venture. Readings selected by WA Sahlman, HH Stevenson, Harvard Business School Publications, Boston.

- 성공/성장 단계에서는 재무적 자원, 창업자의 목표나 업무능력
- 도약단계에서는 재무적자원, 인적자원, 시스템자원, 창업자의 목표, 경영 역량, 그리고 전략적 비전 등
- 성숙단계에서는 창업자의 전략적 비전

이러한 내용들을 살펴볼 때 성장단계별로 기업의 생존에 영향을 미치는 요인들이 매우 상이하게 나타나고 있다. 따라서 기업 입장에서는 창업단계에서부터 성장, 성숙단계를 거치는 동안 기업에서 어떠한 요인들에 대해 특히 역량을 집중해야 하는지에 대한 전략적 접근방식이 필요하다.

참고문헌

- 동아일보. (2009. 6. 26.). 성공한 기업가가 되려면.
- 박재린. (1996). 기업성장과 기업가정신에 관한 연구. 기업경영연구 (구 동림경영연구), 4 , 23-45.
- 스타트업투데이. (2020, 6. 18).https://www.startuptoday.kr
- 유동근, 서승원. (2017). 통합마케팅. 법문사.
- 윤남수. (2015). 경영학 이론과 실제. 한올
- 장수덕. (2007). 학술연구: 벤처기업의 성장단계별 위험관리: 연령에 따른 위험, 자원기반 완충메커니즘, 그리고 생존. 기업가정신과 벤처연구 (JSBI)(구 벤처경영연구), 10 (1), 33-54.
- 정승화. (2008). 벤처창업론, 서울: 박영사.
- 중소벤처기업부. 벤처기업확인요건, https://www.venturein.or.kr/venturein/index.jsp
- 清水龍瑩. (1985). 企業成長論. 中央經濟社.
- 한국경제뉴스. (2014. 6.18.). 차오 더왕 푸야오그룹 회장.
- Churchill, N. C., & Lewis, V. L. (1992). The Five Stages of Small Business Growth [w:] The Entrepreneurial Venture. Readings selected by WA Sahlman, HH Stevenson, Harvard Business School Publications, Boston.

CHAPTER
6

CSR과
ESG경영

학습 목표

1. 환경변화와 기업의 대응

2. 기업의 사회적책임(CSR)

3. ESG경영

1 환경변화와 기업의 대응

기업은 하나의 개방시스템(open system)으로 볼 수 있다. 즉, 조직을 둘러싸고 있는 다양한 내·외부 환경 변화를 민감하게 감지하며, 필요시 적절히 적응하기 위해 통제와 피드백을 하면서 발전해가는 매카니즘을 가지고 있다. 이처럼 기업을 하나의 유기체라고 볼 때, 기업 조직의 성패는 기업을 둘러싸고 있는 환경과의 상호작용의 결과에 따라 달라진다.

기업의 환경요인은 복잡하기도 하려니와 매우 다이나믹하게 변하고 있다. 특히, 제4차 산업혁명 시대를 맞이하여 그 변화의 속도가 갈수록 빨라지고 있다. 기업은 이러한 변화에 적절히 대응해야 성장·발전해 나갈 수 있기 때문에 변화된 환경요인을 잘 파악하고 활용하는 것이 기업 생존에 직결된다.

한편, 기업이 대규모화, 글로벌화 됨에 따라 기업이 사회에서 차지하는 비중이 점차 확대되고 있으며, 이에 따라 기업도 사회의 한 구성원이라는 인식이 지배적이다. 따라서 기업은 사회의 한 구성원으로서 기업 내부의 이해관계자 뿐만 아니라 기업 외부의 다양한 이해관계자 집단에 대한 책임이 따르게 된다. 기업이 사회적책임을 가져야 하는 이유를 살펴보면 다음과 같이 정리할 수 있다.

- 기업의 규모와 힘의 확장으로 기업은 사회에 막대한 영향력을 행사하게 되었다.
- 사회가 기업에 대해 원하는 가치가 과거보다 다양해지고 있으며, 이에 따라 기업의 이미지를 관리하기 위해서는 사회적 책임이 수반된다.
- 사회적책임을 다하지 않을 경우 다양한 정부의 규제를 받게 된다.
- 소비자의 높아진 윤리의식으로 기업에 대해 책임있는 행동을 취할 것을 요구한다.

② 기업의 사회적 책임(CSR)

① 사회적 책임의 의의

기업이 물건만 잘 만들면 팔리던 시대는 지났다. 소비자들은 과거보다 평균 학력도 높아지고 정보를 보다 많이 접하게 되면서 시장에 대한 이해도가 훨씬 높아졌다. 이에 기업을 대하는 태도가 바뀌게 되었다. 글로벌 시장조사 업체인 입소스(Ipsos)의 조사에 따르면 소비자의 82.8%가 제품이나 서비스를 구매할 때 해당 기업의 사회적 평판에 영향을 받는다고 답했다. 기업들도 이제 사회적 책임을 다하지 않으면 생존마저 불투명해진다.

오늘날 사회 책임 경영은 기업가정신의 핵심 요소로 자리 잡고 있는데, 눈앞의 단기적 이익에만 집착하는 기업가는 기업 자체의 장기 생존을 보장할 수 없을 뿐만 아니라 사회 전체에 엄청난 해악을 끼칠 수도 있기 때문이다. 반면, 경제와 환경, 지역사회 등을 포괄하는 지속가능한 성장에 바탕을 두고 다양한 이해관계인들과의 커뮤니케이션에 적극적인 기업가는 기업 경쟁력과 기업 가치를 한 차원 끌어올릴 수 있다.

한편, 과거에는 돈을 잘 기부하면 사회적 책임을 다하는 기업이라는 명예를 얻을 수 있었지만, 이러한 방식은 지금에 와서는 통하지 않으며, 사회 책임 경영도 계속 진화하고 있다. 따라서 많은 글로벌 기업들은 사회 책임 경영의 원칙을 비즈니스 프로세스 안으로, 경영 조직 내부로 끌어들여 체화(體化)하기 위해 노력하고 있다.

② 사회적 책임의 정의

기업의 사회적 책임(CSR: Corporate Social Responsibility)은 전통적인 기업의 경제적

역할을 넘어서는 보다 폭넓은 일련의 사회적 책임 활동을 의미한다. 기업은 대주주만이 아니라 소액주주를 포함한 더 많은 이해관계자(stakeholder)의 이익 제고에 기여하여야 하며 경제적 목표 이외에 사회적, 인간적 가치의 실현에 공헌해야 한다는 것이 사회적 책임을 정의하는 시발점이다. 즉, 사회적 책임은 기업활동으로 인해 발생하는 경제, 사회, 환경문제를 해결함으로써 기업의 이해관계자와 사회 일반의 요구나 사회적 기대를 충족시켜주는 기업행동의 규범적 체계이다.

기업의 사회적 책임 활동은 단순히 이미지를 개선하는 데 그치는 것이 아니라 기업의 경쟁력에 중요한 영향을 미치는 요소가 되고 있다. 따라서 기업들은 제품이나 서비스 자체의 효율은 물론이고 기업의 제반 정책이 사회문제 해결에 기여하는 것이라는 자부심과 만족감까지도 고객에게 제공하도록 노력해야 할 것이다. 이런 의미에서 향후 기업의 사회적 책임은 기업들이 새로운 경쟁에서 우위를 선점하기 위한 전략적 수단이 될 것이다.

사회적 책임에 대한 정의는 학자나 국제기관에 따라 각각 다르게 정의되고 있어 통일되어 있지 않다. 국제기관 및 학자들이 사회적 책임에 대해 정의한 내용을 정리해 보면 다음과 같다.

- 국제표준화기구(ISO): 기업이 경제 · 사회 · 환경문제 등에 대한 기여를 통해 사람 · 사회 전체에 혜택을 가져오는 것이다.
- EU: 기업이 경영활동에 있어서 자발적으로 사회적 · 환경적 관심을 통합시키는 것이다.
- 경제협력개발기구(OECD): 기업이 사회와의 공생관계를 성숙 · 발전시키기 위하여 취하는 행동이다.
- 국제노동기구(ILO): 기업이 법적 의무를 넘어서 자발적으로 이해관계자에게 미치는 영향력이다.
- 보원(H. R. Bowen): 기업이 사회의 목적과 가치를 위한 정책, 결정, 행위를 추구하는 것이다.
- 엘스와 왈톤(R. Ells & C. Walton): 기업의 활동으로 인해 발생하는 문제의 관점 및 기업과 사회의 관계를 지배하게 되는 윤리원칙의 관점에서 생각해야 한다.

- 맥과이어(J. W. McGuire): 기업이 경제적, 법적 의무만을 다하는 것 뿐만 아니라, 이러한 의무 이외에 사회에 대한 책임을 다해야 한다.
- 세티(S. P. Sethi): 사회·환경문제를 해결하고 윤리원칙을 준수하는 것으로 간주하고, 궁극적으로 기업은 법률적, 경제적 의무를 넘어서 사회적 규범이나 가치, 그리고 사회적 기대와 조화를 이룰 수 있는 기업행위이다.

③ 사회적 책임의 구분

경영학자 캐롤(Archie B. Carroll)은 기업의 사회적 책임을 네 가지로 구분하였다. 즉, 기업은 단계별로 경제적 책임, 법적 책임, 윤리적 책임, 자선적 책임이 있다고 한다.

경제적 책임은 기업의 사회적 책임 중 제1의 책임이며, 기업은 사회의 기본적인 경제단위로서 재화와 서비스를 생산할 책임을 지고 있다는 의미이다. 법적 책임은 기

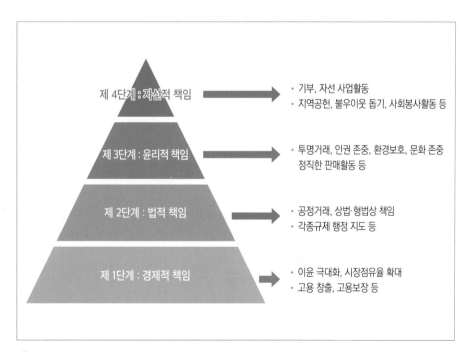

🌱 그림 6-1_ 캐롤(Carroll)의 사회적책임 4단계

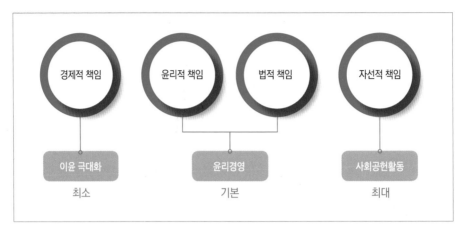

경제적 책임　　윤리적 책임　　법적 책임　　자선적 책임

이윤 극대화　　　윤리경영　　　　사회공헌활동

최소　　　　　　기본　　　　　　최대

그림 6-2_ 사회적책임의 분류

업이 법적 요구사항의 구조 내에서 경제적 임무를 수행할 것을 요구한다는 것이다. 윤리적 책임이란 법으로 규정화하지는 못하지만 기업에게 사회의 일원으로서 기대하는 행동과 활동들을 의미한다. 자선적 책임은 기업에 대해서 명백한 메시지를 갖고 있지 않지만 기업의 개별적 판단이나 선택에 맡겨져 있는 책임으로서 사회적 기부행위, 약물남용방지프로그램, 보육시설 운영 등 자발적 영역에 속하는 것이다.

여기서 경제적 책임은 기업이 스스로 생존을 위해 행하는 문제이고, 나머지 세가지 책임은 기업이 타인을 위해 행하는 문제이다. 경제적 책임은 가장 기본적인 기업의 존재 근거를 제공하는 책임이며, 법적·윤리적 책임은 최소한으로 기업이 지켜야 하는 책임, 그리고 자선적 책임은 기업이 적극적으로 나서서 최대한 지켜야 하는 책임으로 볼 수 있다.

4 사회적 책임의 범위

기업의 사회적 책임의 범위는 기업의 유지·발전에 대한 책임, 이해관계 집단의 이익보호, 합리적인 사업전개, 사회발전에의 기여, 제품·서비스·운영의 책임, 공정거래의 책임, 환경보호의 책임 등으로 구분된다. 각각의 내용에 대해 살펴본다.

1. 기업의 유지·발전에 대한 책임

기업은 개인이나 대주주의 사적 소유물이라기 보다는 사회가 필요로 하는 하나의 시스템 또는 기구로서의 존재가치가 더 크다고 볼 수 있다. 따라서 경영자는 시스템으로서의 기업을 유지·발전시켜야 할 책임을 전체 사회에 대해 져야 한다. 우선적으로는 경제적 책임을 효율적으로 수행해야 하며, 기업을 유지·발전시키고 성장시키기 위해 적정한 이윤을 창출하여야 한다.

2. 이해관계집단의 이익보호

경영자는 효율적인 경영을 통하여 건전한 이익을 실현하고 주주에게 경제적인 보상을 해 주어야 한다. 기업의 입장에서는 주주의 자산을 보호·보전 및 증가시켜야 할 의무가 있으며, 주주의 알 권리, 정당한 요구, 제안, 주주들의 공식적 결정을 존중하고 투명한 경영체제를 유지해야 한다. 종업원에 대해서는 적정한 보상을 지급하여 인간다운 삶을 영위할 수 있도록 하고, 협력업체에 대해서는 우월적 지위를 이용하지 않고 상호 동등한 거래를 보장하고 합리적인 대가를 지불하여야 한다.

3. 합리적인 사업전개

기업은 사회적 가치관을 존중하여 사업을 수행하고 사회의 안정적 성장의 바탕 위에서 사업의 확장을 도모해야 한다. 따라서 기업은 부동산 투기나 담합 등 국민경제에 해를 끼치는 행위를 하거나 국민정서에 위화감을 조성하는 행위, 건전한 기업활동을 저해하는 부조리 행위, 정경유착 및 불법 정치기부금 제공 등의 행위를 하지 않아야 한다.

4. 사회발전에 기여

기업은 고용 창출과 성실한 조세납부로 국가발전에 기여하여야 한다. 또한, 학벌, 성별, 출신지역, 종교 등의 차별없이 균등한 고용의 기회를 제공하여야 하며, 해당

지역주민의 정당한 요구를 수용하고 해결하는데도 최선을 다해야 한다. 또한, 사회 각 계층의 정당한 요구를 겸허히 받아들이고 이를 해결하는데 최선을 다해야 한다.

5. 제품·서비스·운영의 책임

기업은 자신이 제공하는 제품·서비스·운영이 사회에 미치는 효과를 충분히 인식하고 이에 따른 책임을 져야 한다. 이러한 책임은 공공의 건강, 안전, 환경보호에 대한 기업의 기본적인 기대치를 의미한다. 이를 위해서는 기업의 제품·서비스·운영과 관련된 위험 및 가능성을 철저히 평가하여야 하며 자원의 남용과 낭비를 막아 자원의 고갈을 방지할 의무가 있다. 특히, 제품 설계단계에서부터 환경친화적 설계의 개념을 도입하여 제품의 생산에서부터 유통, 수송, 사용, 폐기에 이르는 전 과정에서 예견되는 부정적인 영향을 계획수립에 반영하여 생산공정과 산업폐기물의 영향을 최소화하도록 해야 한다.

6. 공정거래의 책임

기업은 기업간 공정하고 자유로운 경쟁을 구현하기 위해 노력해야 한다. 공정거래 관련법규를 준수해야 하며, 경쟁사와는 상호존중을 바탕으로 선의의 경쟁을 도모해야 한다. 또한, 협력업체와는 상호 발전할 수 있는 협력전략을 모색해야 한다.

7. 환경보호의 책임

환경오염이 갈수록 심각해짐에 따라 기업에 대해서도 환경관련 국제기구, 정부, 국민, 각 시민환경단체 등으로부터 환경오염 방지에 대한 압력이 거세지고 있다. 이에 따라 기업은 과거처럼 수동적으로 환경문제에 대처해서는 곤란하며 환경보전을 위해 보다 적극적으로 실천할 것을 요구받고 있다. 따라서 환경친화적 제품의 생산, 환경설비의 도입, 환경경영시스템의 개발과 적용, 청정생산 클러스터의 도입 등에 적극 노력하여야 한다. 또한, 환경친화적 설계를 통하여 부품의 재활용 비율을 높이고 불필요한 포장은 최소화하며, 생산 및 소비과정에서 자재와 에너지의 소비를 최소화하는 것이 필요하다.

 Case Study

사회공헌 활동으로 글로벌 기업의 책임 실천

매출과 브랜드 파워만으로 기업을 평가하던 시대는 지났다. CSR(Corporate Social Responsibility), 즉 기업의 사회적 책임 활동은 현대사회에서 기업이 갖추어야 할 가장 중요한 마인드이자 기업의 사회적 가치를 측정하는 기준으로 작용하고 있다. 이 때문에 과거 외부적 압력과 요청에 의해 시행되던 기업의 사회공헌 활동은 최근 중요한 경영전략의 일환으로 발전해 기업 스스로 다양한 사회공헌 활동을 기획·진행하는 형태로 자리매김하고 있다. 진심 어린 사회공헌 활동이야말로 물질적 가치로만 평가되던 기업의 이미지를 쇄신하고 기업과 사회, 경영자와 소비자의 관계를 더 나은 방향으로 발전시켜나갈 수 있는 방법이라는 데 인식을 같이하고 있기 때문이다.

이미 독일과 프랑스, 네덜란드, 벨기에 등 유럽 선진국에서는 정부 차원에서 기업의 사회공헌 활동을 의무화하는 정책을 도입, 시행하고 있다. 미국과 일본 등도 강제 규정은 없으나 기업의 사회공헌 활동을 사회적 의무로 인식하는 분위기가 정착돼 고용창출과 교육문제, 환경문제 등 다방면에 걸친 기업의 자발적 사회공헌 활동을 정부가 공식적으로 측면 지원하는 것이 일반화되어 있다.

세계적으로 가장 성공한 사회공헌 활동으로 꼽히는 글로벌 화장품 회사 에스티로더 그룹의 '핑크리본 캠페인'이 좋은 예다. 이 캠페인은 1992년 여성의 유방암에 대한 인식을 고취하기 위해 자사 고객들에게 핑크 리본과 유방암 자가 진단카드를 나눠주며 조기 검진의 중요성을 알리는 것으로 시작했다. 2010년 세계 70여 개국에서 1억 1000만개 이상의 핑크 리본을 배포하는 것으로 확대됐고 취지에 공감한 다른 기업들의 동참이 줄을 이으며 그 효과가 극대화됐다.

에스티로더는 핑크리본 컬렉션 제품을 출시하며 수익금의 일부를 유방암 연구재단에 연구기금으로 기부했다. 참여 기업들 역시 핑크색 관련 제품을 판매하거나 이벤트를 통해 수익금의 일부를 기금으로 조성했다. 의류업체인 앤클라인은 캠페인의 일환으로 핑크 캐시미어 스웨터를 선보여 기부 목표액인 2만 5000달러를 초과 달성했고, 3M은 포스트잇의 핑크 버전으로 80%의 매출 증가를 기록했으며 델타항공은 기체를 핑크색으로 장식하고 핑크색 유니폼을 입은 승무원이 핑크 레모네이드를 서비스해 캠페인의 취지를 알린 것은 물론 브랜드 이미지 제고에도 큰 효과를 얻었다.

출처: 김지은. (2011. 9. 11). 사회공헌 활동으로 글로벌 기업의 책임 실천. 신동아.

3 ESG경영

1 ESG의 개념

코로나 팬데믹 이후 환경보호와 사회 안정에 대한 인식이 중요한 화두가 되었으며, ESG가 기업 경영의 핵심으로 부상하였다. 이러한 글로벌 트렌드는 대기업에만 해당되지 않으며 중소.벤처기업에도 해당되며, 이는 새로운 사업의 기회를 제공할 수 있다. 또한, 중소.벤처기업이 초기부터 ESG 경영을 실천하고 기업 문화를 형성한다면 미래 투자유치에도 도움이 되고 정부 지원 등 다양한 혜택을 누릴 수 있다.

ESG는 Environmental(환경), Social(사회), Governance(지배구조)의 영문 첫 글자를 조합한 단어이며, Environmental은 기업의 친환경 경영, Social은 기업의 사회적 책임, Governance는 기업의 투명한 지배구조를 의미한다. ESG는 기업이 '지속가능한 성장(Sustainable Growth)'을 달성하기 위한 세 가지 핵심요소로서, 재무적 지표로는 나타나지 않지만 중장기적 기업가치에 막대한 영향을 미치는 비재무적 지표이다.

ESG 경영은 기업경영에서 평가의 대상이 되었던 재무적 요인 뿐만 아니라 비재무적 요소인 Environmental(환경), Social(사회), Governance(지배구조)를 경영의사 결정시 반영하고 실천하겠다는 의미를 담고 있다. ESG와 관련된 각각의 주요 이슈들을 살펴보면 다음과 같다.

1. Environmental(환경)관련 주요 이슈

환경(Environmental)은 ESG 중에서 최근 몇 년 사이에 가장 많은 관심과 주목을 받은 분야이다. 물론 코로나 팬데믹 이전부터 환경에 대한 투자자와 기업들의 관심이 높았지만, 코로나19 사태를 맞아 환경 이슈의 중요성이 더욱 부각되고 리스크(risk)에 대응하고자 하는 기업의 노력이 집중되면서 더욱 주목받게 되었다.

환경 지표 중에서 가장 중요한 이슈는 기후변화이며, 기후변화를 막기 위해 기업, 정부 등은 탄소 제로를 목표로 세우고 있다. 기후변화는 수십 년에 걸쳐 서서히 진행되어 왔으며, 그 후유증으로 자연재해가 심각할 정도로 빈번하게 발생하고 있다. 기후변화의 원인은 자연적인 원인보다는 인위적인 요인이 더 크며, 이는 산업화 이후 인류가 지난 3만년 동안 땅 속에 매립되어 있던 석탄층을 지속적으로 사용하면서부터 기후를 인위적으로 변화시키고 있기 때문이다.

기후변화의 가장 큰 영향 요인은 이산화탄소에 의한 지구온난화이다. 지구온도는 산업화 이전과 대비하여 이미 1도 상승한 것으로 추정되고 있으며, 1도만 상승했을 뿐이지만 이미 전 세계적인 기상이변이 발생하고 있다. 이에 과학자들이 기후 위기에 맞서 가장 바람직한 대응책으로 꼽는 것이 1.5도 이내 시나리오로서 이는 2100년까지 지구 평균기온이 산업화 이전 수준보다 1.5도 높아지지 않도록 해야

한다는 일종의 지구온난화 미지노선을 의미한다.

2018년 우리나라 인천 송도에서 개최된 제48차 IPCC총회에서 승인된 '지구온난화 1.5도 특별보고서'에 따르면, 지구 평균 온도 상승률을 1.5도로 제한하면 2도 상승했을 때보다 일부 지역에서 기후변화 위험을 예방할 수 있으며, 해수면 상승에 있어서도 10cm 더 낮아진다. 또한, 북극해 해빙이 녹아서 사라질 확률은 2도 상승시에는 적어도 10년에 한 번 발생하지만 1.5도에서는 100년에 한 번 발생할 것으로 분석되며, 산호초는 1.5도 상승해도 70~90%가 사라지지만, 2도 상승했을 경우에는 99% 이상 사라지게 된다. 즉, 지구 온난화로 인한 위험이 커지기는 하겠지만, 1.5도로 제한할 경우 2도 상승에 비해 확고한 차이를 보이기 때문에 1.5도를 기후 위기의 임계점으로 보고 있는 것이다.

기후변화 이외에 환경과 관련한 주요 이슈로는 ① 환경오염 완화를 위한 자원 및 폐기물 관리, ② 더 작은 에너지와 자원을 소모하는 에너지 효율화, ③ 생태계 복원과 생물 다양성 보전 등을 들 수 있다.

2. Social(사회)관련 주요 이슈

ESG 중 사회적(Social) 요인은 환경(Environmental)이나 지배구조(Governance)보다 리스크의 범위가 더 넓고 다양하기 때문에 기업 입장에서는 더 많은 관심이 필요하다. 사회적 리스크는 기업의 실적에 영향을 미치는 정도가 아니라 기업의 지속 성장에 직접적으로 영향을 미치기 때문에 이 부분에 대한 관리가 소홀하면 기업에 치명적인 영향을 줄 수 있다.

사회(Social)관련 이슈는 해당 국가의 경제상황, 기업의 규모나 업종, 차원에 따라 달라질 수 있다. 즉, 경제적 안정기에 접어든 국가에서는 복지제도, 남녀평등, 공정거래 및 공정무역 등이 주요 이슈이며, 경제성장을 시작하는 신흥국에서는 빈곤 퇴치, 기아 구제, 교육제도 등이 중요한 사회적 이슈이다. 대기업에서는 성차별 문제 등이 중요 이슈가 될 수 있으며, 중소기업이나 스타트업에서는 사원들의 복지제도 등이 중요 이슈이다. 인류적 차원으로 보면 대량학살무기, 인권 문제 등이 중요한 사회적 문제가 될 수 있다.

3. Governance(지배구조)관련 주요 이슈

지배구조(Governance), 즉 거버넌스는 '기업 지배구조', '기업 통치구조'라고도 불리는데, 공동의 목표를 달성하기 위해 주어진 자원의 제약 하에서 모든 이해관계자들이 책임감을 갖고 투명하게 의사결정을 할 수 있는 제반 장치를 의미한다. 이는 기업 혹은 경영진이 사업을 잘 하고 있는지, 잘못된 의사결정을 하고 있지는 않은지 외부 시각에서 감시하고 관리하도록 만든 시스템이다.

우리나라의 경우 기업 지배구조 개선 작업은 사외이사제도 도입, 감사의 독립성 제고, 회계제도의 선진화, 주주 권리의 강화, 금융감독 체계의 강화 등을 기본 골격으로 진행되고 있다.

기업 지배구조를 구축하기 위한 핵심 사안을 정리하면 다음과 같다.

첫째, 지배구조의 투명성을 확보하여야 한다. 지배구조의 투명성을 확보하기 위해서는 의사결정구조가 체계적이고 그 과정과 결과 역시 투명하게 공개되어야 한다.

또한, 내부통제와 감사가 독립적으로 수행되어야 하고, 이사회의 구조 및 위원회의 구성과 운영이 명확한 체계가 갖추어져야 한다. 이를 위해서는 CEO와 최고 의사결정구조 간에 유기적인 관계가 형성되어야 한다.

둘째, 지배구조가 기업의 리스크를 선제적으로 방어하거나 최소화하기 위한 역할을 할 수 있어야 한다.

셋째, 지배구조를 구성하는 구성원들이 조직 내·외 이해관계자들과 원활히 소통하고, 포괄적 경영관리의 프로세스와 시스템을 정확히 이해하고 있어야 한다.

넷째, 이사회 구성원들이 ESG를 올바로 이해하고 조직의 가치창출에 협력할 수 있는 관점과 눈높이를 높이기 위한 교육체계가 마련되어야 한다.

② ESG경영의 필요성

ESG경영은 대기업 뿐만 아니라 중소·벤처기업에게도 피할 수 없는 과제가 되었다. ESG 관련한 다양한 연구에 따르면 ESG 경영 성과가 기업의 수익성에 긍정적인 영향을 미치는 것으로 보고되고 있다. ESG 전문 평가업체인 서스틴베스트 (Sustinvest)에 따르면 ESG 종합 성과가 우수한 기업일수록 1년 후 수익성이 높게 나타났을 뿐만 아니라 평균 투자수익률도 높아지는 것으로 분석되었다. 이처럼 ESG가 투자자 이익에 긍정적  영향을 미침에 따라 투자기관의 ESG에 대한 투자도 확대되고 있다. 세계 최대 자산 운용사인 블랙록(Black Rock)의 래리 핑크(Larry Fink) 회장은 2020년 9월 "ESG 성과가 나쁜 기업에는 투자하지 않겠다"라고 선언하면서 ESG를 새로운 자산 운용 기준으로 내세웠다.

소비자들의 ESG에 대한 요구 역시 증가하고 있다. 2021년 대한상공회의소의 조

사 결과에 따르면 소비자의 63%가 '기업의 ESG 활동이 제품 구매에 영향을 준다'고 응답했으며, 'ESG에 부정적인 기업의 제품을 의도적으로 구매하지 않은 경험이 있다'라고 응답한 소비자는 70.3%, 그리고 'ESG 우수 기업 제품의 경우 경쟁사 동일제품 대비 추가 가격을 더 지불할 의사가 있다'고 응답한 소비자는 88.3%에 달하는 것으로 나타났다.

또한, 글로벌 기업의 경우 ESG경영이 미흡한 공급사와는 거래를 하지 않겠다는 움직임을 보이고 있다. 분권화된 구조에서 ESG에 소극적인 기업은 향후 고객 기반을 상실할 수 있다. 특히, 국내 B2B업체나 수출기업, 중소제조업의 경우 ESG 대응 수준에 따라 공급망에서 배제될 위험에 직면하고 있다. 국내 중소제조업의 42.1%가 수급기업이며, 위탁기업에 대한 매출 의존도가 83.3%에 달하는 국내 중소기업의 특성상 공급망으로부터의 위험 요인이 매우 중요하게 작용할 것이다.

끝으로 정부의 ESG에 대한 규제 강화를 들 수 있다. 이미 영국을 비롯한 유럽에서는 ESG에 대한 정보 공시를 의무화하고 있으며, 우리나라도 2025년부터 2030년까지는 자산 2조원 이상, 2030년 이후에는 모든 코스피 상장사에 대해 지속가능경영보고서 공시를 의무화하도록 규정하고 있다.

③ 지속가능한 발전과 ESG경영

1. ESG경영 개요

기업의 전통적 경영방식은 대부분 재무적 성과에 초점이 맞춰져 있는데, 기업의 규모가 커지고 외부 환경의 급격한 변화에 따라 다양한 이해관계자로부터 요구되는 기대수준이 높아지고 기업의 지속가능성이 중요시되면서 ESG경영의 필요성이 점증하고 있다.

전통적 경영방식에서 기업은 이윤극대화를 추구하는데, 이는 곧 Bottom Line을 추구한다는 의미이다. Bottom Line이란 손익계산서 상의 마지막 줄(Bottom Line), 즉 세후 순이익을 말하는 것으로서 이를 통해 기업의 경제적 성과를 파악할 수 있다 . 그러나 기업이 단순히 이윤극대화에 그치지 않고 다양한 이해관계자의 이익을 극대화해야 하는 지금에 이르러서는 Bottom Line만을 추구해서는 생존할 수 없고 Triple Bottom Line(TBL)에 따른 지속가능경영을 추구해야 한다.

Triple Bottom Line(TBL)은 Bottom Line의 확장된 개념으로서 기업의 경제적 성과 뿐만 아니라 사회적, 환경적 성과를 의미한다. TBL은 '세계환경개발위원회(WCED)'가 1987년에 발표한 지속가능한 발전(Sustainable Development)이라는 개념을 보다 구체화, 현실화하기 위해 도입되었다. TBL의 지속가능발전 개념은 환경(Environmental), 경제(Economic), 사회(Social)라는 세 가지 범주의 구조적 틀로 설명되는데, 환경적 지속성, 경제적 지속성, 사회적 지속성은 서로 독립되지 않고 연관된 개념으로서 ESG 경영의 이론적 기반이 되었다. ESG 경영은 기업 지배구조와 활동이 환경과 사회 전반에 미치는 영향을 지표화한 것으로서 기업 지배구조를 TBL의 기본 요구사항에 추가해 평가 가능하도록 변형시킨 개념이라고 할 수 있다.

지속가능성의 근원

ESG의 보다 근원적 개념이라 할 수 있는 지속가능성은 1713년 독일의 산림 경제학자 '한스 칼 폰 칼로위츠'가 제시한 독일어의 '지속가능성(Nachhaltigkrit)'을 어원으로 삼는다. 이후 서구에서는 환경, 인권, 노동 문제 등에 대해 논쟁을 이어왔다. 1950년대 CSR에 대한 개념이 정리되고 1960년대에는 '레이첼 카슨'의 '침묵의 봄(1962)'으로 환경문제가 제기되면서, 1972년에 로마클럽은 '성장의 한계(The Limits to Growth)' 보고서를 통해서 인류는 경제성장이 환경에 미치는 부정적 영향을 인지하기 시작했다.

로마클럽이 발간한 '성장의 한계'는 우리 환경이 경제성장과 더불어 미래에도 계속 유지될 수 있는지에 대한 지속가능성을 화두로 던지면서, 환경과 사회문제가 지적활동 및 사회운동의 대상이 됐다.

출처: 이치한. (2022. 5. 26). ESG경영의 사회적확산과 지방정부의 대응. 한스경제.

2. 지속가능한 발전과 ESG경영

'지속가능한 발전(Sustainable Development)'이란 말은 UNEP(유엔환경계획)와 WCED(세계환경개발위원회)가 1987년 공동으로 채택한 '우리 공동의 미래(Our Common Future)'라는 보고서에 처음 등장하였는데, 당시 위원장을 맡았던 노르웨이 수상인 브룬트란트 (Brundtland)의 이름을 따서 일명 '브룬트란트 보고서(Brundtland Report)'라고도 한다. 이 보고서에서 "지속가능한 발전은 미래세대에게 필요한 자원과 잠재력을 훼손하지 않으면서 현 세대의 수요를 충족하기 위해 지속적으로 유지될 수 있는 발전"이라고 정의하고 있다. 이에 근거하여 2015년 UN 총회에서 '지속가능발전목표(SDGs: Sustainable Development Goals)'를 수립하여 향후 15년을 이끌어갈 목표를 제시하였다. 지속가능발전목표(SDGs)는 '2030 지속가능발전 의제'라고도 하며 '단 한 사람도 소외되지 않는 것(Leave no one behind)'라는 슬로건과 함께 UN이 지향하는 5개 가치 (5Ps)인 사람(People), 번영(Prosperity), 지구환경(Planet), 평화(Peace), 파트너십(Partership)

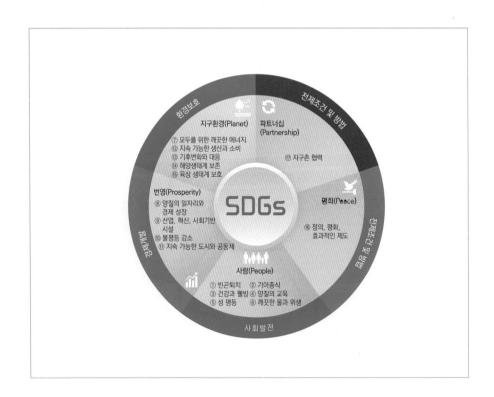

이라는 5개 영역에서 인류가 나아가야 할 방향성을 17개 목표와 169개 세부목표로 제시하고 있다.

SDGs의 5개 영역은 5Ps의 개념으로 구조화되는데, 5Ps는 사람(People), 번영(Prosperity), 지구환경(Planet), 평화(Peace), 파트너십(Partership)의 첫 글자인 다섯 개의 P를 의미하며, 5Ps는 새로운 개발 의제의 기본정신이자 키워드라고 할 수 있다.

- 사람(People): 빈곤퇴치, 기아종식, 건강과 웰빙, 양질의 교육, 성 평등, 깨끗한 물과 위생
- 번영(Prosperity): 양질의 일자리와 경제 성장, 산업·혁신·사회기반 시설, 불평등 감소, 지속가능한 도시와 공동체
- 지구환경(Planet): 모두를 위한 깨끗한 에너지, 지속가능한 생산과 소비, 기후변화와 대응, 해양생태계 보존, 육상 생태계 보존
- 평화(Peace): 정의·평화·효과적인 제도
- 파트너십(Partership) : 지구촌 협력

출처: 국가지속가능발전목표 K-SDGs. 지속가능발전위원회. https://ncsd.go.kr/ksdgs?content=3

17개 목표는 인류가 나아갈 방향을 제시하며, 각 목표마다 더 구체적인 내용을 담은 세부 목표(총 169개)로 구성되어 있다.

➊ 빈곤퇴치: 모든 곳에서 모든 형태의 빈곤을 종식시킨다.

➋ 기아종식: 기아를 종식하고, 식량 안보를 달성하며, 개선된 영양상태를 달성하고, 지속 가능한 농업을 강화한다.

➌ 건강과 웰빙: 모든 연령층을 위한 건강한 삶을 보장하고 복지를 증진한다.

➍ 양질의 교육: 모두를 위한 포용적이고 공평한 양질의 교육을 보장하고 평생학습 기회를 증진한다.

➎ 성 평등: 성 평등 달성과 모든 여성 및 여아의 권익을 신장한다.

➏ 물과 위생: 모두가 물과 위생설비를 사용할 수 있도록 하고 지속가능한 유지관리를 보장한다.

➐ 깨끗한 에너지: 적정한 가격에 신뢰할 수 있고 지속가능한 현대적인 에너지에의 접근을 보장한다.

➑ 양질의 일자리와 경제성장: 포용적이고 지속가능한 경제성장을 촉진하며, 완전하고 생산적인 고용과 모두를 위한 양질의 일자리를 증진한다.

➒ 산업, 혁신과 사회기반시설: 회복력 있는 사회기반시설을 구축하고, 포용적이고 지속가능한 산업화 증진과 혁신을 도모한다.

➓ 불평등 완화: 국내 및 국가 간 불평등을 감소시킨다.

⓫ 지속가능한 도시와 공동체: 포용적이고 안전하며 회복력 있고 지속가능한 도시와 주거지를 조성한다.

⓬ 책임감있는 소비와 생산: 지속가능한 소비와 생산 양식을 보장한다.

⓭ 기후변화 대응: 기후변화와 그로 인한 영향에 맞서기 위한 긴급 대응을 시행한다.

⓮ 해양 생태계: 지속가능발전을 위한 대양, 바다, 해양자원을 보존하고 지속가능하게 이용한다.

⓯ 육상 생태계: 지속가능한 육상생태계 이용을 보호·복원·증진하고, 숲의 지

속가능한 관리, 사막화 방지, 토지황폐화의 중지와 회복, 생물다양성 손실을 중단한다.

⓰ 평화, 정의와 제도: 지속가능발전을 위한 평화롭고 포용적인 사회를 증진하고, 모두에게 정의를 보장하며, 모든 수준에서 효과적이며 책임감 있고 포용적인 제도를 구축한다.

⓱ SDGs를 위한 파트너십: 이행수단을 강화하고 지속가능발전을 위한 글로벌 파트너십을 활성화한다.

지속가능발전 목표인 SDGs(Sustainable Development Goals)와 ESG경영과 관계는 SDGs가 '목표'라면 ESG경영은 그 목표를 달성하기 위해 기업이 실행하는 '수단'이나 '활동'이라고 할 수 있다. 따라서 지속가능발전 목표인 SDGs를 달성하기 위해서는 기업의 ESG 경영이 필수적이다.

예를 들어, 글로벌 커피 기업인 스타벅스가 플라스틱 빨대를 폐지하고 종이 빨대를 도입한다면, 이는 ESG 활동을 실시하는 것이고, SDGs의 13번째, 14번째 목표인 '기후변화 대응'과 '해양생태계' 달성에 기여하는 것이다.

 기업가정신과 창업

동아쏘시오그룹의 지속가능경영 실천

동아쏘시오그룹은 기업의 존재 목적이 이윤 창출에만 있는 것이 아니라 사회 가치에 기여하는 것임을 인식하고, 내부 및 사회 구성원에 대한 행복과 나눔 가치 실현을 위한 ESG 경영활동을 강화해 나아가고 있다.

동아제약은 구강청결제 '가그린'에 폐플라스틱의 재활용을 촉진하기 위한 설계를 제품에 적용해왔다. 일명 자원재활용법 개정안이 실시되기 이전인 2019년부터 제품의 용기를 투명한 용기로 교체했다. 유색 플라스틱병은 색이 들어가는 과정에서 불순물이 함유돼 재활용이 어려운 반면, 투명 폐플라스틱 병은 의류용 섬유, 부직포 등 2차 활용이 가능하기 때문이다.

'어린이 가그린' 제품에는 라벨을 쉽게 제거할 수 있는 인몰드 라벨을 적용했다. 라벨 디자인에는 '뜯는 곳'을 표기해 소비자의 분리배출을 도울 수 있도록 했으며 반달가슴곰, 수리부엉이 등 멸종 위기 동물 9종을 함께 담아 환경보호에 대한 인식을 높이고자 했다.

'박카스'는 홍보를 위해 약국에 제공하는 박카스 비닐봉지를 재생용지를 사용한 친환경적인 종이봉투로 전면 교체했다. 전국 약국에 한 달간 공급되는 박카스 비닐봉지는 약 550만 장에 달했다. 종이봉투로 교체 시 기존 비닐봉지 대비 제작비용이 3배 가량 증가되지만 동아제약은 환경 보호를 위해 비용 부담을 기꺼이 감수하기로 했다.

출처: 동아쏘시오그룹. (2022. 3. 30). ESG경영 우리가 앞장선다. 약업신문.

참고문헌

· 고승연. (2012. 1. 13). 기업의 진면목, 윤리경영과 사회적 책임. 매일경제,

· 고승연. (2014. 2.). 일회적 기부로 고객감동? 그건 난센스다. DBR, 146호.

· 국가지속가능발전목표 K-SDGs. 지속가능발전위원회. https://ncsd.go.kr/ksdgs?content=3

· 김영기 외. (2021). ESG경영. 브레인플랫폼.

· 김인순. (2021. 7. 8). 실리콘밸리 스타트업의 ESG. 기술과혁신.

· 김재필. (2021). ESG혁명이 온다. 한스미디어.

· 김지은. (2011. 9. 11). 사회공헌 활동으로 글로벌 기업의 책임 실천. 신동아.

· 동아쏘시오그룹. (2022. 3. 30). ESG경영 우리가 앞장선다. 약업신문

· 박상안, 김헌, 임효창, 홍길표.(2007). 기업의 사회적 책임 중시 경영. 한국학술정보,

· 신유근. (1992). 기업윤리와 경영교육. 세경사.

· 안병훈, 장대길. (2008). 기업의 사회적책임경영(CSR)의 정의와 역할. 상장협연구, 제57호.

· 안재광, 오현우. (2019. 12. 10.). 디디에 트루쇼 회장, 요즘 소비자는 능동적 시민...제품평판과 함께 구매하는 시대 왔 다. 한국경제.

· 윤남수. (2015). 경영학 이론과 실제. 한올.

· 윤대혁. (2005). 글로벌시대의 윤리경영. 무역경영사.

· 이종영. (2007). 기업윤리. 삼영사.

· 이치한. (2022. 5. 26). ESG경영의 사회적확산과 지방정부의 대응. 한스경제.

· 중소.중견기업 CEO를 위한 알기 쉬운 ESG, (2021. 7.). 대한상공회의소 & 삼정KPMG,

· 중소기업 ESG 추진전략. (2021. 8.). 대한상공회의소 & 삼정KPMG,

· 지구 온도 상승 1.5도가 의미하는 것. (2022. 4. 26). 플래닛타임즈.

· 최진봉. (2014). 기업의 사회적책임. 커뮤니케이션북스.

· 홍용희. (2010). 기업의 사회적책임과 한국의 기업윤리. 윤리연구, 79.

· Carroll, A.B. (1991). The pyramid of corporate social responsibility: Toward the moral management of organizational stakeholders. Business Horizons. (July/August): 39-48.

· ESG 경영 잘할수록 수익성 높고 투자 성과 좋아. (2021. 9. 28). 한국경제.

· ESG의 부상, 기업은 무엇을 준비해야 하는가?. (2021). 삼정KPMG 경제연구원. Vol.74.

· Reidenbach, R. E., & Robin, D. P. (1991). A conceptual model of corporate moral development. Journal of Business ethics, 10(4), 273-284.

CHAPTER

7

창업의
이해와 과정

학습 목표

1. 창업의 개념

2. 창업의 3요소

3. 벤처기업 창업

4. 창업 프로세스

5. 회사의 설립

1 창업의 정의

창업(創業)이란 말 그대로 사업을 처음 시작하는 것을 의미한다. 즉, 개인이나 집단이 자신의 책임하에 자금과 인력을 동원하여 새로이 사업을 개시하는 것이 곧 창업이다. 또한, 기존에 있는 사업체를 인수하는 것이든 완전히 새롭게 시작하는 것 또한 모두 창업에 해당되며, 취급하는 제품이나 서비스의 유형 또는 자금의 대소와 관계없이 새롭게 사업을 시작하면 모두 창업으로 볼 수 있다. 다만, 법률적 의미에서는 창업에 대한 정의가 다소 엄격한데 이는 창업에 따른 지원을 악용하는 사례를 미연에 방지하려는 방어적 의미와 창업의 범주에 해당되면 정책적으로 지원한다는 적극적 의미가 담겨있다.

창업의 학문적인 개념은 개개인의 관심, 주관, 접근방법 등에 따라 다를 수 있으므로 모두가 공감하는 보편적·일반적 정의를 내리기 어려운 점이 있다. 창업에 대한 대표적인 학자들의 견해를 살펴보면 다음과 같다.

- 론스타트(R. Ronstadt): 창업은 점진적인 부를 창조하는 동적인 과정이며, 이러한 부는 재산, 시간, 그리고 자신의 미래를 담보하고 위험을 감수하는 사람들에 의해 창조된다.
- 히스리치·브러쉬(R. D. Hisrich & C. G. Brush): 창업이란 수반되는 재정적·심리적·사회적인 위험을 감수하고 필요한 시간과 노력을 투자하여 가치있는 새로운 무엇인가를 창조하여 금전적인 보상과 개인적인 만족, 그리고 독립심을 누리려는 과정이다.
- 돌링거(M. J. Dollinger): 창업이란 위험과 불확실성하에서 성장과 이윤을 추구하는 혁신적·경제적 조직체의 탄생이다.

- 이석규: 창업이란 제품 또는 용역을 생산하거나 판매하는 사업을 시작하기 위해서 이제까지 존재하지 않았던 새로운 기업 조직을 설립하는 행위이다.
- 김철교·임순철: 창업이란 사업의 기초를 세우는 것으로, 기업가의 능력을 갖춘 개인이나 집단이 사업아이디어를 가지고 사업 목표를 세우고 적절한 사업기회에 자본, 인원, 설비, 원자재 등의 경영자원을 확보하여 재화를 생산하거나 서비스를 제공하는 기업을 설립하는 것이다.

이상 학자들의 견해를 정리하면, 창업이란 "①기업가 능력을 갖춘 개인이나 집단이 필요한 시간과 노력을 투입하여 ②새로운 가치를 창조하는 과정으로서, ③수반되는 위험을 감수하고 ④금전적 보상과 개인적 만족감 그리고 독립심을 보상으로 제공받기 위해 기업을 설립하는 것"이라고 개념을 정리할 수 있다.

② 「중소기업창업지원법」상 창업

우리나라에서는 창업의 정의를 「중소기업창업지원법」에서 '새로이 중소기업을 설립하는 것'이라고 정의하고 있다. 이처럼 법으로 창업을 정의하는 이유는 창업에 해당될 경우 자금, 입지, 조세 및 부담금 감면 등의 지원을 받을 수 있으며, 여기에 해당되는지 여부를 판단하고자 하는데 있다. 즉, 창업의 요건에 해당될 경우 정책적으로 지원함으로써 창업을 활성화한다는 정부 지원시책의 의미를 담고 있다. 다만, 새로이 기업을 설립하는 경우라 하더라도 다음의 세 가지는 형식상의 절차만이 있을 뿐 창업의 효과가 없는 이른바 '순수한 창업'이 아니므로 「중소기업창업지원법」에 의한 창업지원 혜택이 주어지지 않는다.

❶ 사업의 승계: 타인으로부터 사업을 승계하여 승계 전의 사업과 같은 종류의 사업을 계속하는 경우

　　예시 상속이나 증여에 의해 사업체를 취득하는 경우, 사업의 일부 또는 전부의 양수도에 의해 사업을 개시하는 경우, 폐업한 타인의 공장을 인수하거나 기존의 공장을 임차하는 등의 경우

　　예외 사업 승계 후에 다른 업종의 사업을 영위하는 경우에는 창업으로 인정

❷ 기업의 형태 변경: 개인사업자인 중소기업 사업자가 법인으로 전환하거나 법인이 조직변경 등 기업형태를 변경하여 변경 전의 사업과 같은 종류의 사업을 계속하는 경우

> 예시 개인사업자가 법인으로 전환하는 경우, 합명·합자·유한·주식회사 등이 상호간 법인형태를 변경하여 같은 종류의 사업을 계속하는 경우, 기업을 합병하여 같은 종류의 사업을 영위하는 경우

> 예외 조직변경 전후의 업종이 다른 경우는 변경 전의 사업을 폐지하고 변경 후의 사업을 창업한 것으로 인정

❸ 폐업 후 사업 재개: 폐업 후 사업을 개시하여 폐업 전의 사업과 같은 종류의 사업을 계속하는 경우

> 예시 사업의 일시적인 휴업·정지 후에 다시 재개하는 경우, 공장을 이전하기 위해 기존장소의 사업을 폐업하고 새로운 장소에서 사업을 재개하는 경우

> 예외 폐업을 한 후에 폐업 전의 사업과 다른 종류의 사업을 할 경우는 창업으로 인정

「중소기업창업지원법」상 창업의 범주에 해당되느냐는 사업을 처음 시작하면서 정부의 정책적 지원을 받을 수 있느냐의 여부를 결정하는 매우 중요한 일이다. 다양한 사례들을 바탕으로 어떤 경우에 창업에 해당되고 또 어떤 경우에는 해당되지 않는지 창업인정 매뉴얼을 통해 알아본다〈표 7-1〉.

② 창업의 3요소

창업을 하기 위해서는 필수적으로 요구되는 몇 가지 요소들이 있는데, 그 중에서 가장 기본적인 요소는 창업자, 창업 아이템, 자본으로서 이들 세 가지 요소를 '창업의 3요소'라고 한다. 창업의 가장 핵심적인 요소는 인간적인 요소를 대표하는 창업

표 7-1_ 창업인정 매뉴얼

주 체	사업장소	사 례		창업여부
A개인이	갑 장소에서	갑 장소에서의 기존사업을 폐업하고	B법인 실립하여 동종업종 제품을 생산	조직변경
			B법인 실립하여 이종업종 제품을 생산	창 업
		갑 장소에서의 기존사업을 폐업않고	B법인 실립하여 동종업종 제품을 생산	형태변경
			B법인 실립하여 이종업종 제품을 생산	창 업
A법인이	갑 장소에서	갑 장소에서의 기존사업을 폐업하고	B법인 실립하여 동종업종 제품을 생산	위장창업
			B법인 실립하여 이종업종 제품을 생산	창 업
		갑 장소에서의 기존사업을 폐업않고	B법인 실립하여 동종업종 제품을 생산	형태변경
			B법인 실립하여 이종업종 제품을 생산	창 업
A개인이	을 장소에서	갑 장소에서의 기존사업을 폐업하고	B법인 실립하여 동종업종 제품을 생산	법인전환
			B법인 실립하여 이종업종 제품을 생산	창 업
		갑 장소에서의 기존사업을 폐업않고	B법인 실립하여 동종업종 제품을 생산	창 업
			B법인 실립하여 이종업종 제품을 생산	창 업
A법인이	을 장소에서	갑 장소에서의 기존사업을 폐업하고	B법인 실립하여 동종업종 제품을 생산	사업승계
			B법인 실립하여 이종업종 제품을 생산	창 업
		갑 장소에서의 기존사업을 폐업않고	B법인 실립하여 동종업종 제품을 생산	창 업
			B법인 실립하여 이종업종 제품을 생산	창 업
A가 (개인)	을 장소에서	갑 장소에서의 기존사업을 폐업하고	다시 A명의로 동종업종 제품을 생산	사업이전
			다시 A명의로 이종업종 제품을 생산	창 업
		갑 장소에서의 기존사업을 폐업않고	다시 A명의로 동종업종 제품을 생산	사업확장
			다시 A명의로 이종업종 제품을 생산	업종추가

주) 1. 업종구분은 한국표준산업분류의 세분류(4자리)를 기준으로 함.

　　(한국표준산업분류 5자리중 앞에서 4자리까지 일치하면 "동종업종"에 해당)

　　2. "갑" 장소는 기존사업장, "을" 장소는 신규사업장

　　(사업장이 기존사업장과 접하고 있더라도 별도의 경계(담, 출입문, 도로 등)를 두고 있어 공정의 연속성이 없는 경우는 신규사업장에 해당)

　　3. "A 명의"란 개인사업자로서 대표자가 동일한 경우를 말함.

　　4. 창업자라 함은 중소기업을 창업하는 자와 중소기업을 창업하여 사업을 개시한 날부터 7년이 지나지 아니한 자를 말한다.

　　예시 2014년 6월 사업을 개시하고 2015년 5월 법인전환시 창업일은 2014년 6월

자이며, 제품 아이디어를 대표하는 창업 아이템, 그리고 자본요소를 대표하는 창업 자본으로서 이들 3요소는 성공적인 창업의 기본요건이다.

① 창업자

창업자는 특정한 아이디어와 자본을 가지고 기업을 설립하는 사람을 의미한다. 창업자는 기업의 설립은 물론이고 경영의 주체로서 경영목표, 기업이미지, 기업 성장 등에 중요한 영향을 미친다. 또한, 기업가정신을 가지고 창업 팀을 구성하여 사업을 시작할 수 있는 준비를 하는 것도 창업자이다.

창업기업의 성패는 창업자의 자질이나 능력에 크게 좌우되는데, 창업자에게 필요한 능력과 자질을 살펴보면 다음과 같다.

첫째, 미래의 환경변화에 대한 통찰력과 판단력을 발휘하여 장기적인 목표를 세우고 장기적인 관점에 이러한 경영목표를 달성해야 한다.

둘째, 새로운 사업의 수행에 대한 창의력이 있어야 하며, 이를 지속적으로 수행해 나가기 위한 추진력이 있어야 한다.

셋째, 새로운 환경변화에 도전하여 적극적으로 사업기회를 모색하며, 자신의 모든 것을 투자하고 희생할 수 있는 기업가정신을 갖추어야 한다.

넷째, 일을 통하여 자아실현을 하겠다는 성취욕구가 강하고, 타인에게 고용·종속되고 싶지 않은 독립심이 있어야 한다.

다섯째, 자기 자신에게 요구되는 능력과 자질을 충분히 인식하고 스스로 자기계발에 노력해야 한다.

여섯째, 새로운 시대에 맞는 새로운 경영감각과 사회적으로 신뢰받을 만한 인격이 요구된다.

일곱째, 개인의 영리추구에 그치지 않고 경영 전반에 대한 윤리의식과 사회적 책임을 인식하여야 한다.

❷ 창업 아이템

창업 아이템은 창업을 통해 무엇을 할 것인가에 대한 사업내용으로서 구체적인 형태를 가진 제품일 수도 있고, 물리적인 형태가 없는 서비스일 수도 있다. 창업 아이템은 기업의 존재이유와 목적을 대변하게 되므로 매우 중요한 요소이다. 창업의 성공 가능성을 높이기 위해서는 창업 아이템이 그 업종에서,

❶ 선도적이어야 하며(be first)

❷ 제품/서비스가 탁월하고(be best)

❸ 차별성을 가지고(be unique)

❹ 적정한 수익을 창출(be profitable)할 수 있어야 한다.

❸ 자본

자본은 창업 아이템을 구체적으로 사업화하는데 필요한 자본, 기술, 기계와 설비, 재료나 부품, 건물 등을 의미한다. 창업자본은 창업자 자신이나 개인투자가, 벤처캐피탈, 금융기관, 정부나 지방자치단체 등으로부터 조달한다. 안정적인 창업자본의 조달과 운용, 그리고 이를 위한 금융기관이나 정부 또는 관계기관의 지원제도를 활용하는 것은 성공적인 창업을 위해 매우 중요하다.

창업과정에서 소요되는 창업자금과 창업 후의 운영자금을 어떻게 조달할 것인지, 장/단기자금은 어떤 원천으로부터 조달할 것인지, 장기적으로 안정된 자금을 조달 및 운용하기 위해서 어떻게 할 것인지 전략적인 구상을 하여야 한다.

3 벤처기업 창업

1 벤처기업의 개념

벤처(venture)는 모험이란 뜻으로 위험부담을 지닌 행위 또는 불확실한 결과를 가져오는 일을 의미한다. 벤처기업이라 함은 새로운 기술을 보유했지만 커다란 위험부담을 지닌 모험기업(venture company)을 의미한다고 볼 수 있다. 일반적인 의미에서의 벤처기업은 새로운 아이디어나 기술을 가지고 새로운 사업에 도전하는 고위험과 고수익(High Risk – High Return)을 특징으로 하는 기술집약적 신생기업을 총칭한다. 그러나 학문적으로는 벤처기업에 대해 명확하게 일치된 견해는 없으며, 국가에 따라서 혹은 정책적 목표에 따라 다양하게 정의되고 있다. 국가별 벤처기업에 대한 정의를 살펴보면 다음과 같다.

- 미국: 「중소기업 투자법」에서 "위험성이 크나 성공할 경우 높은 기대 수익이 예상되는 신기술 또는 아이디어의 독립기반 위에서 영위하는 신생기업(new business with high risk – high return)"이라고 정의하고 있다.

- 일본: 「중소기업의 창조적 사업활동 촉진에 관한 임시조치법」에서 "중소기업으로서 R&D투자 비율이 총매출액의 3%이상인 기업, 창업 후 5년 미만인 기업"으로 정의하고 있다.

- OECD국가: "R&D 집중도가 높은 기업" 또는 "기술혁신이나 기술적 우월성이 성공의 주요 요인인 기업"을 벤처기업으로 정의하고 있다.

- 우리나라: 다른 기업에 비해 기술성이나 성장성이 상대적으로 높아, 정부에서 지원할 필요가 있다고 인정하는 기업으로서 「벤처기업 육성에 관한 특별조치법」의 4가지 유형 중 한 가지를 만족하는 기업을 벤처기업으로 인정하는 '벤처기업 확인제도'를 운영하고 있다.

② 벤처기업 확인제도

우리나라의 벤처기업확인제도는 1998년 시행 이후 몇 번의 개정과정을 거쳐 2021년 2월 현재의 제도로 정착되었다. 벤처기업으로 확인받기 위한 요건을 살펴보면 공통요건으로서 「중소기업기본법」 제2조에 따른 중소기업에 해당되어야 하고, 「벤처기업육성에 관한 특별조치법」에서 정한 4가지 유형(벤처투자, 연구개발,혁신성장, 예비벤처) 중 하나를 충족하여야 한다

(예비벤처는 '혁신성장' 유형과 동일하지만 법인 또는 개인 사업자 등록을 준비중인 자에 해당됨).

4가지 유형별 기준요건을 살펴보만 다음과 같다.

1. 벤처투자 유형

❶ 중소기업(중소기업법 제2조)
❷ 적격투자기관으로부터 유치한 투자금액 합계 5천만원 이상
• 투자란 주식회사가 발행한 주식, 무담보 전환사채 또는 무담보 신주인수권부사채를 인수하거나 유한회사의 출자를 인수하는 것을 말함
❸ 자본금 중 투자금액의 합계가 차지하는 비율이 10% 이상
• 『문화산업진흥기본법』 제2조 제12호에 따른 제작자 중 법인일 경우 7% 이상
• 적격투자기관: 중소기업창업투자회사, 한국벤처투자, 벤처투자조합, 농식품투자조합, 신기술사업금융업자, 신기술사업투자조합, 창업기획자(엑셀러레이터), 개인투자조합, 전문개인투자자(전문엔젤), 크라우드펀딩, 한국산업은행, 중소기업은행, 일반은행, 기술보증기금, 신용보증기금, 신기술창업전문회사, 공공연구기관첨단기술지주회사, 산학협력기술지주회사, 기관전용 사모집합투자기구, 외국투자회사, 중소벤처기업진흥공단
• 전문평가기관: 한국벤처캐피탈협회

2. 연구개발 유형

❶ 중소기업(중소기업법 제2조)

❷ 기업부설연구소/연구개발전담부서/기업부설창작연구소/기업창작전담부서 중 1개 이상 보유(「기초연구진흥 및 기술개발지원에 관한 법률」 제14조의2제1항, 「문화산업진흥 기본법」 제17조의3제1항)

❸ 벤처기업확인 요청일이 속하는 분기의 직전 4개 분기 연구개발비가 5천만원 이상이고, 같은 기간 총매출액 중 연구개발비의 합계가 차지하는 비율이 5% 이상

• 창업 3년 미만일 경우, 연간 매출액 중 연구개발비 비율 미적용

❹ 벤처기업확인기관으로부터 사업의 성장성이 우수한 것으로 평가받은 기업

3. 혁신성장 유형

❶ 중소기업(중소기업법 제2조)

❷ 벤처기업확인기관으로부터 기술의 혁신성과 사업의 성장성이 우수한 것으로 평가받은 기업

• 전문평가기관: 기술보증기금, 나이스평가정보㈜, 연구개발특구진흥재단, 한국과학기술정보연구원, 한국농업기술진흥원, 한국발명진흥회, 한국생명공학연구원, 한국생산기술연구원, 한국평가데이터㈜

4. 예비벤처 유형

❶ 법인 또는 개인사업자 등록을 준비 중인 자

❷ 벤처기업확인기관으로부터 기술의 혁신성과 사업의 성장성이 우수한 것으로 평가받은 자

• 전문평가기관: 기술보증기금

이스라엘이 스타트업 전설이 된 비결

지중해 동쪽에 위치한 이스라엘은 대한민국 국토 면적의 1/5에 달하는 작은 나라이다. 인구는 840만 명에 불과하다. 서울시 인구보다 적은 숫자이다. 그런데 이 작은 나라가 미국 나스닥 상장기업은 미국, 중국에 이어 세 번째다. 무려 83개에 달한다.

이스라엘은 전 세계 글로벌 IT 기업들이 가장 많이 눈독을 들이는 스타트업을 가진 나라이기도 하다. 특히 이스라엘이 세계적인 '스타트업 대국'으로 이름을 날리게 된 이유는 4차 산업혁명을 주도하는 자율주행, 인공지능, 로봇 분야에 특히 독보적인 스타트업 군을 보유하고 있기 때문이다. 지난 2013년 구글이 인수한 이스라엘 내비게이션 스타트업 '웨이즈'는 한화로 1조원이 넘는 돈에 매각됐다.

이스라엘의 스타트업은 대략 5,200여개. 이곳에서 한 해 700여개의 스타트업이 새로 탄생한다. 인구가 840만 명인 것을 감안할 때 1인당 벤처 창업률은 단연 세계 1위이다. 이 중 이스라엘인들이 모여 사는 텔아비브 시에는 1400여개의 스타트업이 몰려있다. 이들은 텔아비브와 미국 실리콘밸리를 오가며 스타트업 사업을 진행한다.

이스라엘이 이처럼 세계적인 스타트업 왕국으로 명성을 떨치게 된 이유는 어디에 있을까. 전문가들은 이스라엘만의 독특한 창업 생태계가 그 뿌리라는데 이견이 없는 듯하다. 시몬 페레스(Shimon Peres) 전 이스라엘 대통령은 이스라엘의 젊은이들이 창업을 적극 지원했다. 이스라엘 정부는 1993년 정부가 40% 투자하고 민간이 60% 투자한 정부벤처펀드인 '요즈마펀드(Yozma Fund)'를 출시했다. 요즈마 펀드는 정부가 창업기업에 자금을 대면 민간도 투자할 수 있도록 만든 이스라엘의 모태펀드이다. 1993년 설립 당시에는 1억 달러로 시작했으나 2013년에는 40억 달러 수준으로 성장했다.

이스라엘 정부는 수익이 발생하면 민간 기업이 정부 지분을 인수할 수 있도록 한 요즈마 펀드를 중심으로 세계 각국의 글로벌 자금이 스타트업계에 유입되도록 활발한 정책을 펼쳤다. 글로벌 자금 뿐 아니라 글로벌 기업과의 M&A 등을 통해 각종 기업 경영 노하우를 수혈하기도 했다.

무엇보다 정부의 적극적인 지원 정책으로 만들어진 기술 인큐베이팅 사업은 이스라엘을 벤처 국가로 발돋움 하게 하는 시발점이 됐다. 이스라엘 정부는 국가과학위원회를 통해 인큐베이터를 선정해 신생벤처를 지원했다. 이스라엘의 주요 도시 24군데에 기술 인큐베이팅 사업을 실시했고 과학자, 교수들이 학교와 연계해 창업을 할 수 있도록 애를 썼다. 또 영세한 스타트업을 지원하기 위해 기업가정신 교육 센터를 설립했다.

이스라엘 정부는 세계 최상위권 수준의 과학 기술력을 기반으로 기술창업에 대해 활발한 투자를 추진했다. 인구 및 GDP 등 국가 규모대비 연구 인력과 R&D 투자 1위라는 수치가 이를 증명한다. 이렇게 만든 스타트업 생태계로 인해 전 세계가 투자를 줄이는 기간에도 이스라엘 기업 투자는 증가하는 기현상을 보인다. 이스라엘 기업의 세계 각국의 투자금은 2010년 꾸준히 증가해 2015년에는 44억3000만 달러에 이른다.

출처: 이스라엘이 스타트업이 된 비결, The Science Times, 2018. 7. 6

4 창업 프로세스

창업은 비즈니스를 위한 여러 기본요소를 사업운영이 가능한 형태로 결합함으로써 이루어진다. 창업자는 스스로 창업을 하기에 적합한 자질을 갖추고 있는가를 먼저 판단하는 등 창업 예비분석을 해보고, 사업가로서의 자질이 있다면 사업목적과 사업 아이디어를 검토하고, 자본을 투자하여 인적·물적 자원을 조직화하며, 실제 경영관리를 착수하기 위한 다양한 의사결정을 수립, 실행하는 과정을 거치게 된다. 창업자가 실제 창업을 하는 과정은 매우 다양하겠으나 일반적인 의미에서 창업을 계획하고 나서 사업을 개시하기까지의 과정을 살펴보면 다음과 같다.

1 창업 예비분석

창업 예비분석은 예비창업자가 창업을 하기에 앞서 창업을 할 수 있는 여건이 갖추어져 있는지 스스로 판단해보는 과정이다. 예비 창업자는 먼저 자신이 창업자로서의 자질 및 적성 등을 파악하여 자신이 창업자로 적합한지 파악해 보아야 한다. 또한, 자신이 가진 여러 가지 인적·물적자원이 창업하기에 충분한지, 창업하기에 적당한 시기인지에 등에 대해 미리 생각해 보는 것이 필요하다.

2 사업목적의 정의

사업을 하기로 결정했으면 창업의 기본적인 이유와 운영방향 등 목적을 분명히 해 두어야 한다. 자신이 왜 창업을 하는지에 대한 이유나 목표가 명확하지 않으면 창업 과정에서 생길 수 있는 많은 어려움과 리스크를 극복해 나가기 힘들다. 사업목적은 창업자에게 있어서는 창업이념이 될 수 있으며, 기업이라는 조직을 한 방향으로 끌고 나갈 수 있는 구심점 역할을 하기 때문에 본격적인 창업 전에 심사숙고하여 분명히 해둠으로써 향후 전개될 사업의 기본 방향으로 설정하는 것이 필요하다. 특히, 최근 우리 사회는 다원화되고 일반인의 기업에 대한 시각이 달라져 과거처럼 기업의 목적을 단순히 이윤 추구에만 둘 수 없으며, 사회적 책임이라든가 환경에 대한 고려 등 사회적가치 창출도 사업목적에 포함시키는 것이 바람직하다.

③ 사업 분야의 결정과 사업 아이템의 모색

사업을 처음 시작해서 정상 궤도에 오르느냐의 여부는 트랜드에 맞는 유망한 업종을 선택하였는지, 그러한 업종을 창업자 자신이 수행하기에 적합한지, 사업 아이템이 얼마나 시장조건에 잘 들어맞는지에 달려있다. 사업 아이템을 이끌어냄에 있어서는 어떤 제품(또는 서비스)를 생산·판매할 것이며, 그 시기를 언제로 할 것인가에 관한 고려가 중요하며, 이를 위해서는 먼저 시장조사 특히, 소비자조사를 통하여 소비자 수요의 동향을 파악하고 이를 충족할 수 있는 제품, 서비스로는 어떠한 것이 있는가를 찾아내는 것이 필요하다.

성공적인 사업 아이템이 갖추어야 할 몇 가지 충족 기준을 살펴보면 다음과 같다.

첫째, 현재 만족되지 않은 욕구(needs)를 만족시키는 제품이어야 한다. 즉, 기존에 없던 것이거나 상당히 개선된 혁신적인 제품이어야 시장에서 관심을 끌 수 있다.

둘째, 공급의 부족을 만족시키는 제품이어야 한다. 즉, 기존에 존재하는 제품이지만 수요가 많아 소비자들의 구매욕구를 충족시켜 줄 수 있는 제품어야 한다.

셋째, 경쟁적 우위 요소가 있어 기존 제품과 성공적으로 경쟁할 수 있어야 한다. 즉, 기존제품보다는 더 나은 차별적 우위 요소가 있어야 시장에서 살아남을 수 있다.

4 사업성 분석

사업을 시작하기 전에 반드시 해야 할 일은 선택한 사업이 충분히 수익을 냄으로써 소기의 사업 목적을 충족시킬 수 있는지 사업성을 분석해보는 일이다. 사업성 분석은 주로 수익성, 시장성, 경제성, 기술성 분석에 대한 내용으로 분석하게 되며, 고려하고 있는 사업이 공익과 관계되는 경우에는 이상의 네 가지 뿐만 아니라 공익성 분석을 추가하여 실시하는 것이 좋다. 사업성 분석을 통하여 사업성이 있다고 판단되면 다음 절차를 진행하고, 그렇지 못할 경우에는 재검토 과정을 통해 사업계획을 수정하거나 변경하여야 한다.

5 인적 · 물적 자본의 조달과 구성

사업성 분석 결과로 선택한 아이템이 유망한 것으로 판단되면 이를 실행하기 위한 인적 · 물적 자본을 조달하여야 한다. 인적 자원의 조달은 창업팀을 만드는 것에서 부터 시작되는데, 창업팀은 주로 활동목표 및 범위를 결정하고 제품 설계, 사업규모와 입지 선정, 공정 · 설비 · 건물의 선정, 소요자금 및 자금 조달계획 등과 같이 새로운 사업시작에 필요한 중요한 의사결정을 수립한다. 창업팀 구성시에는 몇 명으로 창업할 것인지, 팀 구성원 각각의 역할 분담은 어떻게 할 것인지 여부를 결정한다. 또한, 물적 자본의 조달에서 가장 중요한 것은 소요자금의 조달이다. 필요한 자금을 자기 자본으로 충당할 것인지, 금융기관 차입이나 투자유치 등 외부에서 충당할 것인지 등을 결정한다.

6 사업계획서의 작성과 조직구조의 설정

인적 · 물적 자원의 조달이 마무리되면 구체적으로 사업을 수행하기 위한 사업계획서를 작성한다. 사업계획서에는 앞으로 전개될 사업에 대한 구체적인 계획 즉, 제품계획, 시장성과 판매계획, 생산 및 설비계획, 인력수급계획, 향후 일정계획 등 활동의 내역별로 작성되어야 한다. 또한, 기업의 주요 기능에 따라 업무, 책임, 권한 등을 체계적으로 구분하고 이를 담당할 인력을 선발, 배치하여야 한다.

7 사업개시

사업개시 단계에 이르게 되면 사업을 시작할 사업장이나 사무실 등을 마련하고, 필요한 경우 관련 설비를 구매 및 배치하여 사업을 시작한다. 사업이 시작되면 광고와 판매촉진 활동을 전개하며, 제품 및 재고를 관리하고 유통경로를 통해 소비자에게 제품을 판매하고 배송하는 과정을 거치게 된다.

5 회사의 설립

사업준비를 마치고 기업을 창업하고자 할 때 가장 먼저 해야할 일은 기업을 형태를 결정하는 것이다. 기업을 설립하는 방법에는 크게 개인기업과 법인기업 두 가지 방법이 있는데, 개인기업은 기업이 완전한 법인격이 없으므로 기업주에게 종속되는 기업이고, 법인형태의 기업은 완전한 법인격을 가지고 스스로 권리와 의무의 주체가 되며 기업주로부터 분리되어 영속적으로 존재할 수 있다.

법인기업은 합명회사, 합자회사, 유한회사, 유한책임회사, 주식회사 등의 형태로 구분되며, 그 중 가장 많은 법인의 형태는 주식회사이다. 우리나라의 경우 대부분 개인기업이나 주식회사의 형태로 창업을 하며, 처음에 개인기업으로 창업을 했다가 기업의 규모가 커짐에 따라 주식회사로 법인전환하여 사업을 운영하는 경우도 흔히 이루어지고 있다.

개인기업과 법인기업은 나름대로 장·단점이 있는데, 개인기업의 경우 이윤 전체를 기업주가 독점할 수 있으며, 의사결정이 신속하다는 장점이 있는 반면, 회사에 대해 무한책임을 져야 하며, 누진세의 적용을 받아 이익이 많이 날수록 세금을 많이 내야 하는 등의 단점이 있다. 법인기업의 경우에는 자본 및 조직 위주의 경영이 용이한 반면, 창업 준비기간이 길고 절차가 복잡하다는 등의 단점이 있다.

개인기업과 법인기업의 장·단점을 비교해보면 다음 〈표 7-2〉과 같으며, 예비 창업자는 사업계획 검토 단계에서 개인기업과 법인기업의 장·단점을 신중하게 비교 검토하여 자신에게 맞는 기업의 형태를 결정하는 것이 필요하다.

표 7-2_ 개인기업과 법인기업의 장·단점

구 분	개인기업	법인기업
장점	• 설립등기가 필요 없고 사업자등록만으로 사업개시가 가능하므로 기업설립이 용이 • 기업이윤 전부를 기업주가 독점할 수 있음 • 창업비용과 창업자금이 비교적 적게 소요되어 소자본을 가진 창업자도 창업가능 • 일정 규모 이상으로는 성장하지 않는 중소규모의 사업에 안정적이고 적합 • 기업활동에 있어 자유롭고, 신속한 계획수립, 계획변경 등이 용이 • 개인기업은 인적조직체로서 제조방법, 자금운영상의 비밀유지가 가능	• 대표자는 회사운영에 대한 일정한 책임을 지며, 주주는 주금 납입을 한도로 채무자에 대해 유한책임을 짐 • 사업양도시 주식을 양도하면 되므로 주식양도에 대하여 원칙적으로 낮은 세율의 양도소득세가 부과됨. 또한 주식을 상장 후에 양도하면 세금이 없음 • 일정규모 이상으로 성장 가능한 유망사업의 경우에 적합 • 주식회사는 신주발행 및 회사채 발행 등을 통한 다수인으로부터 자본조달이 용이 • 대외공신력과 신용도가 높기 때문에 영업수행과 관공서, 금융기관 등과의 거래에 있어서도 유리
단점	• 대표자는 채무자에 대하여 무한책임을 짐 • 대표자가 바뀌는 경우에는 폐업을 하고 신규로 사업자등록을 해야 하므로 기업의 계속성이 단절됨 • 사업양도시에는 양도된 영업권 또는 부동산에 대하여 높은 양도소득세가 부과됨	• 설립절차가 복잡하고 법적인 규제가 많음 • 대표자가 기업자금을 개인용도로 사용하면 회사는 대표자로부터 이자를 받아야 하는 등 세제상의 불이익이 있음

참고문헌

· 김철교, 임순철. (2005). 벤처기업 창업과 경영. 삼영사.

· 벤처기업확인제도 가이드북 개정판. (2022. 1). 중소벤처기업부.

· 윤남수. (2008). 벤처비즈니스의 이해와 창업. 백산출판사.

· 이건창. (2009). 기업가정신. 무역경영사.

· 이석규. (1997). 창업 및 사업성 검토. 다산출판사.

· 이스라엘이 스타트업이 된 비결, (2018. 7. 6). The Science Times.

· 전승우, 윤수영, 김형주. (2013. 8. 28.). 실리콘밸리 해법으로 본 한국형 창업 방정식. LG Business Insight 6.

· 중소벤처기업부. (2015). 창업사업계획승인 운영지침.

· 중소벤처기업부. (2018. 3.). 창업상담 표준해설서. 연구보고서.

· 중소벤처기업부. 벤처기업이란. https://www.venturein.or.kr/venturein/petition/C11100.jsp

· 중소벤처기업부. 벤처확인요건. https://www.venturein.or.kr/venturein/petition/C13000.jsp

· 창업넷. 창업 프로세스. http://www.changupnet.go.kr

· 창업상담표준해설서. (2018.3.). 중소벤처기업부.

· 허창문. (2000). 벤처기업 창업과 자금조달의 모든 것. 청림출판.

· Dollinger, M. J. (1995). Entrepreneurship: Strategies and Resources Richard D. Irwin, Homewood, IL.

사업기회의
탐색

학습 목표

1. 창업 아이템 탐색

2. 아이디어 창출 방법

3. 창업 아이템 선정 기본원칙

4. 창업기회의 탐색과 리스크 해소

1 창업 아이디어 탐색

1 사업 아이디어 원천

아이디어(idea)란 기업이 시장에 판매할 목적으로 생산하는 제품 또는 서비스의 객관적인 기능을 나타낸 착상을 뜻한다. 창업을 하기 위해서는 가장 먼저 아이디어를 탐색해야 하는데, 사업성 있는 창업 아이디어를 탐색하는 것은 사업의 성공 여부에 결정적인 영향을 미치므로 아이디어 탐색 과정은 창업의 초기 단계에서 매우 중요하다.

창업 아이디어를 어디서 얻는가에 대해서는 다양한 방법이 있겠지만, 미국의 창

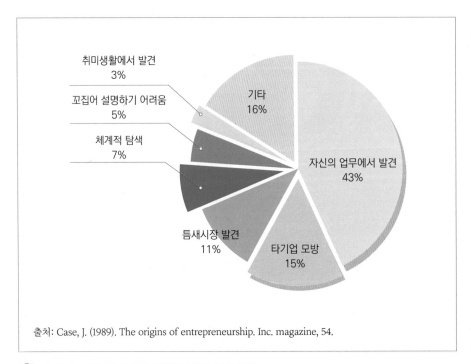

출처: Case, J. (1989). The origins of entrepreneurship. Inc. magazine, 54.

그림 8-1_ 500대 고성장 기업의 사업아이디어 원천

업 전문지인 잉크(Inc.)지가 500대 고성장 기업의 창업자들을 대상으로 연구한 바에 따르면 43% 정도가 자신의 업무에서 아이디어를 얻는다고 하는데, 자신이 어떤 일에 오래 종사하다 보니 그 분야의 새로운 아이디어가 생각나서 창업을 하는 경우가 이에 해당된다. 그 다음으로는 타기업을 모방하는 경우인데, 보통 한 가지 아이템이 시장에서 성공하면 그와 비슷한 아류의 제품 즉, 미투(me too) 제품이 쏟아져 나오게 된다. 그러나 타기업을 모방하여 창업하는 경우는 잘못하면 특허권 등 지적재산권에 위배되어 소송에 휘말릴 수 있으니 주의해야 한다. 그리고 틈새시장에서 아이디어를 얻는 경우도 있는데, 틈새시장이란 니치(niche)시장이라고도 하는데, 소비자의 욕구 중 기존의 제품이나 서비스로는 아직 채워지지 않고 남아 있는 빈 시장을 의미한다. 그밖에도 체계적인 탐색이나 취미생활을 통해 아이디어를 얻었다고 답하였다〈그림 8-1〉.

② 창업 아이디어의 탐색 방법

창업을 시작함에 있어서 창업 아이디어는 성공적인 창업 기회를 포착하는데 매우 중요한 역할을 한다. 우수한 창업 아이디어가 선정이 되어야 그 다음 단계로 사업 구상을 체계화할 수 있고, 효과적인 사업계획을 수립하여 실체 창업 성공의 길로 나아갈 수 있다.

베스퍼(Vesper)는 창업 아이디어를 탐색하는 방법이 여덟 가지로 구분된다고 한다. 이전 직장의 경험, 주변인의 권유, 권리의 획득, 자기 사업과의 관련성, 취미, 사회적인 접촉, 일상적 관찰, 계획적 탐색 등을 통하여 아이디어를 구할 수 있다고 한다.

1. 이전 직장의 경험

자신의 이전 직장에서의 경험을 바탕으로 창업 아이디어를 얻어 창업하는 경우로서, 쿠퍼(Cooper)의 연구에 따르면 기술창업의 경우 약 58%가 이전 직장에서 습득한 기술이나 연구를 바탕으로 창업이 이루어진다고 한다. 이전 직장의 경험에 의한

창업의 가장 많은 사례는 분사(spin off)로서 자신의 이전 직업에서의 경험을 바탕으로 창업을 하는 경우이다.

2. 주변인의 권유

주변 사람의 권유로 사업을 시작하는 경우이다. 즉, 주변의 인물이 창업 기회를 인식하고 그것을 성사시키기 위해 권유하여 창업을 추진하게 되는데, 이는 처음부터 의도된 창업이 아니라 우연적으로 제안을 받아들여 사업을 시작하게 된 경우로서 의외로 주변에서 많은 사례를 찾아 볼 수 있다.

3. 권리의 획득

아이디어나 특허를 개발권자로부터 그의 권리를 양도받거나 위임받아 창업하는 경우이다. 아이디어를 위임받는 방법으로는 직장이나 타기업 또는 개발권자, 정부기관 등에서 얻을 수도 있다. 발명권자와 공동으로 창업하는 경우가 있는데, 이는 개발권자가 창업 능력이나 경험이 부족할 때 다른 창업자가 부족한 부분을 충당해서 서로 팀을 이루어 창업하는 경우로서 가장 바람직한 창업이며 성공률도 높아 권장할 만한 좋은 창업 방법이다.

4. 자기 사업과의 관련성

독립적으로 어떤 사업을 하는 과정에서 이와 연관된 다른 사업의 기회를 찾게 되는 경우를 말하며, 이러한 종류의 사업기회 발견을 샛길효과(side-street effect)라고 한다. 예를 들면, 폴라로이드(Polaroid)사의 개발자 애드 윈(EdWin)은 처음부터 폴라로

이드 카메라를 만들려고 한 것이 아니라 맞은편 차량의 광선을 차단하기 위해 자동차의 폴라로이드 된 앞 유리와 전조등을 개발하려고 하다가 결국 카메라 사업에서 크게 성공하였다.

5. 취미

자신이 즐겨하는 취미생활로부터 창업 아이디어를 구하는 경우이다. 예를 들면, 등산을 좋아하는 사람이 여행용품 전문점을 창업하거나 음식 만들기를 좋아하는 사람이 외식업을 창업하는 경우가 이에 해당된다.

6. 사회적인 접촉

직장생활 또는 일반 사회생활을 통해 형성된 인맥을 통해 아이디어를 얻게 되는 경우로서 이러한 상호 교류의 과정은 사업 아이디어를 얻는 좋은 통로 역할을 한다. 예를 들면, 업무상 만나는 전문가를 통해 사업정보를 얻어 창업하는 경우 등이 이에 해당된다.

7. 일상적 관찰

가정이나 사회의 일상적인 생활에서 발생한 일들을 보고 그 해결책을 모색함으로써 새로운 아이디어를 발견하는 경우이다. 예를 들면, 거스턴쟁(Gerstenzang)은 부인이 이쑤시개에 솜을 감싸서 어린 딸의 귀 청소를 해주는 것을 보고 일회용 귀쑤시개(Q-tips)에 대한 아이디어를 발견하였다.

8. 계획적 탐색

처음부터 창업할 의지를 가지고 치밀한 준비와 계획적인 탐색 과정을 통해 창업 아이디어를 얻는 경우이다.

2 아이디어 창출 방법

창업 아이디어를 창출하는 방법에는 여러 가지가 있겠지만, 가장 쉬운 방법은 기능을 더하거나 빼거나, 기존의 물건을 간편하게 바꾸거나 작게 하거나 하여 새로운 제품을 만들어내는 것이다. 먼저, 신발에 바퀴를 붙여서 달려보면 어떨까 해서 나온 제품이 롤러 브레이드(roller blade)이다. 아이디어 제품은 마치 콜럼버스의 달걀과 같아서 출시되기 전까지는 아무도 생각하지 못했던 것이지만, 시장에 나오면 "아! 나도 생각할 수 있었던 제품인데…" 하는 것들이 많다. 중요한 것은 모든 것을 있는 그대로 보는 것이 아니라 새로운 관점에서 새로운 시각으로 바라보는 자세라고 할 수 있다.

어떤 기능을 빼어 버림으로써 새로운 제품이 탄생하는 경우도 있다. 두 바퀴 스케이트보드가 그런 경우이다. 또한, 고체비누를 액체비누로 바꾸어 휴대하기 편리하게 만든 경우도 좋은 아이디어의 사례라고 볼 수 있다. 이것도 여행을 갈 때 비누를 싸가지고 다니다보니 비누가 손에 묻고, 또 물이 묻으면 비누가 부풀어 오르는 것이 불편해서 만든 아이디어 제품이다. 기존 제품을 작게 만들어 새로운 제품이 탄생하는 경우도 많이 있다. 카세트가 워크맨으로 발전하고, 워크맨이 MP3로 발전한 것이 좋은 사례라고 할 수 있다.

이처럼 아이디어를 창출하기 위한 방법으로 많이 활용되는 것이 SCAMPER 기법인데, 이것은 다음과 같은 일곱 가지 체크리스트의 첫 글자를 딴 것이다.

1 Substitute(대체하기)

기존의 사물을 형태, 용도, 방법 등을 다른 것으로 대체하는 방안을 생각하는 방법이다. 휘발유 값이 비싸서 자동차 사기를 꺼려하는 사람들을 위해 휘발유 대신

LPG를 사용하는 자동차의 생산이나 석유 대신 전기를 사용하는 난로의 생산이 바로 이 기법에 해당된다.

> 예시 철쇠→ 플라스틱, 연탄재 벽돌, 종이컵, 나무젓가락, 녹말 이쑤시개, 전기차, 무인택배

② Combine(결합하기)

SCAMPER 기법 중에서 가장 많이 활용되는 결합하기는 두 가지, 또는 그 이상의 것들을 결합 또는 혼합해서 새로운 것을 생각하는 방법이다. 기존의 훌라후프에 고무나 자석을 넣은 매직 훌라후프도 결합의 한 예이다.

> 예시 지우개 달린 연필, 필터 달린 담배, 건조기능 세탁기, 복합기, 보온겸용 밥솥, 스마트폰, 공기청 정기능 에어컨

③ Adapt(적용·응용하기)

어떤 형태나 원리·방법을 다른 분야의 조건이나 목적에 맞도록 적용할 수 있을까를 생각하는 방법이다. 도시락 모양의 어린이용 책, 입술 모양의 루즈 케이스 등이 이에 해당된다.

> 예시 산 우엉 가시 → 매직테이프, 장미넝쿨 → 철조망, 세탁기 → 식기 세척기

④ 수정, 확대, 축소-모양, 색깔, 동작, 음향, 향기, 맛 등을 바꾸기

1. Modification(수정)

기존의 상품이나 아이디어에 색, 모양, 의미 등을 조금 수정해서 변화를 주는 방법이다.

> 예시 유행하는 옷의 색상이나 칼라의 모양, 길이 등을 조금씩 바꾸어 생산하는 것

2. Magnify(확대)

기존의 상품이나 아이디어를 보다 크게, 무겁게, 강하게 만들거나 조금 더 확대해서 새로운 것을 만드는 것이 이에 속한다.

> 예시 양산을 크게 만든 대형 비치파라솔, 대형냉장고, 햄버거집 앞의 대형 햄버거, 볼링장의 대형 핀

3. Minify(축소)

기존의 상품이나 아이디어를 작게, 가볍게, 늦게, 가늘게 축소해서 새로운 것을 생산하거나 변화시키는 방법이다. 대부분의 기계 제품들이 휴대하기 쉽도록 계속 크기가 작아지고 가벼워지고 있다.

> 예시 노트북 컴퓨터, 스마트폰, 초소형카메라, 제주 미니어쳐파크

5 Put to other uses(다른 용도로 사용하기)

어떤 사물이나 아이디어를 다른 방법으로 활용하는 방법이다.

> 예시 폐타이어 화분, 와인 냉장고, 솥뚜껑 삼겹살, 버리게 된 기차나 비행기를 카페로 사용하는 것

6 Eliminate(제거)

사물의 어떤 부분을 삭제해서 새로운 것이나 더 발전된 아이디어를 떠올리는 방법이다.

> 예시 노천극장, 덮개가 없는 오픈 카, 추를 없앤 시계, 무가당 과일주스, 디카페인 커피, 칼로리 제로 콜라, 외발자전거

⑦ 재배치하면? 다르게 배열하면, 거꾸로 하면?

1. Rearrange(재배치하면?)

형식, 순서, 구성을 바꾸어서 새로운 상품이나 문제해결의 아이디어를 얻는 방법이다.

> **예시** 탄력근무제, 재택근무, 냉동실과 냉장실 재배치, 기저귀와 맥주 진열

 Case Study

SCAMPER 기법으로 본 이순신 장군의 창의력

이순신 장군은 여러 전투에서 창의적인 아이디어로 일본과의 전쟁을 승리로 이끈 것으로 유명하다. 이순신 장군의 창의력이 전투에 어떻게 반영되었는지 SCAMPER 기법을 통해 살펴본다.

이순신 장군은 거북선의 주요 부분을 기존의 목판에서 철판으로 대체(Substitute)함으로써 돌격선이 갖추어야 할 자체 방어능력을 보강했다. 만약 거북선이 철갑을 하지 않은 채 돌격의 선봉에 나섰다면 왜군의 집중포화를 견뎌내지 못하고 곧 침몰되었을 것이다. 그러나 이순신 장군은 그러한 문제점을 사전에 인식하고, 거북선의 철갑을 시도했기 때문에 그것이 16세기 세계 유일의 불침함(不沈艦)이자 세계 최초의 철갑선이 될 수 있었던 것이다. 또한, 그는 대형총통(천·지·현·황)을 거북선과 판옥선에 탑재하여(Combine) 이들의 전투능력을 크게 개선시켰다. 게다가 육군의 전술인 학익진을 해전에 처음으로 적용(adapt)시킴으로써 조선 수군의 대승리를 엮어냈다. 뿐만 아니라 피난민과 피난선단을 조선 수군의 병력과 전함으로 위장시키는(Modify)전술을 통해 일본 수군의 공격을 차단하는 기지를 발휘하기도 하였다.

이순신 장군은 주변의 사소한 것들도 예사로 보아 넘기지 않았다. 어린 아이들의 놀이기구인 방패연을 아군끼리 군사정보를 주고받는 통신수단으로 활용했으며(Put to other use), 부녀자들이 즐겨했던 강강수월래 놀이는 조선 수군의 병력이 많은 것처럼 위장하는데 이용하였다. 또한, 그는 왜군의 조총을 분해(分解)하여 부품 수를 줄이거나(Eliminate) 작업공정을 단축시킬 수 있는지의 여부를 체크하는 역엔지니어링 기법을 이용했다. 그 결과 왜군의 조총보다 훨씬 더 성능이 우수한 정철총통을 만들어내는 데 성공했다.

출처: 김덕수. (2004). 맨주먹의 CEO 이순신에게 배워라. 밀리언하우스.

2. Reverse(다르게 배열하면, 거꾸로 하면?)

앞과 뒤, 왼쪽과 오른쪽, 안과 밖, 위와 아래, 원인과 결과 등 형태, 순서, 방법, 아이디어를 거꾸로 뒤집어서 새로운 것을 떠올리는 방법이다.

> **예시** 여름에 겨울 상품 세일, 티셔츠의 앞쪽에 넣던 무늬를 등판에 넣는다든지, 옷감을 뒤집어 만들어서 새로운 느낌이 들도록 하는 것, 벙어리 장갑, 다섯 발가락 양말, 누드김밥

3 창업 아이템 선정의 기본원칙

창업 아이템의 선정은 창업자가 창업을 준비하는 과정에서 가장 주의를 기울여야 할 부분이다. 특히, 창업에 있어서 업종의 선택은 사업에 있어서 첫 단추를 끼우는 것과 마찬가지로 그 이후의 사업에 절대적인 영향을 미치게 된다. 따라서 창업자는 업종선택의 중요성과 아이템 선정의 기본 원칙을 숙지하여 원만한 창업, 성공적인 창업이 이루어지도록 사전 충분한 준비가 필요하다. 창업 아이템 선정의 기본원칙을 살펴보면 다음과 같다.

1 작고 실속있는 아이템

창업 초기에는 고정비가 적게 드는 실속있는 아이템을 선택하는 것이 중요하다. 이는 사업초기 자금 부담을 덜고 리스크를 줄이는 역할을 한다. 창업 초기에 과다한 자본 투입이 요구되는 아이템을 선택하면 사업이 초기에 정상 궤도에 올라가지 않을 경우 자금 부담으로 어려움을 겪을 수 있다. 사업 확장은 창업초기 취급상품에 대한 수요가 확실하고 성공 전망이 밝다고 판단될 때 그 규모를 늘려도 늦지 않다.

2 시류에 맞는 아이템

시장에서 수요가 있는 아이템을 선택하면 비교적 성공 가능성이 높다고 볼 수 있다. 즉, 수요자의 욕구를 충족시켜 줄 수 있는 사업은 창업가가 조금만 노력해도 수요를 창출할 수 있고 그만큼 쉽게 창업에 성공할 수 있다. 시

장수요에 맞는 아이템을 선정하기 위해서는 다음과 같은 사항을 고려해 볼 수 있다.

❶ 정확한 시장 예측력

국가 경제성장률이나 수준, 국민소득의 증가나 가처분 소득 추세, 인구의 연령 분포도나 동향, 산업이나 기술의 흐름 등을 주시해 보면 몇 년 후에 유망한 아이템이 될 수 있는 사업을 발견할 수 있다.

❷ 첨단 기술제품 포착

첨단 기술제품의 경우 해외에서는 이미 기업화하여 시장에서 유통되고 있으나 국내에서 유통되지 않는 경우가 있다. 따라서 이들 첨단 기술제품을 국내에 도입하여 응용한 제품으로 사업화 함으로써 성공할 수가 있다. 이러한 정보는 국제박람회, 국제학회, 해외현지 방문, 인터넷 정보탐색 등을 통해 포착할 수 있다. 다만, 이런 경우 지적재산권이 침해되지 않는지 여부를 면밀히 검토하여야 한다.

3 자본규모에 적합한 아이템

아무리 좋은 아이템이라고 하더라고 자본이 뒷받침이 되지 않는다면 사업구상은 실패로 돌아갈 수 밖에 없다. 따라서 아이템 선택시에는 필요 자본의 조달이 가능한지 여부를 사전에 충분히 검토해 보아야 한다. 자본규모에 맞는 아이템 선정 절차는 다음과 같다.

❶ 자금조달능력 추정

자기자본, 친척이나 친지 등 개인투자자, 벤처캐피탈, 금융기관 차입 등을 통해 어느 정도의 자금을 조달할 수 있는지 산정한다.

❷ 적정자금 투입규모 결정

투입자금 규모는 사업 실패시 부담할 채무의 상환능력을 기준으로 포트폴리오를 구성해 본다. 즉, 가계에 전혀 지장을 주지 않는 범위(저축 및 주거용 이외의 부동산 담보), 가계에 영향을 주는 범위(주거용 부동산 담보), 타인에게 영향을 주는 범위(제3자 부동산 담보) 등으로 구별하여 사업에 실패할 경우를 책임질 수 있고, 피해를 최소화할 수 있는 범위 내에서 자금의 투입규모를 결정한다.

❸ 예비 아이템 검토

자본규모에 적합한 아이템으로서 창업자의 경험과 적성에 맞는 아이템을 2~3개 선정한다.

❹ 아이템 최종 선정

예비로 선정된 아이템 별로 구체적인 정보수집과 사업타당성 검토를 거쳐 최종적으로 하나의 아이템을 선정한다.

4 문제점있는 아이템의 회피

사업은 창업자 혼자 하는 것이 아니라 종업원을 비롯한 다양한 경영요소의 결합을 통해 실현된다. 좋은 아이템이라고 하더라도 사회적 분위기에 맞지 않거나 많은 종업원을 채용해야 하는 등의 문제점이 있으면 피하는 것이 좋다. 아이템 선정시 유의해야 할 사항을 살펴보면 다음과 같다.

❶ 종업원을 많이 채용해야 하는 아이템은 피하는 것이 좋다. 종업원이 많으면 인건비 부담으로 인해 창업기업에는 적절하지 않다.

리처드 브랜슨의 '버진 그룹' 창업 스토리

중학교 중퇴, 난독증을 딛고 불과 반세기 만에 창업 신화에 성공한 리처드 브랜슨. 그가 창업한 '버진 그룹'은 이름 그대로 초보자의 경험과 자본으로만 시작했지만 모두의 예상을 뒤엎고 성공했다.

1950년생인 리처드 브랜슨은 불과 17세의 나이에 버진 음반이라는 구멍가게에서 시작해 지금은 전 세계에 약 200여 개의 사업체를 거느린 '버진 그룹의 창업자'이며 '최고 경영자'이다.

리처드는 17세 때 중학교를 중퇴하고 〈스튜던트〉라는 학생 잡지를 만들었다. 이 잡지는 또래 학생들의 유치한 글을 싣는 교지같은 단순한 잡지가 아니었다. 리처드는 혼자서 잡지를 기획하고, 취재하고 편집했다. 그는 당대 유명 스타의 인터뷰를 싣고자 했다. 그리고 바로 실행에 옮겼다. 직접 수백 통의 편지를 쓰고, 수백 통의 전화를 걸었다. 그의 노력이 통했을까. 일반 기성 잡지 인터뷰도 거부하던 세계적인 명사들이 이 잡지의 인터뷰에 응했다.

프랑스의 살아있는 지성 장 폴 사르트르, 세계 청년 문화의 영웅 비틀스의 존 레논과 롤링스톤즈의 믹 재거, 영화배우 바네사 레드그레이브 등 실로 쟁쟁한 인물들이 〈스튜던트〉에 등장했다. 잡지는 폭발적으로 팔려나갔다. 리처드는 첫 잡지 발행에서 무려 2500파운드의 수익을 올렸다. 잡지가 많이 팔려나가자 자연히 광고가 들어왔다. 10대들이 주소비자

층인 음반광고였다. 교회 지하실에서 시작한 〈스튜던트〉는 잡지계의 돌풍을 불러일으켰고, 당시 최대의 잡지발행사인 IPC회사가 리처드를 편집장으로 영입하는 조건으로 잡지를 인수하겠다고 제안할 정도였다.

잡지 첫 호가 성공적으로 판매되자 학교에서의 리처드를 말썽쟁이로 생각했던 교장 선생님은 이렇게 얘기했다고 한다. "너는 아마도 백만장자가 되거나 아니면 감옥을 갈 것이다." 물론 훗날 교장선생님의 이 같은 예언(?)은 딱 들어맞았다. 리처드가 처음 레코드 사업을 시작할 때 그는 수출용 음반을 잘 모르고 국내에 판매했다. 그는 불법 음반 판매로 법의 처벌을 받았다. 감옥에 수감돼 벌금을 내고 풀려났고 자신의 잘못을 인정했다. 그 후 리처드는 사업에서 아무리 흥미로운 아이디어이고, 이익이 보장되어도 불법의 여지가 있는 부분은 시작도 하지 않게 되었다. 리처드는 잡지의 성공적 창간 이후 제2의 사업 아이템을 구상했다. 그것은 음반 우편 판매였다. 그는 17세 때 '버진'이라는 이름의 레코드 우편 판매점을 만들었다. '버진'이란 회사이름은 '초보'인 자신을 나타내는 동시에, 초보자의 한계를 극복하겠다는 의지의 표시였다. 초창기 중고 레코드를 통신 판매하던 리처드는 사업 규모도 커지고 돈이 모이기 시작하자 1970년 20세 때 정식으로 '버진 레코드'를 설립했다. 바로 버진 그룹의 시작인 것이다.

출처: FUN 리더십의 주역, 버진그룹 창업자 리처드 브랜슨. (2017. 11. 1.). 매일경제.

❷ 마진(이윤)이 적은 아이템은 일반적으로 경쟁이 심하고 시장변화에 대비하기 어렵기 때문에 피하는 것이 좋다.

❸ 대기업이나 수입상품과 경쟁이 예상되는 아이템은 피하는 것이 좋다. 대기업과의 경쟁에서 중소기업은 불리하고, 수입상품의 경우 가격경쟁력에서 불리하므로 특별히 품질이나 디자인이 우수하지 않고는 경쟁에서 이기기가 어렵다.

❹ 라이프사이클이 짧은 아이템은 신제품개발을 수시로 해야 하고 이로 인한 개발비 부담이 크기 때문에 충분한 자금력이 없다면 피하는 것이 좋다.

❺ 고정비가 많이 들어가는 아이템은 고정자산 취득 등 초기 투자비가 많이 들어가기 때문에 창업기업에는 불리하다.

4 창업 기회의 탐색과 리스크 해소

1 발명가의 오류

기업을 창업하는데 있어서 새로운 기술 또는 좋은 아이템은 반드시 필요하다. 그러나 우수한 창업 아이템을 선정하였다고 하더라도 그것이 곧 좋은 사업기회를 뜻하는 것은 아니다. 좋은 사업기회가 되기 위해서는 사업상의 매력도가 높아야 하고 수익이 지속적으로 발생되며 시의적절하게 공략할 수 있어야 한다. 또한, 고객의 입장에서 볼 때 새로운 가치를 창출할 수 있는 제품 또는 서비스이어야 한다.

에머슨(R. W. Emerson)은 "남보다 뛰어난 제품을 만들면 고객들이 저절로 찾아온다"고 주장하였다. 예를 들면 품질이 더 좋은 쥐덫을 만들어 팔면 고객이 알아서 제품을 구매할 것이라는 제품 중심적 사고방식이다. 이를 '더 나은 쥐덫의 오류(Better Mousetrap Fallacy)', 또는 '발명가의 오류'라고 하는데, 이러한 사고는 기술 위주로만 생각하는 경향이 있는 발명가나 엔지니어 창업자들에게서 흔히 발생한다. 창업자들이 이러한 '발명가의 오류'에 빠지는 이유는 시장의 요구를 무시한 기술지향적 사고에 입각하여 특정 제품을 보다 더 잘 만들려고만 하거나 발명한 것에 대한 주관적 애착 때문이다. 이러한 자세는 사업에 대해 보다 넓고 장기적인 시각을 가져야 하는 창업자로 하여금 특정한 제품에만 집착해서 사업의 수익성을 유지하지 못하게 하는 함정에 빠지게 하기 때문에 경계해야 한다.

이러한 발명가의 오류는 많은 곳에서 그 사례를 찾아볼 수 있다. 예를 들면 미국에서 처음으로 커피믹스가 출시되었을 때, 그 회사에서는 당연히 간편하게 커피를 마실 수 있는 뛰어난 상품이라서 성공하리라 생각했다. 그러나 반대로 커피믹스는 초기에 빛을 보지 못했다. 그 당시 미국에서는 원두커피를 내려서 마시는 것이 일반적이어서, 커피와 프림, 설탕을 한 봉지에 담아서 커피잔에 타 마시는 것은 게으른 주부들이나 사용하는 것이란 인식이 팽배해 서로 눈치를 보고 구매를 하지 않았던 것이다. 또한, 애덤 오즈본(Adam Osborne)은 1981년에 최초로 휴대용 미니컴퓨터를 개발, 판매하였으나 컴팩(Compac)에 밀려 망하고 말았다. 이는 최초 또는 최신기술이라고 해서 시장에서 항상 성공하는 것은 아니라는 것을 보여주고 있다.

한편, 윈터즈(O. B. Winters)는 "고객이 알아서 찾아오도록 기다리지 않고 세상에 나가서 적극적으로 발명한 쥐덫을 알리는 자 만이 공장을 돌아가게 한다"고 주장하였다. 즉, 기술지향적 사고가 아닌 시장지향적 사고방식을 가지고 있어야 사업에 성공한다는 것이다. 결국은 기술이나 아이템도 중요하지만, 이렇게 개발된 제품들이 시장에서 잘 팔려야 성공할수 있다는 것이다.

❷ 사업기회의 창

창업이 활성화되어 있는 미국에서조차도 벤처캐피털리스트가 한 달에 100~200건의 아이템을 접수하지만, 이 중에서 자금투자를 하는 경우는 1~3% 수준에도 못 미친다고 한다. 즉, 좋은 기술 혹은 뛰어난 아이디어라고 해서 반드시 성공할 것이라고보고 투자하지는 않는다는 것이다. 따라서, 창업 아이템으로 좋은 기술이나 아이

디어를 가지고 있다고 해서 성급하게 창업에 뛰어들거나 사업 성공의 환상에 젖어 있어서는 곤란하다.

사업은 아이템이나 기술 못지 않게 시작할 적절한 타이밍(시기) 선택이 중요하다. 시장은 도입기, 성장기, 성숙기, 쇠퇴기의 과정을 거치는데, 각 시점에 따라 다른 속도로 성장을 하게 된다. 일반적으로 도입기를 지나 성장기에 접어들 때 시장이 커지기 시작하면서 사업기회의 창이 열리기 시작한다. 이렇게 커지기 시작한 시장은 성숙하여 구조화되고 대규모화되는 시점인 성숙기에 접어들면서 사업기회의 창이 닫히게 된다. 이처럼 사업기회는 일정한 기간 동안에만 포착되고 활용될 수 있는 한시적인 것으로서, 이러한 사업기회를 '사업기회의 창'(Window of Opportunity)라고 한다 〈그림 8-2〉.

따라서 사업기회의 창이 얼마만큼의 기간 동안 열려 있는가가 창업기업의 적절한

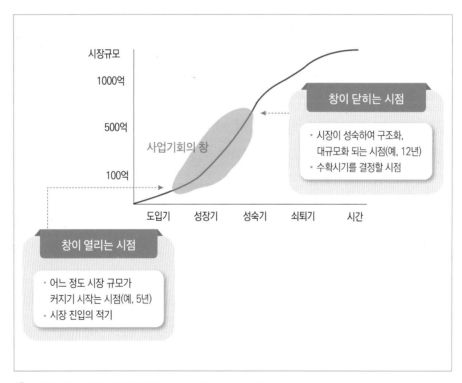

🚂 그림 8-2_ 사업기회의 창(Window of Opportunity)

시장진입 시점과 수확의 시점을 결정하고 궁극적으로는 사업의 성패를 좌우하는 중요한 요소로 작용하게 된다. 이렇게 주어진 기회의 창에서 사업기회를 적절히 포착한 기업은 성공하고, 그렇지 못하고 너무 일찍 혹은 너무 늦게 시상에 진입한 기업은 실패하게 마련이다.

예를 들면, 디지털 이퀍먼트사(DEC)의 창업자 켄 올슨(Ken Olsen)사장은 1977년에 "개인이 가정에 컴퓨터를 가질 이유는 없다"라고 잘못 예측한 바 있다. 우리나라의 경우에 있어서도 삼양식품이 1985년에 시판한 요구르트 제품인 요거트는 너무 일찍 출시되어 실패한 사례이다. 국내 첫 떠먹는 요구르트인 이 제품은 당시 마시던 액상타입 야쿠르트가 전부였던 터라 앞으로 시장이 떠먹는 타입으로 발전할 것이란 예측에서 개발됐었다. 그러나 이 제품은 너무 일찍 출시되어 소비자의 주목을 받지 못했다.

그렇다면 사업기회가 열리는 시기를 어떻게 알 수 있을까? 그것은 창업을 결심한 창업자의 몫이다. 창업자가 현명하여 사업기회를 잘 포착한다면 성공할 것이고 그렇지 않다면 실패할 수밖에 없을 것이다.

 참고문헌

· 김덕수. (2004). 맨주먹의 CEO 이순신에게 배워라. 밀리언하우스.

· 김영호. (2005). 톡톡 튀는 마케팅. 새로운제안.

· 윤남수. (2008). 벤처비즈니스의 이해와 창업. 백산출판사.

· 이윤준. (2014). 창조경제와 기업가정신. 과학기술정책연구원, 24(4).

· 정승화. (1999). 벤처창업론. 박영사.

· 한국과학기술정보연구원(KISTI). (2017. 11.23.). 2017 미래유망기술세미나,

· 황혜정. (2010. 10. 13). 시장이 알아주지 않는 혁신들. LG Business Insight.

· 허창문. (2001). 벤처기업 창업과 자금조달의 모든 것. 청림출판.

· Case, J. (1989). The origins of entrepreneurship. Inc. magazine, 54.

· FUN 리더십의 주역, 버진그룹 창업자 리처드 브랜슨. (217. 11. 1.). 매일경제.

· Vesper, K. H. (1980). New Venture Strategies. Prentice Hall, Eaglewood Cliffs, NJ.

CHAPTER 9

사업타당성 분석과 사업계획서 작성

학습 목표

1. 사업타당성 분석

2. 사업계획서 작성

1 사업타당성 분석

1 사업타당성 분석의 필요성

아이템이 선정되고 사업의 기회를 발견하였다면 다음으로 사업화하고자 하는 아이템이 이윤실현이라는 목적을 달성할 수 있는지 분석해 보아야 한다. 이 단계를 사업타당성 분석 또는 사업성 분석이라고 하는데, 고려하고 있는 사업이 현실적으로 성공 가능성이 있는지 분석해 보는 일이라고 할 수 있다.

사업타당성 분석은 기업 경영의 핵심적인 요소를 체계적으로 점검하고 검토하여 실패 요인을 사전에 제거하거나 성공 가능성이 적은 사업의 진출을 미리 포기함으로써 사업 실패로 인하여 발생할 수 있는 손실을 예방하는 역할을 한다. 따라서 사업타당성 분석은 창업을 실패로부터 지켜줄 수 있는 좋은 보조장치로서의 역할을 하므로 창업기업이라면 반드시 검토해 보아야 한다. 사업타당성 검토가 필요한 이유를 정리하면 다음과 같다.

- 창업자 자신의 주관적인 사업 구상이 아닌, 객관적이고 체계적인 사업타당성 검토를 통해 창업의 성공 가능성을 높일 수 있다.
- 창업자가 계획사업에 대해 정확히 판단을 할 수 있는 토대가 되므로 창업 기간을 단축할 수 있고, 효율적인 창업 업무를 수행할 수 있다.
- 창업자가 독자적으로 점검해 볼 수 없는 계획사업의 시장성, 수익성, 자금수지 계획 등 세부적인 항목을 분석하고 제시함으로서 해당 업종에 대해 미처 깨닫지 못한 세부 사항을 사전에 인지하여 효율적 창업 경영을 도모할 수 있다.
- 기업 경영의 요소를 정확하게 파악함으로써 창업자의 경영능력 향상에 도움을 주고, 계획사업에 대한 균형 있는 지식 습득과 보완해야 할 사항을 미리 확인함으로써 사전에 필요한 조치를 취할 수 있다.

❷ 사업타당성 분석의 기본과제

사업타당성 분석은 창업의 업종이나 형태에 따라 검토하는 내용이 다르고 형식도 다르다. 그러나 사업타당성 분석에서 검토되어야 할 기본적인 내용을 정리하면 다음과 같은 네 가지로 요약할 수 있다.

1. 제품(서비스)이 얼마나 팔리겠는가?

모든 기업은 생산하는 제품(서비스)이 잘 팔려야 유지될 수 있다. 그러므로 사업에 있어서 가장 근본적인 질문은 제품(서비스)가 잘 팔리겠는가이다. 제품(서비스)의 판매를 추정하기 위해서는 시장과 관련된 다양한 조사가 이루어져야 한다.

2. 기술적으로 타당한가?

사업타당성 분석에서는 제품을 생산하는데 필요한 기술적인 능력을 갖추고 있는지에 대해 검토해 보아야 한다. 기술적 타당성이란 기술적 실현 가능성이라는 말로 표현될 수 있다. 기존의 기술을 사용하는 경우라면 기술적 타당성이 문제되지 않을 수 있으나, 발명이나 첨단기술 사업 등에서는 기술적 타당성이 중대한 문제가 될 수 있다. 예를 들면, 이론적으로는 성립되는 사업이라도 실제 제조기술이 부족하다거나, 대량생산체제를 갖추는 데는 너무 많은 시간이나 자금이 소요될 경우에는 기술적 타당성이 있다고 판단할 수 없다.

3. 사업을 위해 필요한 자금은 얼마인가?

사업 시작 전에, 또는 사업이 시작된 후에 발생하는 가장 큰 어려움의 하나는 자금부족이다. 자금부족은 실제로 자금이 필요하지만 조달할 수 없기 때문에 발생하기도 하며, 소요자금 추정을 잘못하여 초래되기도 한다. 그러므로 사업타당성 분석 단계에서 소요자금을 정확하게 추정하여야 한다.

4. 사업의 수익성은 어떠한가?

사업의 수익성 평가는 사업타당성 분석의 결론부분이다. 즉, 사업이 아무리 유망하다고 하여도 적정수준의 이윤이 창출되지 않는다면 사업으로서의 가치가 떨어진다고 볼 수 있다. 따라서 사업 전개 후 어느 정도의 기간에 얼마나 수익을 올릴 수 있는지 미리 검토해 보는 것이 필요하다.

3 사업타당성 분석의 검토내용

사업타당성 분석은 예비 사업타당성 분석과 본 사업타당성 분석으로 구분해서 실시된다. 예비 사업타당성 분석은 특정 사업 아이템 선정 전에 다수의 예비 사업 프로젝트를 비교 선별하여 최종적으로 하나의 아이템을 선정해가는 과정을 의미하며, 본 사업타당성 분석은 선정된 후보 사업 아이템의 시장성, 판매전망, 기술성, 수익성, 경제성 등의 분석을 통한 사업의 성공가능성을 확인하는 과정을 의미한다. 사업타당성 검토가 이루어지는 과정과 과정별 검토내용을 살펴보면 〈그림 9-1〉과 같다.

4 예비 사업타당성 분석

예비 사업타당성 분석은 후보 아이템을 비교 분석하여 아이템의 우선순위를 결정하거나, 결정된 아이템의 사업타당성을 미리 분석해 보는 것이다. 예비 사업타당성 분석방법은 상품성, 시장성, 수익성, 안정성 등의 항목에 대한 평가와 각 평가요소에 대해 가중치 부여, 세부 검토사항에 대한 점수 산정, 후보 아이템별 평균점수 산정 및 우선순위 결정 등의 순서로 비교·평가하여 선별한다.

이와 병행하여 예비 사업타당성 외적 요인에 대한 분석을 실시할 필요가 있다. 예비 사업타당성 외적 요인으로는 후보 아이템에 대한 소비자 및 소비지역의 인식 정

1단계
계획사업의 예비검토

1 발굴된 사업 아이템의 사업타당성 분석개요
· 사업타당성 분석의 목적, 방법 및 범위 설정

2 계획사업의 개요파악과 이해
· 창업자 일반현황   · 창업목적 및 기대효과
· 제품의 용도 및 특성   · 부문별 사업계획

2단계
사업 수행능력 분석

1 창업자의 경영능력 평가
· 경영능력 평 가표의 작성   · 경영능력 평가결과의 분석

3단계
시장성 분석

1 시장성 분석의 사전준비
· 분석의 목표와 계획 수립   · 자료의 수집, 분석 / 해석

2 시장성 분석의 핵심요소 분석
· 시장동향   · 제품성 및 경쟁적 지위
· 채산성   · 수요예측 등

4단계
기술성 분석

1 제품 경쟁성 분석
· 계획제품의 용도, 품질, 특성 · 계획 제품의 경쟁성

2 입지 조건 분석
· 주요 입지요인 분석   · 관계법규상 제약요인 분석

3 생산 및 재고분석
· 소요 원재료 조달의 용이성   · 재고분석

5단계
수익성 · 경제성 분석

1 계획사업의 손익분기점 분석
· 순익분기점 분석의 전제조건 · 분석기준 및 방법

2 계획사업의 경제성 분석
· 순현재가치법(NPV)   · 내부수익률법(IRR)

그림 9-1_ 사업타당성 검토 과정과 검토내용

도, 사업장의 확보가능성 등을 검토하고, 관련 자료를 수집해 분석한다. 관련업계 정보 및 자료는 정부 및 협회 간행물, 해당 업계의 협회 또는 조합 방문, 정부나 공공기관 관계자 및 창업 전문 컨설턴트와의 면담, 관련업계 종사자와의 접촉, 구매자 및 소비자와의 면담 등을 통해 얻을 수 있다

예비 사업타당성 분석은 2단계 과정으로 수행된다. 제1단계에서는 사업 아이템을 '채택', '기각'식으로 선별한다. 제2단계에서는 제1단계에서 선별된 아이템에 대해 상대평가를 실시한다.

1. 제1단계: 절대평가

다음 질문 중의 어느 하나에 대해서도 예(Yes)라고 대답해야 하는 아이템은 기각하여 고려대상에서 제외시킨다.

❶ 적당한 비용으로 제품을 생산할 수 없게 하는 요인, 즉 법률적 제한사항, 독점, 또는 다른 원인 등이 있는가?(예를 들면, 특수한 공정이나 기술로 인해 제조비용이 지나치게 높은 제품 등)

❷ 자본 소요액이 과다한가?

❸ 정부의 규정에 위배되거나 좋지 않은 영향을 미치는 환경 저해요인이 있는가?(예를 들면 대기오염, 소음, 하천오염 등)

❹ 창업하고자 하는 사업이 국가의 정책, 목적, 제한규정에 어긋나는가?

❺ 새로운 기업, 특히 벤처기업의 참여를 배제하는 사실상의 독점이 있는가?

❻ 제품이 효과적인 마케팅 활동을 방해하는 요인이 있는가?(예를 들면 기업이 할 수 없는 광범위한 판매 및 유통조직의 필요성)

❼ 창업하고자 하는 사업이 기존 또는 추진 중에 있는 산업과 공존할 수 없는가?

2. 제2단계: 상대평가

제1단계의 검토과정을 거친 아이템에 대해서는 상대평가를 통해 비교 분석한다. 아이템에 대한 상대평가시 검토항목은 〈표 9-1〉과 같다.

표 9-1_ 예비 사업타당성 분석시 상대평가 항목

주요항목	평가요소	세 부 검 토 사 항
상품성	상품의 적합성	1. 경영자가 잘 아는 제품이거나 공정인가? 2. 상품이 비필수품이거나 사치품은 아닌가?
	상품의 독점성	3. 신규참여를 배제하는 사실상의 독점은 없는가? 4. 정부의 인·허가에 의해 실제 신규투자가 제한되어 있지 않은가?
시장성	시장의 규모	5. 예상되는 고객의 수는 어느 정도인가? 6. 국내 및 해외시장의 규모는 금액으로 어느 정도인가?
	경쟁성	7. 경쟁자의 세력 및 지역별 분포는 어떤가? 8. 경쟁제품과 비교했을 때 품질과 가격관계는 유리한가? 9. 판매유통이 용이하며, 물류비용이 저렴한가?
	시장의 장래성	10. 잠재고객수의 증가는 있는가? 11. 새로운 여타기업의 침투 가능성은 어느 정도인가? 12. 소비자 성향이 안정적이고, 필요성이 증가하는가?
수익성	제품생산 비용의 효익성	13. 적정비용으로 제품을 생산할 수 없는 요인이 있는가? 14. 생산공정이 복잡하지 않고, 효율성은 있는가?
	적정이윤 보장성	15. 원자재조달이 용이하고, 값은 안정적인가? 16. 필요한 노동력공급이 용이하며 저렴한가? 17. 제조원가, 관리비, 인건비등 공제 후 적정이윤이 보장되는가?
안정성	위험수준	18. 경제순환과정에서 불황적응력은 어느 정도인가? 19. 기술적 진보수준은 어느 정도이며, 기술적 변화에 쉽게 대처할 수 있는가?
	자금투입 적정성	20. 초기 투자액은 어느 정도이며, 자금조달이 가능한 범위인가? 21. 이익이 실현되는 데 필요한 기간은 어느 정도이며, 그동안 자금력은 충분한가?
	재고수준	22. 원자재의 조달, 유통과정상 평균재고수준은 어느 정도이며, 재고상품의 회전기간은 어느 정도인가? 23. 수요의 계절성은 없는가?

5 사업타당성 분석과 사업계획서

사업계획(business plan)이란 한마디로 고려하고 있는 사업을 하기 위해 앞으로 실행할 일련의 활동계획을 글로 표현한 것이다. 논리적인 순서로 본다면 사업타당성 분석을 통하여 고려중인 사업의 성공가능성을 검토해 보고 그 결과가 긍정적이면 사업계획을 수립하게 되는데, 사업계획을 수립하자면 사업타당성 분석에서 수집했던 자료와 획득한 정보를 많이 사용하게 된다. 따라서 사업계획과 사업타당성 분석은 서로 다른 것이기는 하지만 실제에 있어서는 대단히 밀접한 관계를 갖는다. 사업타당성 분석과 사업계획서의 관계를 요약하면 다음과 같다.

❶ 사업타당성 분석: 고려중인 사업의 성공가능성을 분석하는 것으로 기본적으로 시장분석, 기술분석, 재무분석, 경제성분석으로 구분되어 행하여진다.

❷ 사업계획: 고려하고 있는 사업을 하기 위해 앞으로 실행할 일련의 활동계획(실행계획)

❸ 사업계획서: 사업계획을 체계적으로 형식에 맞춰 기록해 놓은 서류

2 사업계획서 작성

1 사업계획서의 정의 및 기능

1. 사업계획서의 정의

사업계획서는 'Business Plan' 또는 'Business Proposal'로 표현되며 두 가지 용어가 혼용되어 사용되고 있으나, 일반적으로 Business Plan은 Business Proposal 보다 포괄적이고 구체적이어서 더 많이 활용되고 있다. 사업계획서란 "일정한 목적

달성을 위해 지속적인 활동에 필요한 방법과 절차, 활동 범위 등을 글로 표현한 것"
이라고 정의할 수 있다.

❶ 일정한 목적: 이익 실현을 의미하며 때로는 투자유치, 인·허가, 제품 홍보 등의
하위 목적을 의미하기도 한다.

❷ 지속적인 활동: 기업의 주요 자원인 사람, 자금, 유·무형의 자산을 운영하고 관
리하는 제반 경영활동을 의미하며 효율적인 경영활동을 위해서는 보유자원에
대한 전략적 운영이 필요하다.

2. 사업계획서의 기능

사업계획서는 계획사업에 관련된 제반사항, 즉 계획사업의 내용, 제품시장의 구조
적 특성, 소비자의 성격, 시장확보의 가능성과 마케팅 전략, 제품에 대한 기술적 특
성, 생산시설, 입지조건, 생산계획, 계획 아이템에 대한 향후 수익전망, 투자의 경제
성, 계획사업에 대한 소요자금 규모 및 조달계획, 차입금의 상환계획, 조직 및 인력
계획 등 창업이나 신규사업 추진에 관련된 제반 사항을 객관적, 체계적으로 작성하
는 중요한 자료이다.

사업계획서는 사업 성공의 가능성을 높여주는 동시에 계획적인 사업추진을 가능
하게 하고 사업추진 기간을 단축시켜 주며, 계획사업의 성취에도 많은 영향을 미친
다. 또한, 사업추진에 도움을 줄 제3자, 즉 동업자, 금융기관, 고객에 이르기까지 투
자 및 구매의 관심유도와 설득자료로 활용되는 필수자료이며 사업성공의 지침서 역
할을 한다.

사업계획서는 추진하고자 하는 사업에 대한 설계도로서의 기능, 정부정책자금 신
청, 금융대출, 벤처캐피탈에 대한 투자제안, 엔젤투자가의 투자유치, 창업보육센터
입주, 기술과제 신청, 기업홍보 등의 다양한 용도로 활용된다. 특히, 창업기업의 경우
에는 공장설립허가신청용, 공업단지입주신청용, 창업지원자금신청용 등 정부의 창
업지원정책관련 기본신청서류로 사업계획서를 필수적으로 첨부하도록 되어있다.

사업계획서는 기업의 얼굴이자 무기이며 언어다

사업계획서(Business Plan)는 사업추진과 투자유치 성공을 위한 출발점이다. 미국의 한 인큐베이팅 회사에서는 입주 후 6개월에서 1년 동안은 주로 'Business Plan'만 작성하도록 한다. 사업 주체들이 작성한 Business Plan은 인큐베이팅 회사의 전문컨설턴트들이나 투자기관 등 외부전문가들에게 끊임없이 반복적으로 검증받고 수정된다. 계속적인 검증과 수정 과정을 거치는 이유는 시장을 보다 정확히 파악하고 자신의 약점을 보완하여 실제 실행과정에서의 시행착오를 최소화하기 위해서이다.

이와 같은 과정을 거쳐 수립된 사업계획은 곧바로 기업의 윤리방침이자 실천방안이 될 정도이다. 사업계획은 곧 사업의 틀을 짜고 방향을 잡는 것이다. '시작이 반이다'란 말처럼 처음에 틀을 잘못 짜고 엉뚱한 방향을 잡는다면 이미 반은 실패하고 시작하는 것이다. 따라서 사업계획서는 시간이 걸리더라도 충분한 작성과 검증과정이 필요하며, 이것이 시행착오의 가능성을 줄이고 보다 사업 성공 가능성을 높이는 길이다.

사업계획서는 기업의 얼굴이자 무기이며, 언어이다. 즉, 최고경영자와 종업원들이 비전을 공유하기 위한 언어이자 종업원들과 부서 간의 의사소통을 위한 언어이다. 또한, 기업 외부의 이해관계자와 협력하여 제휴하고 자원을 이끌어 내기 위한 강력한 언어이다. 사업계획서가 기업의 얼굴과 같고 의사소통을 위한 언어와도 같다면 경쟁에서 이기기 위해서 자신의 얼굴을 잘 가꾸고 언어를 잘 구사할 수 있는 방법과 능력을 터득할 필요가 있다. 그것이 창업자가 사업계획서 작성에 공을 들여야 하는 이유이다.

출처: 중소기업진흥공단 외. (2001). 벤처 투자유치 성공전략. 매일경제신문사, 53-56.

② 사업계획서 작성원칙

1. 이해하기 쉽게 작성

사업계획서는 해당 분야의 비전문가도 이해할 수 있도록 쉽게 작성되어야 한다. 사업계획서를 통해 투자자나 고객 등 제3자를 설득력 있게 납득시키기 위해서는 그들이 이해하기 쉽도록 작성되어야 한다. 특히, 제품 및 기술성 분석에 대한 내용은 가급적 전문적인 용어의 사용을 피하고, 단순하고도 보편적인 내용으로 구성한다. 또한, 제품 및 기술성 분석 근거자료로서 공공기관의 기술타당성 검토보고서 또는 특허증 사본 등의 관련 증빙서류를 첨부하면 신뢰성을 높일 수 있다.

2. 객관성, 현실성의 원칙

사업계획서는 객관성이 있어야 한다. 자칫 자신감이 지나쳐 제3자가 보기에 너무 허황되고, 실현가능성이 없다고 판단될 때에는 신뢰성에 큰 타격을 입을 수도 있다. 따라서 공공기관 또는 전문기관의 증빙자료를 근거로 정확한 시장수요 조사와 최소한의 회계지식을 바탕으로 매출액과 수익이 추정되어야 한다.

3. 계획사업의 핵심내용 강조

계획사업의 핵심내용을 강조하여 부각시켜야 한다. 사업계획이 너무 평범해서는 제3자의 호감을 사지 못한다. 계획제품이 경쟁제품보다 소비자의 호응이 있으리라는 기대감을 갖고, 제품의 특성을 중심으로 설명하되, 잡다한 부수적 생산제품보다 전략계획 상품을 중심으로 1~2종, 많더라도 3종을 넘지 않는 범위 내에서 핵심제품을 중점적으로 설명할 필요가 있다.

4. 일관성과 정확성

앞뒤 내용이 연결되지 않고, 제시된 숫자가 정확하지 않다든가, 주장과 관점이 일치하지 않는 사업계획서는 사업계획서 전체의 신뢰성을 떨어뜨린다. 따라서 사업계획서 작성시에는 편집방식, 숫자 또는 화폐단위 등을 통일해서 표현하여야 하며, 일관된 흐름과 주제를 가지고 작성하여야 한다.

5. 문제점 및 위험요인의 심층분석

계획사업의 긍정적인 내용만 제시하기보다는 장래 발생할 수도 있는 문제점이나 리스크(risk)에 대해서도 언급하는 것이 바람직하다. 계획사업에 잠재되어 있는 문제점과 향후 발생가능한 위험요소를 심층분석하고 예기치 못한 사정으로 인하여 사업이 지연되거나 불가능하게 될 경우에 어떻게 대처할 것인지에 대해서도 검토하여야 한다.

③ 사업계획서의 구성 내용

    사업계획서는 외부기관제출용 사업계획서와 자체검토용 사업계획서로 구분할 수 있는데, 그 구성내용을 예시하면 〈표 9-2〉와 같다. 물론 이러한 구성내용은 모든 사업에 적합한 것은 아니고 사업에 따라 그 내용은 달라질 수 있다. 또한, 사업계획서에 구성내용의 전부가 반영되어야 하는 것은 아니고 필요에 따라 전부 또는 일부를 발췌하여 작성할 수 있다.

 표 9-2_ 사업계획서 구성내용

외부기관 제출용	자체검토용

▶ 기업체 현황
1. 회사개요
2. 업체연혁
3. 창업동기 및 사업의 기대효과
4. 사업전개방안 및 향후계획
 	
▶ 조직 및 인력현황
1. 조직도
2. 조직 및 인력구성의 특징
3. 대표자 및 경영진 현황
4. 주주현황
5. 관계회사 내용
6. 종업원현황 및 고용계획
7. 교육훈련현황 및 계획
 	
▶ 기술현황 및 기술개발계획
1. 제품의 내용
2. 제품 아이템 선정과정 및 사업전망
3. 기술현황
4. 기술개발투자 현황 및 계획
 	
▶ 생산 및 시설계획
1. 생산 및 시설현황
  가. 최근 2년간 생산 및 판매실적
  나. 시설현황
  다. 조업현황
	▶ 기업체 현황
	1. 회사개요
	2. 업체연혁
	3. 창업동기 및 향후계획
	
	▶ 조직 및 인력현황
	1. 조직도
	2. 대표자, 경영진 및 종업원 현황
	3. 주주현황
	4. 인력구성상의 강 . 약점
	
	▶ 기술현황 및 기술개발계획
	1. 제품의 내용
	2. 기술현황
	3. 기술개발투자 및 기술개발계획
	
	▶ 생산 및 시설계획
	1. 시설현황
	2. 생산공정도
	3. 생산 및 판매실적(최근 2년간)
	4. 원 . 부자재 조달상황
	5. 시설투자계획
	
	▶ 시장성 및 판매전망
	1. 일반적 판매전망
	2. 동업계 및 경쟁회사현황
	3. 판매실적 및 판매계획

외부기관 제출용	자체검토용
2. 생산공정	▶ 재무계획
가. 생산공정도	1. 최근 결산기 주요 재무상태 및 영업실적
나. 생산공정상의 제문제 및 개선대책	2. 금융기관 차입금 현황
3. 원. 부자재 사용 및 조달계획	3. 소요자금 및 조달계획
가. 제품단위당 소요원재료	
나. 원재료 조달상황	▶ 사업추진 일정계획
다. 원재료 조달문제점 및 대책	
라. 원재료 조달계획 및 전망	▶ 특기사항
4. 시설투자계획	
가. 시설투자계획	
나. 시설투자효과	
▶ 시장성 및 판매전망	
1. 관련산업의 최근 상황	
2. 동일계 및 경쟁회사현황	
3. 판매현황	
가. 최근 2년간 판매실적	
나. 판매경로 및 방법	
4. 시장 총규모 및 자사제품 수요전망	
5. 연도별 판매계획 및 마케팅 전략	
가. 연도별 판매계획	
나. 물류 시스템 및 마케팅 전략	
다. 마케팅 전략상 문제 및 해결방안	
▶ 재무계획	
1. 재무현황	
가. 최근 결산기 주요 재무상태 및 영업실적	
나. 금융기관 차입금 현황	
2. 재무추정	
가. 자금조달 운용계획표(현금흐름분석표)	
나. 추정 대차대조표	
다. 추정 손익계산서	
3. 향후 수익전망	
가. 손익분기분석	
나. 향후 5개년 수익전망	
다. 순현가법 및 내부수익률법에 의한 투자수익률	
▶ 자금운용 조달계획	
1. 소요자금	
2. 조달계획	
3. 연도별 증자 및 차입계획	
4. 자금조달상 문제점 및 해결방안	

외부기관 제출용	자체검토용

▶ 사업추진 일정계획

▶ 특정 분야별 계획
1. 공장입지 및 공장설립계획
   가. 공장입지개황
   나. 현공장 소재지 약도 및 공장건물, 부대시설 배치도
   다. 설비현황 및 시설투자계획
   라. 공장자동화 현황 및 개선대책
   마. 환경 및 공해처리계획
      (배출예상 오염물질 및 처리방법)
      (공해 방지시설 설치내역 및 계획)
   바. 공장설치 인·허가 및 의제처리 인·허가관련 기재사항
   사. 공장설치일정 및 계획
2. 자금조달
   가. 자금조달의 필요성
   나. 소요자금총괄표
   다. 소요자금명세
   라. 자금조달형태, 용도, 규모
   마. 보증 및 담보계획
   바. 차입금 상환계획
3. 기술개발 사업계획
   가. 사업내용 및 연구목표
   나. 연구개발 인력구성
   다. 개발효과
   라. 개발공정도
   마. 개발사업 추진계획 및 소요자금
4. 시설근대화 및 공정개선계획
   가. 추진목적
   나. 분야별 추진계획(시설근대화 계획)
      (공정개선 계획), (신제품개발 계획)

▶ 첨부서류
1. 정관
2. 법인 등기부등본
3. 사업자등록증 사본
4. 최근 2년간 결산서
5. 최근 월 합계잔액시산표
6. 경영진·기술진 이력서
7. 지적재산권(특허·실용신안) 및 신기술 보유관계 증빙서류
8. 기타 필요서류

④ 제출기관별 검토 주안점

대부분의 중소기업 관련기관들이 사업계획서 검토시 주안점을 두는 부분은 사업자가 진정으로 사업의지가 있는지, 사업을 위한 기본적인 요건은 갖추었는지 하는 문제이다. 즉, 일정금액의 자금조달이 가능하며, 기술성은 있는가, 사업에 필요한 최소한의 인력과 원자재의 조달은 가능한가 등을 검토하게 되는데, 사업계획서는 이러한 점을 충분히 설득시킬 수 있도록 작성되어야 한다. 주요 사업계획서 검토기관들의 검토 주안점을 살펴보면 다음과 같다.

1. 시·군·구 창업민원실

사업을 시작하면서 처음으로 사업계획서를 제출하는 곳은 대부분 공장을 짓고자 하는 해당지역의 시·군·구 창업민원실(관할시·군의 기업지원과, 산단입지과 등)이 된다. 사업자가 사업계획서를 관할 시·군·구 창업민원실에 제출하면 창업민원실에서는 사업계획서에 관련된 관계기관에 협의를 요청하고 관계기관의 검토 결과 하자가 없으면 사업계획의 승인이 이루어진다. 검토의 주요사항은 공장입지와 관련된 용도변경과 공장건축, 환경성에 관련된 사항 등이다. 따라서 사업자는 사업계획서를 제출하기 전에 관할 시·군·구에 공장을 짓고자 하는 땅이 공장건축이 가능한 곳인지 여부를 먼저 알아보는 것이 실패를 줄이는 방법이다.

2. 중소기업진흥공단

중소기업진흥공단에서 사업지원의 대상이 되기 위한 고득점 요건을 사항별로 살펴보면 다음과 같다.

(1) 창업자 관련사항

❶ 업력: 창업 업종과 과거 종사 직종과의 연관도로서 연관성이 있을수록 높은 점수 획득

❷ 시책호응도: 중소기업진흥공단의 지도, 연수를 받은 실적 등

❸ 경영자적 자질 및 능력: 과거경력, 학력, 대외 활동력 등

❹ 자금조달능력: 창업자의 재산보유 정도 및 자금조달 가능성으로 높을수록 고득점

❺ 사업장 확보여부: 사업장 취득여부, 임차 등

(2) 기술성 관련사항

❶ 신기술성: 지적재산권, 신기술추천업종 등 해당여부

❷ 신제품개발: 신제품개발 완료여부

❸ 기술인력보유: 기사1급(공과대 졸업 이상), 기사2급(전문대 이공계 졸업 이상), 기능사(공고 졸업 이상) 등 많을수록 고득점

❹ 기술수준: 중소기업진흥공단 기술지도단에서 기술수준을 종합평가

❺ 생산시설보유: 소요시설 보유도를 측정, 확보율이 높을수록 고득점

(3) 시장성 관련사항

❶ 신제품 및 상품성: 독창성, 상품가치 정도로 독창성이 높을수록 고득점

❷ 품질수준: 국가, 공공기관, 민간연구소 등의 인증 또는 추천 등을 받은 품목 고득점

❸ 안전성: 판로확보 여부로 매출실적이 있거나 거래선이 확보되었는지 여부

❹ 경쟁관계: 경쟁업체 출현, 타사와의 경쟁관계로 경쟁업체 출현가능성이 희박하면 고득점

❺ 사업전망: 품질, 가격, 수요 등을 종합적으로 측정

❻ 제품의 수요특성: 수요층, 수요기간 등으로 수요층이 넓고 지속적인 수요가 있으면 고득점

(4) 국민경제 기여도 관련사항

❶ 수출가능성이나 수입대체가능성: 높을수록 고득점

❷ 고용증가율: 높을수록 고득점

❸ 국산자재비율: 국산자재를 사용하는 비율이 높을수록 고득점

❹ 지원대상업종: 지원대상업종 중 중요성이 높을수록 고득점

3. 벤처캐피탈

벤처캐피탈(venture capital)은 대부분 주식지분 참여를 통해서 자금을 지원하므로 적어도 5년차 정도에는 상장이 가능한지 여부를 고려하여 검토하게 된다. 따라서 성장성이 확실해야만 가능하며, 창업자 입장에서는 경영의 자율성 확보라는 측면을 반드시 검토해 볼 필요가 있다. 벤처캐피탈에서 평가하는 일반적인 분야를 살펴보면 다음과 같다.

❶ 경력: 계획사업과 과거경력과의 연관성으로 10년 이상 해당업종에 종사하면 고득점

❷ 연령: 연령과 건강의 정도로 35~45세 정도면 양호

❸ 학력: 최종학력, 전공관계, 소질, 적성으로 고학력일수록 고득점

❹ 호응도: 신용평가, 대인관계

❺ 경영자적 자질 및 능력: 대외적 활동력, 연수실적, 성격, 위기극복 능력을 측정

❻ 자금조달능력: 보유재산 정도, 타인자금조달 가능성으로 소요자금의 50% 이상이면 고득점

❼ 사업장확보여부: 사업장취득, 임차여부로 자가취득일 경우 고득점

❽ 신기술성: 산업재산권, 신기술개발업종 등으로 발명특허나 공공기관 개발기술을 보유하면 고득점

❾ 시제품개발: 시제품개발 완료여부로 개발이 완료되었으면 고득점

❿ 기술인력보유: 기사1급(해당분야 대졸 이상), 기사2급(해당분야 전문대졸 이상), 기능사(공고 졸업 이상)

성공을 바라는가?
플랜A, 플랜B… 플랜Z까지 계속 수정하라

사업을 처음 시작할 때 대부분 첫 사업이 한번에 성공할 것이라고 확신하고 거기에 몰두하는 것이 일반적이다. 그러나 사업에는 변수가 많고 또 다양한 리스크가 존재한다. 그래서 창업 전문가들은 플랜 A 이외에 상황에 맞춰 수정된 플랜 B를 개발하고, 이러한 수정은 플랜 C, D, E 등으로 계속 수정해 나가야 한다고 강조하고 있다. 다음 기사를 읽어보고 플랜을 계속 수정해야 하는 이유가 무엇인지 생각해 보자.

2004년 미국에서 오데오(ODEO)를 창업한 에번 윌리엄스(Williams). 아이팟으로 내보내는 오디오 방송인 팟캐스트 사업을 하는 기업이었다. 사업이 처음 계획대로 단번에 성공할 것으로 확신했다. '플랜 A'가 완벽하다고 생각했다. '플랜 B'는 마련할 이유가 없었다. 뉴욕타임스도 그렇게 봤다. "아이팟(iPod) 사용자가 1100만 명을 넘어섰다. 3년 뒤엔 4500만 명을 돌파한다. 팟캐스트(Podcast)가 돈이 된다. 오데오가 중심에 서 있다. 음악·뉴스·토크쇼 같은 프리미엄 콘텐츠에 대한 수요가 막대하다. 맞춤형 광고를 붙이면 구글처럼 성공할 수 있다."

하지만 오데오는 6개월도 안 돼 사업을 접었다. 애플이 무료로 팟캐스트 서비스를 제공하며 시장을 독식했다. 플랜 A가 전망했던 시장에 오데오의 몫은 없었다. 위기의 오데오. 다급하게 플랜 B를 찾아나섰다. 꼬박 1년을 매달렸다. 막 인기를 끌기 시작한 휴대폰 SMS(문자메시지)에 착안했다. 자신이 어디 있는지, 뭘 하는지 단 한 번의 전송으로 친구들에게 알릴 수 있는 서비스를 내놓았다. 메시지 길이는 140글자로 제한했다. 트위터(Twitter)라고 이름붙였다. 출범 5년 만에 가입자 2억명, 연 매출 1억 4000만달러, 기업가치 80억달러인 회사로 성공했다.

미국의 창업 전문가 랜디 코미사(Komisar·57)씨는 "플랜 A는 거의 항상 실패한다. 시장에서 검증받지 않은 혼자만의 가정을 사실로 전제한 탓이다"라고 말했다.

"성공하고 싶다면 플랜 B를 개발하라. 시장에서 실전 경험을 통해 얻은 진짜 정보를 바탕으로 방향을 수정한 사업계획이다. 플랜 B는 한 번에 그치면 안 된다. 상황 변화에 발맞춰 플랜 C, 플랜 D, …, 플랜 Z까지 계속 수정해야 한다. 힘들고 어렵다고 생각하는가? 신제품 아이디어 58개 중 1개만 성공한다. 2%도 안 되는 확률에 끊임없이 도전하는 것이다. 애플·구글·트위터도 똑같은 과정을 거쳤다. 성공하는 기업들의 공통점이다."

출처: 조선일보, (2011. 11. 18). Weekly BIZ, "성공을 바라는가? 플랜A, 플랜B… 플랜Z까지 계속 수정하라".

SUCCESS

⑪ 기술수준: 해당 전문기술인에 의한 기술평가

⑫ 생산시설: 현재 보유비율로 30% 이상이면 고득점

⑬ 신제품 및 상품성: 독점성, 상품화 가치로 독점적이고 상품성이 높으면 고득점

⑭ 품질수준: 규격획득, 공공기관의 시험결과 등

⑮ 안전성: 판로확보 여부로 매출실적이 있거나 거래선을 확보하면 고득점

⑯ 경쟁관계: 타사경쟁여부, 경쟁업체 출현가능성으로 가능성이 희박하면 고득점

⑰ 수익성: 자본대비수익률로 50% 이상이면 고득점

⑱ 자재조달: 국내조달비중, 자재의 파동 및 가격변동 가능성

⑲ 성장성: 사업전망, 지속적 성장가능성으로 수요층이 넓고 업종전망이 밝으면 고득점

4. 은행

은행은 사업계획서 검토시 대출기간 중에 이자나 원금을 상환할 능력이 있는지를 중점적으로 조사·검토하게 된다. 은행에서 중요시하는 요소는 다음과 같다.

❶ 사업경험: 사업을 운영할 만한 충분한 경영 경험을 가지고 있는가

❷ 현금흐름: 상환능력을 입증할 합리적인 증거, 즉 기존사업의 수입, 새로운 사업에 대한 손익예측치 등을 제시할 수 있는가

❸ 담보물: 부동산이나 신용보증서 등 적절한 담보를 제시할 수 있는가

❹ 지분분포: 사업의 전체 지분 중에서 사업자가 충분한 지분을 가지고 있는가

5. 신용보증기관

신용보증기관은 신용보증기금과 기술신용보증기금, 그리고 지역신용보증재단으로 구분된다. 이들 기관에서 보증을 받는 기준은 기업규모, 업종, 보증금액, 신용도 등에 따라 차이가 있으나 보통 대표자의 경영능력, 신용도, 사업타당성, 기술성, 시장

성 및 수익성 등을 주로 검토하며, 이들 항목을 계수화하여 높은 점수를 받을수록 보증을 받기 유리하다. 예를 들면, 기술신용보증기금의 기술평가보증의 평가항목을 살펴보면 다음과 같다.

❶ 경영주의 기술능력: 기술지식수준, 기술경험수준, 경영능력, 자금운영계획, 경영진 구성 및 팀워크

❷ 기술성: 기술개발 환경, 기술개발실적, 기술개발 성공 가능성, 기술의 우수성, 제품화(상용화) 능력

❸ 기술의 시장성: 시장규모, 시장성격 및 경쟁상황(인지도, 브랜드성장 가능성), 제품 경쟁력

❹ 기술의 사업성: 판매계획, 사업추진일정, 투자대비 회수 가능성, 매출액 경상이익율, 수익전망

5 사업계획서 작성의 기본 순서

사업계획서는 그 목적, 용도 및 제출기관에 따라 내용상 차이가 있으며, 분량과 첨부서류에도 큰 차이가 있다. 따라서 사업계획서 작성 전에 미리 기본계획과 작성순서를 정하여 작성하여야만 시간과 노력을 절약할 수 있으며 내용도 충실해질 수 있다. 효율적인 사업계획서 작성을 위해 사업계획서를 실제 작성하기 전에 미리 다음과 같은 준비사항과 사업계획서 작성의 기본순서를 숙지해 놓는 것이 필요하다.

1. 사업계획서의 작성목적에 따른 기본방향 설정

사업계획서의 작성목적은 크게 나누어 '자금조달을 목적으로 작성하는 경우', '공장설립 및 인·허가 등을 위해 작성하는 경우', '사업타당성 여부 검증을 포함해서 창업자 자신의 창업계획을 구체화하기 위한 수단으로 작성하는 경우' 등으로 나누어 볼 수 있다. 따라서 이들 목적에 따라 기본목표와 방향을 사전에 미리 정해야 사

업계획서가 초점을 잃지 않고 일관성 있게 작성될 수 있다.

2. 제출기관에 따른 소정양식 구비

자금조달을 위한 경우라도 제출처가 은행이냐, 관공서이냐, 벤처캐피탈이냐, 정책자금 지원기관이냐 등에 따라서 그 내용이 약간 차이가 있으며, 구체적으로 어떤 은행, 어느 기관, 그리고 어느 벤처캐피탈에 지원요청을 할 것이냐에 따라서 사업계획서 작성목적 및 기재내용이 다르므로 우선 제출기관별로 소정양식이 있는지를 미리 알아보아야 한다.

3. 사업계획서 작성계획의 수립

대부분의 사업계획서는 사업계획 추진 일정상 일정 기한 내에 작성해야 할 필요성이 있는 경우가 많다. 자금조달을 위한 경우든, 공장 설립을 위한 경우든 관련기관에 제출하기 위해서는 빠른 기간 내에 작성하지 않으면 안되기 때문이다. 따라서 각 부분별로 작성일정과 보조를 받아야 할 사람을 확정할 필요가 있다. 시장성 및 판매전망은 영업부문 담당자가, 자금조달 운용계획 및 추정재무제표 작성 등 재무에 관한 사항은 재무담당자가, 제품 및 기술성 분석에 관한 사항은 생산담당자가 작성하는 것이 합리적이다. 그러나 기업에 따라서는 창업자가 직접 작성하거나 한 사람이 모든 분야를 작성할 수도 있으며, 일정과 내용에 따라 외부전문가의 도움을 받아 작성해야 하는 경우도 생긴다.

4. 사업계획서 작성에 필요한 자료와 첨부서류 준비

흔히 사업계획서 작성시 이상의 3단계를 거치지 않고 자료수집부터 하는 경우가 있다. 그러나 이것은 불충분한 자료수집 때문에 재차 자료수집을 해야 하는 경우도 생기고, 경우에 따라서는 많은 시간 낭비를 가져올 수 있다. 그러므로 자료수집은 3단계가 끝난 후에 실시하는 것이 바람직하다.

5. 사업계획서의 형식(form) 결정

제출기관의 소정양식이 있는 경우는 그 양식에 의거하여 작성하면 별 문제가 없지만, 양식이 없는 경우에는 미리 작성해야 할 사업계획서의 형식(form)을 결정할 필요가 있다.

6. 사업계획서의 작성

실제 사업계획서 작성시 제출기관에 따라 사업계획서 작성방법을 간단히 설명해 놓은 경우도 있지만, 그것만으로는 부족하고 작성단계에서 많은 테크닉이 필요하다. 예를 들면 정해진 사업계획서 양식에 따라 순차적으로 작성하는 것보다는 추정재무제표를 먼저 작성하는 것이 시간절약에 도움이 된다. 즉, 추정재무제표는 연도별 인력계획, 생산능력 및 생산실적, 시설투자계획, 판매 및 재무계획 등 수치로 표현된 각종 계획과 일치되어야 하는데, 일단 추정재무제표를 먼저 작성해 놓을 경우는 그 이후의 수치와 정확히 일치하게 작성할 수 있기 때문이다.

7. 편집 및 제출

사업계획서는 내용도 중요하지만 그 내용을 포괄하고 있는 표지 등 편집도 대단히 중요하다. 따라서 사업계획서를 보는 사람 입장에서 좋은 인상을 줄 수 있도록 표지 및 편집에도 신경을 써야 한다. 또한, 사업계획서 제출시에는 그 내용을 충분히 숙지하여야 하며, 외부전문가의 도움을 받아 작성하였다 하더라도 그 내용에 대한 설명과 답변에 부족함이 없어야 한다.

 참고문헌

- 박주관창업컨설팅. (2003). 사업타당성분석과 사업계획서 작성. 21세기북스.
- 박주관. (2003). 청년사장학. 넥서스.
- 박춘엽. (1994). 중소기업 창업과 사업성 분석. 경문사.
- 서장민. (2000). 창업과 경영을 위한 사업계획서. 한국세정신문사.
- 조선일보, (2011. 11. 18). Weekly BIZ, "성공을 바라는가? 플랜A, 플랜B… 플랜Z까지 계속 수정하라".
- 윤남수. (2008). 벤처비즈니스의 이해와 창업. 백산출판사.
- 중소기업진흥공단 외. (2001). 벤처 투자유치 성공전략. 매일경제신문사.
- 중소벤처기업부. k-startup. http://www.k-startup.go.kr/common/post/list.do?mid=30007&-bid=709

1 창업자금 조달의 중요성

　　창업자가 실제 창업을 하기로 결심했을 때 느끼는 가장 큰 장애요인은 무엇일까? 실패에 대한 막연한 두려움이나 창업에 대한 지식이나 경험 또는 능력의 부족을 꼽는 경우도 있지만 가장 큰 장애요인은 창업자금 확보에 대해 예상되는 어려움인 것으로 중소벤처기업부의 창업기업 실태조사 결과 나타났다. 조사결과에 따르면, 창업 시 장애요인으로서 '창업자금 확보에 대해 예상되는 어려움'이 가장 높은 66.3%로 나타났으며, 다음으로 '창업실패 및 재기에 대한 막연한 두려움' 28.0%, 그리고 '창업에 대한 전반적 지식, 능력, 경험의 부족' 23.5%, '창업준비부터 성공하기까지의 경제활동(생계유지) 문제' 13.2%의 순으로 나타났다〈그림 10-1〉.

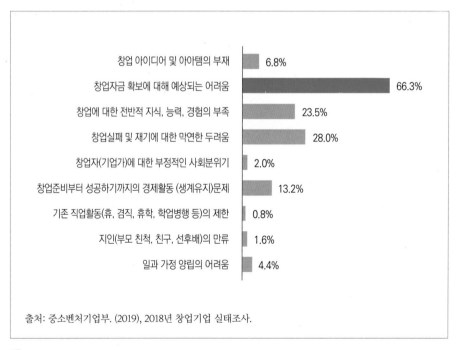

출처: 중소벤처기업부. (2019), 2018년 창업기업 실태조사.

🐛 그림 10-1_ 창업 장애요인

이는 창업자금 조달이 사업을 처음 시작할 때 풀어야 할 가장 우선 과제임을 나타내주고 있으며, 원활한 창업자금 조달이야말로 창업을 순조롭게 진행하는 중요한 첫 단계임을 의미한다.

창업을 위해서는 자기자금만으로는 부족하고 외부에서 자금을 조달해야 할 경우가 생기는데, 이때 적절한 창업자금의 조달은 창업성공의 핵심요인이다. 그러나 어떤 기업이든 창업 초기에는 신용이나 담보력이 약하여 자금을 조달하기가 쉽지 않다. 따라서 창업자금 조달을 원활히 하기 위해서는 자금조달에 대한 기본적인 지식을 갖추고 있어야 하며, 이를 바탕으로 벤처캐피탈, 정책자금, 신용보증기관, 은행 등의 자금을 적절히 활용할 줄 알아야 한다.

또한, 창업자금을 어디서 어떠한 조건으로 조달하는가는 창업자의 소유지분에도 영향을 미치며, 향후 경영권 유지에도 중대한 영향을 미치므로 신중하게 결정해야

한다. 예를 들면, 투자유치를 통해 자금을 조달하는 경우는 창업자의 지분비율이 빠르게 줄어들게 되며, 증자과정에서 어떤 배율로 자금을 조달하는가에 따라 창업자에게 돌아올 수 있는 미래의 수익에 커다란 차이를 보이게 된다. 불리한 조건으로 초기 투자유치를 받을 경우 자신의 노력과 기여에 비해 보상이 줄어들게 되며, 자칫 지분율의 축소로 경영권의 방어에도 문제가 생길 여지가 있다. 반면, 차입에 의한 자금 조달을 하는 경우 금융비용 부담이 커지게 되며, 부채비율이 증가하면 이자부담이 과중하여 기업이 도산될 위험성이 높아진다. 더욱이 창업초기에는 기업의 신용도가 약하기 때문에 차입으로 자금조달을 마련하기가 쉽지 않다. 따라서 창업단계에서부터 사업이 성숙단계에 이르기까지 자금을 어떻게 조달할 것이며, 어떻게 운용할 것인가를 체계적으로 계획을 세우고 관리하는 것이 중요하다.

2 성장단계별 자금조달 전략

기업은 하나의 시스템으로서 생명체와 같이 유기적으로 성장한다. 즉, ①신제품이나 신기술에 대한 아이디어를 구상하고 사업계획을 작성하는 연구개발단계 ②실제 기업조직이 갖추어지고 신제품과 신기술을 사업화 하는 창업단계 ③제품을 시장에 공급하면서 점차 시장을 확대하여 매출이 급성장하는 성장단계 ④기업이 안정된 매출을 일으키면서 규모를 확대하거나 신제품을 추가하고자 하는 확장단계 ⑤안정적인 매출과 이익이 발생하고 일정한 성장세를 유지하는 성숙단계 그리고 ⑥시장에서 도태하는 쇠퇴기까지 일정한 수명주기(life cycle)를 가진다.

따라서 기업은 자신이 위치하는 성장단계별로 상이한 자금조달원을 통해 자금을 조달함으로써 위험을 최소화하는 동시에 수익은 극대화하는 성장전략을 취하여야 한다. 기업의 성장단계별 자금조달 방법 및 전략을 순서대로 살펴본다〈표 10-1〉.

1 연구개발 및 창업단계

연구개발 및 창업단계에서는 기업에 재무적 부담과 위험을 주지 않으면서 기술개

표 10-1_ 성장단계별 자금조달 전략

성장단계	자금조달 방법
연구개발 및 창업단계	씨앗자금(seed money), 씨앗캐피탈(seed capital), 정부정책자금, 공공 벤처캐피탈
성장단계	벤처캐피탈, 기관투자가, 일반금융기관
확장단계	벤처캐피탈, 자본시장(IPO, 회사채 등), 일반금융기관, 기관투자가
성숙단계	자본시장, 일반금융기관

출처: 산업연구원. (1999.9). 중소기업 자금조달.

발과 성공적 창업을 뒷받침할 수 있는 자금으로 씨앗자금(seed money) 또는 씨앗캐피탈(seed capital)이 필요하다. 이러한 자금은 기업의 부채를 증가시키지 않음으로써

재무적 위험부담을 줄일 수 있어 창업초기 기술개발이나 기업의 안정성 확보에 중요한 역할을 한다.

그러나 씨앗자금(seed money) 또는 씨앗캐피탈(seed capital)에 의해 조달하는 자금은 그 규모가 한정되어 있어서 기업의 성장에 필요한 자금수요를 충족시키기에는 부족하며, 따라서 이 단계에서는 정부의 정책자금을 적극 활용하여 부족한 자금을 조달하는 방법을 찾는 것이 필요하다. 또한, 창업자들은 벤처캐피탈(venture capital)을 통하여 투자를 유치하려고 노력하는 경우가 많은데, 초기단계의 높은 위험으로 인하여 민간 벤처캐피탈들이 투자를 꺼리는 경우가 많다.

그러므로 이 단계에서는 주로 공공 벤처캐피탈을 알아보는 것이 유리한데, 공공 벤처캐피탈에서는 기술성과 사업성이 충분할 경우 투자를 적극적으로 검토하고, 투자 후에도 계속적으로 기업이 성장단계에 이를 수 있도록 다양한 지원을 한다.

② 성장단계

성장단계에서는 매출이 급격히 증가함에 따라 시설투자, 인력확보, 마케팅 등을 위한 시설자금과 운전자금이 많이 요구된다. 그러나 매출 실적과 담보력이 미약하여 금융기관에서 자금지원을 받는 데는 많은 어려움이 있는 시기이다. 따라서 이 단계의 기업들은 미래예측이 어느 정도 가능해지고 투자가 유망하다는 점을 강조하여 벤처캐피탈로부터 투자유치를 받아 자금을 조달하는 것이 가장 유리하다.

3 확장단계

확장단계에서는 안정적 매출도 있고, 담보력도 있기 때문에 일반금융기관으로부터 자금조달이 용이하다.

이 시기에는 신규사업 진출자금, 운전자금 등이 소요되는데, 기업의 실적이 가시적으로 나타나는 시기이기 때문에 벤처캐피탈들이 적극적으로 투자에 나서게 되므로 이를 통한 자금조달이 가능해진다.

4 성숙단계

성숙단계부터는 기업이 안정단계를 유지하여 자본시장과 일반금융기관에서 안정적으로 자금을 조달할 수 있다.

결론적으로, 자금조달은 사업초기에는 창업자 개인자금이나 정부정책자금 등을 이용하고, 사업에 대한 명확한 비전과 사업성, 성장성을 보여 줄 수 있는 시점에서는 벤처캐피탈을 통해 투자를 유치하는 전략을 취하며, 기업이 안정단계에 접어들면 자본시장을 통해 자금을 조달하는 것이 바람직하다고 볼 수 있다. 성장단계별로 자금활용 방법을 요약해보면 다음 〈표 10-2〉와 같다.

표 10-2_ 성장단계별 자금활용 방법

구 분	정책자금	벤처캐피털	신용보증기관	금융기관(은행)
연구개발 단계	O	X	O	X
창업단계	O	X	O	X
성장단계	O	O	X	X
확장단계	X	O	X	X
성숙단계	X	X	O	O

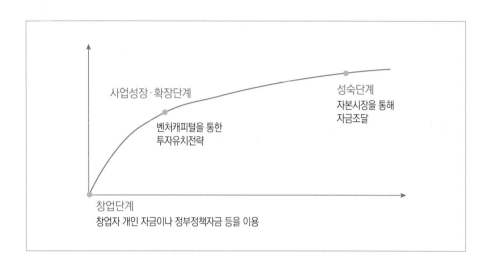

3 자금조달의 형태

　일반적으로 기업의 자금조달 형태는 기업이 어디로부터 자금을 조달하느냐, 즉 자금공급의 주체가 누구냐에 따라 내부금융과 외부금융으로 대별된다. 내부금융은 자기금융이라고도 하며, 기업 내부의 영업활동 과정에서 발생하는 이익금의 사내유보, 감가상각충당금 등으로 자금을 조달하는 형태이며, 외부금융은 자금을 기업의 외부에서 조달하는 형태로서 직접금융, 간접금융, 해외금융으로 구분된다〈그림 10-2〉.

1. 직접금융

　기업이 기관, 기업, 개인 등에게 주식, 회사채 또는 기업어음과 같은 신용증권을 발행해주거나 계약을 체결하고 그들로부터 직접 자금을 공급받는 형태를 말하며, 주로 벤처캐피탈이나 엔젤로부터 자금을 조달할 때 이용된다.

2. 간접금융

은행과 같은 금융기관이 가계 등 자금의 원천적 공급자로부터 조달한 자금(예금, 적금 등)을 기업 등 자금의 수요자에게 공급하여 주는 형태의 금융으로서 금융기관을 통해 간접적으로 자금을 조달한다는 뜻에서 간접금융이라고 한다. 은행 등 금융기관으로부터의 대출을 받는 경우와 정부의 정책자금 대출 등이 그 대표적인 방법이다.

3. 해외금융

외국의 금융기관, 국제금융기구 등으로부터 자금을 공급받는 상업차관, 무역신용 등이 이에 해당된다.

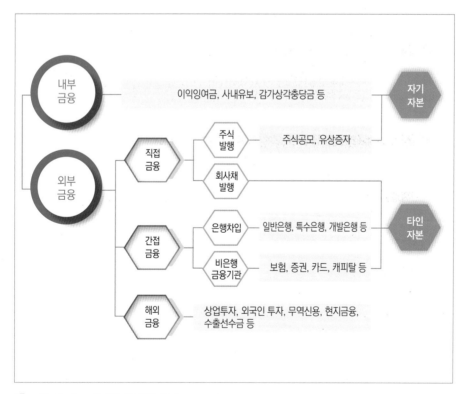

🎞 그림 10-2_ 기업의 자금조달 형태

4 벤처캐피탈

1 벤처캐피탈의 이해

벤처캐피탈(VC: Venture Capital)이란 고도의 기술력과 장래성은 있으나 자본과 경영능력이 취약한 벤처기업에 창업 초기단계부터 자본과 경영능력을 지원하여 투자기업을 육성한 후 투자자본을 회수하는 금융기관을 의미한다. 벤처캐피탈은 대출을 위주로 하는 기존의 은행 등 금융기관과는 자금의 지원방법, 담보, 투자금의 회수방법, 리스크, 기대수익 등에서 현격한 차이가 있는데, 기존 금융기관이 일정한 담보를 조건으로 융자형태의 자금을 지원하고 있는 반면에 벤처캐피탈은 유형의 담보를 요구하는 것이 아니라, 투자기업의 기술력, 성장성, 수익성 등을 평가하여 무담보 주식투자를 원칙으로 한다.

벤처캐피탈이 일반금융기관과 다른 점을 살펴보면 다음과 같다.

❶ 벤처캐피탈은 주로 자본참여, 즉 주식에 대한 투자형식으로 이루어지며 투자대상 회사에 대한 경영지배를 목적으로 하지 않는다는 점에서 지주회사와는 다르다. 일반금융기관의 경우 주로 융자(대출)로 지원하지만, 벤처캐피탈은 주식인수, 전환사채인수, 프로젝트투자 등의 방법으로 투자한다.

❷ 벤처캐피탈은 고위험-고수익(high risk-high return)을 추구하며 투자의 대가로 담보를 요구하지 않지만, 일반금융기관의 융자는 고객 예치금을 재원으로 하므로 안정성을 위하여 대체로 부동산과 신용보증서와 같은 담보를 요구한다.

❸ 벤처캐피탈의 투자심사는 기업의 경영능력, 기술성, 성장성, 수익성 등을 중요시하지만 일반금융기관은 기업의 안정성, 재무상태, 담보능력 등을 중요시 한다.

❹ 벤처캐피탈은 투자기업의 사업 성공 여부가 투자수익과 직결되기 때문에 투자 이후에도 기업의 성장에 필요한 추가 자금지원, 경영지도, 재무관리나 마

케팅지원 등 다양한 사후지원이 이루어지는 반면, 일반금융기관의 경우 융자에 대한 담보를 확보하기 때문에 기업에 대한 사후지원이 미약하다.

❺ 벤처캐피탈은 투자기업의 상장이나 코스닥 등록, 환매, M&A 등을 통해 투자자금을 회수하는 반면, 일반금융기관은 이자 수입을 수익으로 하고 원리금 상환을 통해 자금을 회수한다.

❷ 벤처캐피탈의 기능

1. 자금지원 기능

벤처캐피탈의 목적은 벤처기업이 성장하도록 적극적으로 자금을 지원하고 기업이 성장한 후에 보유주식을 매각하여 자본이득을 실현하는 것으로 일반금융기관의 한계를 보완하거나 확장하는 기능을 담당한다. 일반적으로 벤처기업의 초기 연구개발 단계에서는 주로 자기자금 등 개인의 자금을 활용한다. 그리고 일반 금융기관을 활용하기 위해서는 벤처기업이 안정성장단계에 접어들고 물적·인적 담보가 확보되거나 신용이 축적되어야 가능하다. 따라서 창업단계에서 안정성장단계를 거쳐 기업공개에 이르기까지 자금수급 상 벤처캐피탈의 지원이 필요한 틈새 기간이 생기게 되는데, 이러한 틈새 기간에 벤처기업에 자금을 공급할 수 있는 것이 바로 벤처캐피탈의 주요한 기능이다.

2. 성장지원 기능

창업자는 연구 및 기술개발에 유능한 반면, 제품의 마케팅, 재무관리, 인사관리 등 기업의 경영에는 능숙하지 못할 수 있다. 또한, 창업기업에는 창업자를 도와줄 수 있는 인재가 상대적으로 부족한 경우가 많은데, 이러한 경우에 벤처캐피탈은 투자한 기업의 이사회에 참석하여 마케팅, 인사관리, 재무관리 등 기업의 경영 전반에 걸쳐 지도 또는 조언을 하거나 정보를 제공함으로써 투자기업의 성장을 지원해 주며, 만일 경영상의 위기가 발생할 경우에는 추가적인 자금을 지원하거나 경영자의 교체, 기업의 합병 및 매각까지도 자문하는 경우가 많다. 벤처캐피탈이 투자기업을 육성, 지원하는 것은 결과적으로 보다 많은 자본이득을 얻기 위해서도 필요하지만, 이는 불확실성이 높은 기업에 대한 투자를 보다 안전하게 하기 위해서도 필요하다. 벤처캐피탈의 지도와 조언 등 각종 지원을 활용하여 창업기업이 성공적인 기업으로 성장·발전하기 위해서는 벤처캐피탈과 기업 간에 다음과 같은 협력이 필요하다.

- 벤처캐피탈과 투자기업 간에 상호 신뢰관계가 확립되어야 한다.
- 투자기업은 벤처캐피탈의 지도와 조언을 받아들여 활용하려는 자세를 가져야 한다.
- 투자기업에게 보다 좋은 지도와 조언을 하려는 벤처캐피탈의 자세가 필요하며, 이를 위해서는 양자 간의 신뢰관계 확립이 전제가 되어야 한다.

3. 기업공개지원 기능

벤처캐피탈이 투자한 투자자금을 회수하기 위해서는 투자기업의 주식을 매각할 수 있어야 하며, 이를 위해서는 기업공개가 이루어져야 한다. 주식을 상장하거나 장외시장에 등록할 때 규정에 의해 일정한 주식을 구주주가 매각할 필요가 있다. 그러나 대주주 간의 경영권 문제, 공개시기와 주가에 대한 예상 등과 같은 문제로 인하여 필요한 시기에 필요한 주식을 공급하지 못하는 경우가 있는데, 이러한 경우에 벤처캐피탈은 기업의 요청에 따라 필요한 주식을 공개함으로써 원활한 기업공개를 지원할 수 있다.

③ 벤처개피탈의 투자형태

1. 자본투자(Equity Invstment)

벤처캐피탈이 사업초기 또는 기업의 성장 과정에서 자본금으로 직접 투자하는 방

식으로 벤처캐피탈은 일반적으로 투자 후 5~7년이 지난 후 출자한 자본을 장외시장이나 증권시장에서 현금화한다.

2. 전환사채(Convertible Bond)

벤처캐피탈과 기업 간의 계약에 의해 일정한 이자율로 발행된 사채를 인수하여 자금을 지원하는 형태로서, 전환사채는 만기일 이전 사채금액의 일부 또는 전부를 사전에 계약한 가격으로 주식으로 전환하는 것이 가능한 사채이다.

3. 신주인수권부사채(Bond Warranted)

벤처캐피탈이 기업에서 발행한 사채를 인수하는데, 이때 기업은 별도로 신주인수권을 벤처캐피탈에게 부여한다. 즉, 신주인수권부사채는 전환사채와 달리 사채의 주식으로의 전환이 아닌 별도의 신주인수권을 인정하는 것이다.

5 정책자금

1 정책자금의 개념

정책자금이란 정부 또는 공공기관에서 정책적으로 지원이 필요한 사업, 또는 사업자를 선정하여 일반금융보다 차별화된 좋은 조건으로 지원을 해주는 자금이다. 이러한 정책자금은 일반자금의 금리에 비해 저리로 제공되고 있기 때문에 사업하는 사람에게는 큰 혜택이 아닐 수 없다. 그러나 정책자금이라고 해서 아무나 받을 수 있는 것은 아니다. 각 기관에서 제공되는 자금은 일정한 지원대상자를 정해 놓고 지원대상 요건에 해당되어야 지원신청이 가능하며, 이 요건에 해당된다고 하더라고 일정한 담보를 요구하는 경우가 있다.

정책자금을 제공받기 위해서는 먼저 자신의 회사가 정책자금의 지원대상에 해당되는가를 알아보고 직접 찾아가서 구체적인 지원요건 및 절차를 알아보는 것이 필요하다. 이러한 정책자금은 각 기관마다 지원시기 및 금액이 해마다 변하기 때문에 경제신문이나 관련 인터넷 정보 및 해당기관에 수시로 문의해 보아 자금지원 시기를 놓치지 않도록 해야 한다.

② 정책자금의 종류

정책자금은 일반적으로 금융기관의 대출자금에 비해 금리, 상환기간, 담보 등에 있어서 유리하게 지원되는데 그 성격에 따라 크게 출연자금과 융자자금으로 구분된다〈그림 10-3〉.

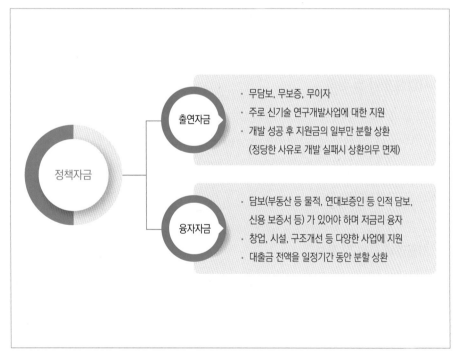

🚂 그림 10-3_ 정책자금의 구분

3 정책자금의 지원 절차

1. 자금지원 공고

정책자금을 운영하는 기관에서는 소속 정부부처로부터 자금운영의 기본방안이 결정되면 구체적인 운영계획을 수립하여 이를 신문이나 인터넷을 통해 일반에 공개한다. 공고시에는 해당 자금에 대한 사업의 유형, 자금지원 대상의 범위, 자금지원 내용, 신청방법과 신청서 교부 및 접수일정 등에 대한 세부적인 사항을 적시한다.

2. 자금지원 신청

공고가 이루어지면 해당되는 기업은 접수 일정에 맞춰 자금을 신청한다. 자금신청시에는 자금지원신청서와 사업계획서, 그리고 여기에 필요한 구비서류를 첨부해야 하는데, 사업계획서는 보통 자금지원기관에서 미리 정해 놓은 소정양식이 있어 이를 교부받아 작성한다. 구비서류는 지원대상 자격기준의 검토와 사업심사시 평가자료로 활용되는 서류들이다.

3. 사업성 평가 및 심의

자금운용 기관에서는 신청 기업으로부터 서류를 접수받아 지원업체를 선정하기 위해 사업심의 및 평가에 들어가며, 필요한 경우에는 해당기관의 담당자가 신청 기업을 직접 방문하여 현장실사 과정을 거치고, 이를 토대로 신청 기업의 사업성을 종합적으로 평가하기도 한다.

4. 지원업체 선정 및 통보

지원기관에서는 평가담당자가 작성한 사업성 검토자료를 토대로 심사위원회를 개최하고 심사기준표에 의거하여 일정점수 이상을 얻은 적격업체를 최종적으로 선정. 대상기업이 선정되면 해당기업 앞으로 선정결과를 통지하고 기업에서 대출받고자 하는 거래은행에도 해당기업에 대한 융자추천을 통보한다.

5. 자금대출 신청

정책자금 지원대상 기업으로 선정이 되면 결정된 자금에 대하여 일정기간 이내에 거래은행으로부터 자금을 대출받아가야 한다. 이 때 부동산 등의 담보가 있을 경우에는 은행에서 직접 대출을 받으면 되고, 담보가 없거나 부족할 경우에는 신용보증기관을 통하여 신용보증서를 발급받는 절차를 추가로 밟아야 한다.

6. 정책자금 대출

간혹 자금지원기관으로부터 정책자금을 배정받았지만, 담보가 없거나 부족하여 대출을 받지 못하는 경우가 발생한다. 따라서 정책자금을 신청하기 전에 담보(보증서 포함)가 필요한 자금인지, 얼마만큼의 담보가 필요한지를 미리 알아보아야 한다. 은행은 기업의 대출신청자료를 검토하여 필요한 만큼의 담보 또는 보증서를 확보한 후 정책자금을 대출해 준다.

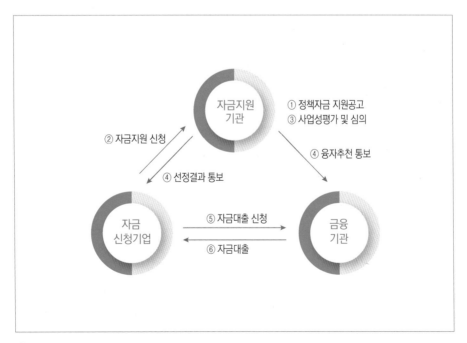

그림 10-4_ 정책자금의 지원절차

6 신용보증제도

1 신용보증제도의 의의

신용보증제도는 중소기업의 자금조달을 원활히 하기 위해 부동산 등 물적담보 능력이 부족한 기업에 대해 신용보증서를 발급하여 금융기관의 채무를 보증함으로써 담보물 없이 자금지원을 받을 수 있도록 지원하는 제도로서 기업이 채무를 상환하지 못할 경우 제3자인 신용보증기관이 채무이행을 보증해 준다. 신용보증기관에서는 기업의 신용도나 기술력을 평가하여 그 기업에 맞는 금액의 보증서를 발급해 줌으로써 담보문제를 해결하여 대출을 받을 수 있도록 해주고 있다.

우리나라에서 신용보증 역할을 하는 기관으로는 신용보증기금, 기술신용보증기금, 지역신용보증재단 등 3개를 들 수 있다.

❶ 신용보증기금

정부 및 금융기관의 출연으로 조성된 기본재산을 토대로 담보능력이 미약한 중소기업을 대상으로 일반적인 신용보증 업무 담당

❷ 기술신용보증기금

신용보증기금의 기능과 유사하나 주로 벤처기업이나 신기술사업자의 신용보증을 중점적으로 취급

❸ 지역신용보증재단

지방자치단체 등의 출연으로 조성된 기금을 바탕으로 지방자치단체에 소재하는 중소기업, 특히 소상공인에 대해 중점을 두고 보증을 취급

② 신용보증제도 이용 절차

　우리나라 신용보증제도는 신용보증제도의 운용주체인 신용보증기관과 이용 당사자로서 채권자인 금융기관 그리고 채무자인 기업이라는 세 축으로 이루어져 있으며, 신용보증의 기본구조는 〈그림 10-5〉과 같다.

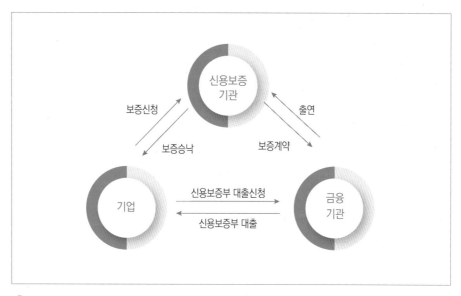

그림 10-5_ 신용보증의 기본 구조

• 신용보증 이용절차는 신용보증 상담, 보증신청 서류교부, 자료제출, 신용조사 및 심사, 보증결정, 승인통지, 신용보증약정 및 보증서발급의 순서로 이루어지며, 구체적인 내용은 〈그림 10-6〉과 같다.

그림 10-6_ 신용보증 절차

 참고문헌

· 산업연구원. (1999.9). 중소기업 자금조달.

· 윤남수. (2008). 벤처비즈니스의 이해와 창업. 백산출판사.

· 윤남수. (1999). 중소기업 자금조달 100% 활용법. 진문사.

· 중소기업진흥공단 외. (2001). 벤처 투자유치 성공전략. 매일경제신문사.

· 중소벤처기업부. (2019). 2018년 창업기업 실태조사.

· 중소벤처기업부. K-스타트업. http://www.mss.go.kr

· 허창문. (2001). 벤처기업 창업과 자금조달의 모든 것. 청림출판.

· 홍성도. (2006). 벤처창업경영. 무역경영사.

· 홍성도. (2014). 벤처창업경영 길잡이, 이프레스.

· 홍성도. (2006). 자금조달과 투자유치. 무역경영사.

창업기업의 마케팅

학습 목표

1. 마케팅의 개념과 중요성

2. 기술수용주기 이론

3. 캐즘(Chasm) 극복 전략

4. 마케팅 전략의 실행

1 마케팅의 개념과 중요성

1 마케팅의 정의

마케팅은 시장을 의미하는 '마켓(market)'에서 파생된 말로서 뭔가를 사고 파는 장소적 의미를 가지고 있다. 여기에 동작의 의미인 '~ing'가 붙은 것이 marketing인데 간단히 정리하면, 시장에서 제품이나 서비스를 사고 파는(give and take) 교환 행위 또는 활동이라고 볼 수 있다.

마케팅의 정의는 학자들에 따라 다르고, 시대에 따라서도 다르게 정의되고 있어 어느 것이 정확하다고 판단할 수 없다. 따라서 여기서는 가장 보편적으로 수용되고 있는 마케팅에 대한 세 가지 정의를 살펴본다.

❶ 미국 마케팅학회(AMA: American Marketing Association)

마케팅은 개인과 조직의 목적을 충족시켜 주는 교환을 가져오기 위해 아이디어, 제품 및 서비스에 대한 발상, 가격결정, 촉진 그리고 유통을 계획하고 실행하는 과정이다(Marketing is the process of planning and executing the conception, pricing, promotion, and distribution of ideas, goods and services to create exchanges that satisfy individual and organizational objectives).

❷ 한국 마케팅학회

마케팅은 조직이나 개인이 자신의 목적을 달성시키는 교환을 창출하고 유지할 수 있도록 시장을 정의하고 관리하는 과정이다 (Marketing is the process of defining and managing markets to create and retain exchanges by which organizations or individuals achieve their goals).

❸ 코틀러(P. Kotler)

마케팅은 교환과정을 통하여 필요와 욕구를 충족시키려는 인간활동이다(Marketing is human activity directed at satisfying needs and wants through exchange process).

상기 마케팅 정의에서 공통적으로 강조되고 있는 단어는 바로 '교환'이다. 개인 또는 조직이 필요와 욕구를 충족시키기 위해서는 '교환'과정을 통해 해결될 수 있는데, '교환(exchange)'은 일정한 대가를 치르고 누군가로부터 자신이 원하던 것을 획득하는 행위를 의미한다.

교환이 이루어지기 위해서는 다음과 같은 다섯 가지의 선행조건이 필요하다.

❶ 교환의 당사자(양자)가 존재해야 한다. 교환이 성취되기 위해서는 판매자와 구매자가 있어야 하는데, 교환의 당사자 중 교환을 실현시키기 위해서 주도권을 행사하는 사람을 마케터(marketer)라고 하며, 그 상대방을 잠재고객(prospective customer)이라고 한다.

❷ 각 당사자는 상대방이 인정하는 가치있는 무엇인가를 소유하고 있어야 한다. 여기서 말하는 가치는 그것이 돈이든 제품이든 서비스이든 상대방이 그 가치를 인정할 수 있는 것이어야 한다.

❸ 상대방은 원활하게 커뮤니케이션을 할 수 있어야 한다.

❹ 상대방의 거래 제의를 수락하거나 거절할 수 있는 권한과 자유가 있어야 한다.

❺ 교환의 결과가 모두에게 유리하면 교환은 지속적으로 이루어져야 한다.

결론적으로 마케팅은 "개인이나 조직이 필요나 욕구의 충족을 통해 만족한 상태에 이를 수 있도록 교환이 원활히 이루어지도록 하는 지속적 행위"라고 정리할 수 있다. 이러한 점에서 마케팅은 가치를 창출하는 과정(volue-creating process)이라고 볼 수 있다.

한편, 교환의 개념은 광범위한 인간 활동을 포괄하고 있으며, 마케팅의 주체도 기업에 국한하지 않고 개인이나 비영리단체 등 모든 개인이나 조직체가 포함된다. 또한, 마케팅의 대상도 제품이나 서비스 이외에 욕구와 필요를 충족시키기 위한 모든 수단이 포함된다.

2 마케팅의 중요성

뛰어난 아이템과 우수한 기술을 바탕으로 좋은 제품을 만들고서도 매출이 제대로 이루어지지 않거나, 매출액의 증가속도가 느려 손익분기점에 이르기도 전에 도산하는 경우가 흔히 발생한다. 사업에 성공하기 위해서는 좋은 제품이나 서비스도 중요하겠지만 결국 시장에서 판매되지 않으면 아무 의미가 없다. 창업자 중에는 흔히 자기 기술이나 아이템의 우수성에 스스로 도취되어 제품이 만들어지기만 하면 마케팅을 할 필요도 없이 잘 팔릴 것이라고 생각하는 경우가 많은데 우수한 기술이나 아이템은 사업성공의 필요조건은 될 수 있지만 충분조건이 되는 것은 아니다.

제품이나 서비스가 시장에서 잘 팔리기 위해서는, 즉 시장경쟁력 우위를 확보하기 위해서는 시장에 대한 철저한 분석과 그것을 바탕으로 한 마케팅전략이 필요하다. 따라서 창업을 계획하고 있는 예비창업자들은 자신의 아이디어와 기술력만 중요시할 것이 아니라 고객의 욕구(needs)를 파악하면서 부가가치를 창출할 수 있는 전체적인 마케팅 개념을 가져야 한다.

한편, 마케팅 활동은 기업 활동의 전 분야에 광범위하게 적용해야 한다. 즉, 제품개발 아이디어를 착안하는 순간부터 어떻게 마케팅을 할 것인가를 고려해야 하며, 마케팅조사를 통해 고객의 욕구를 파악하고, 시장상황을 파악하는 등 사업 전개과정에서 발생할 수 있는 실패의 요인을 정확히 파악하고 세부전략을 수립해야 한다. 또한 제품에 대한 맹신으로 마케팅에 대한 충분한 투자없이 판매가 증가할 것이라고 섣불리 확신해서도 안된다.

2 기술수용주기 이론

기술수용주기 이론은 일반인들이 자신의 행동양식을 변화시키거나, 지금까지 이용해 온 제품이나 서비스를 변경시킬 것을 요구하는 신기술의 상품에 맞부딪혔을 때 그 기술을 수용하는 태도를 설명해주는 이론이다. 소비자들은 혁신적인 제품을 모두가 동시에 받아들이지 않는다. 즉, 어떤 소비자는 빨리 혁신을 받아들이고 어떤 소비자는 한참 시간이 흐른 후에 혁신을 수용한다. 예를 들면, 유행에 민감한 소비자는 새로운 스타일의 옷을 앞 다투어 구매하지만, 전통을 중요시하는 소비자는 수용이 더딜 것이다. 이처럼 어느 개인이나 수용단체가 사회시스템의 다른 구성원들보다 상대적으로 먼저 혁신을 수용하는 정도를 혁신수용성향(innovativeness)이라고 하는데, 이는 개인에 따라 큰 차이를 보인다. 소비자의 혁신에 대한 수용성향은 혁신자, 선각수용자, 전기다수, 후기다수, 지각수용자 등 다섯 가지로 구분된다. 이러한 개인이 혁신을 받아들이기까지 소요되는 상대적인 기간을 개인별로 측정하여 수용자분포를 구할 수 있다〈그림 11-1〉. 일반적으로 신기술의 상품에 대해 혁신자는 2.5%의 비중을 차지하며, 선각수용자 13.5%, 전기다수 34%, 후기다수 34%, 지각수용자 16%의 분포를 보인다.

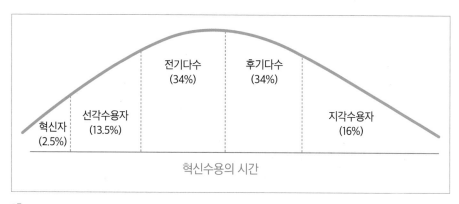

그림 11-1_ 혁신수용자 분포

이들 각 고객들은 제품수용에 대한 태도와 사고방식에서 있어서 다양한 차이를 보인다. 각 고객들의 특성을 혁신자, 선각수용자, 전기다수, 후기다수, 지각수용자별로 구분해 보면 다음 〈표 11-1〉과 같다.

표 11-1_ 소비자의 특성별 제품수용 태도

특성 구분	혁신자	선각수용자	전기다수자	후기다수자	지각수용자
가격관련 태도	무료 또는 저가격 선호	둔감	민감	저가격 선호	무반응
신제품에 대한 태도	매우 호의적	호의적	점진적 호의	배타적	무관심
선두주자에 대한 태도	-	신제품에 대한 가능성 입증요구	신제품에 대한 위험제거 요구	성숙기 제품 으로 전환요구	비판적
제품 구입시기	출시시점 또는 출시 직후	신제품의 가치 인식시	신제품의 결함 보완시	제품의 성숙시	거의 신제품 구입 없음
전체소비자 중 규모	극소	적음	1/3	1/3	적음

3 캐즘(chasm) 극복 전략

1 캐즘이란?

앞에서 살펴보았듯이 기술수용주기 이론에 따르면 시장은 크게 초기시장, 주류시 장, 말기시장으로 구분되며, 초기시장은 혁신자, 선각수용자로 구성되고, 주류시장은 전기다수와 후기다수로 구성되며, 말기시장은 지각수용자로 구성된다〈그림 11-2〉.

캐즘(chasm))이란 초기시장과 주류시장 사이의 대단절을 의미하는데, 이 개념은 제프 리 무어(Geoffrey A. Moore))에 의해 제기된 개념으로서 비즈니스 업계에서는 '죽음의 계곡(Death Valley)'이라고도 불리우고 있다. 그에 따르면 기술수용주기상의 각 단계 사 이에는 불연속의 단절(캐즘: chasm)이 존재하며, 캐즘 극복을 위해서는 각 단계별로 적절 한 마케팅전략과 완전제품을 만들기 위한 계획과 전략이 필요하고 한다.

기술개발에 성공한 많은 초기 벤처기업들이 결국 이와 같은 시장의 단절을 극복하지 못해 시장진입에 실패하는데, 그것은 신기술의 채택에 적극적이고 전략적인 초기 수용자집단에 의해 형성된 초기시장이 포화상태에 이르렀으나, 주류시장의 고객들이 구매 욕구를 느낄 만한 수준에는 못 미치기 때문에 발생한다.

소수의 열광적인 기술애호가와 미래에 대한 보다 확실한 전망을 제창하는 자들에 의해 형성된 첨단기술제품의 '초기시장(early market)'이 대중들에게 제대로 수용되어 주류시장으로 가기 위해서는 '캐즘'을 극복해야 한다. 즉 잘 이어져 있던 지층이 엄청난 지각변동으로 인해 끊겨버리는 '단층' 혹은 '단절'의 시기를 거칠 수밖에 없는데, 이러한 단층을 어떻게 건너뛸 수 있을 것인가 하는 점이 토네이도, 즉 시장에 돌풍을 일으키는 주요 요인이라고 할 수 있다.

단층을 건너뛰기 위해서는 무엇보다도 시장 전체를 100퍼센트 만족시키겠다는 욕심을 내지 말고, 다른 사람들이 진출하지 않은 분야나 시장을 공략하기 위한 전략을 세울 필요가 있는데 이것이 바로 '볼링 앨리(Bowling Alley)'라고 불리는 단계이다. 볼링 앨리(Bowling Alley)란 '볼링에서 모든 핀을 쓰러뜨리기 위해 1~2번 핀 사이를 공략하듯 제품에 가장 민감한 소비자들을 집중 공략하는 전략'을 의미한다. 즉, 하나의 핀을 목표로 볼을 던져도 때에 따라서 열 개의 핀을 넘어뜨릴 수 있는 것과 같은 이치로 '토네이도(Tornado)' 시기로 바로 연결될 수 있는 마케팅전략을 뜻한다.

토네이도(Tornado)는 수요가 폭발적으로 증가하여 판매시장의 중심축이 새로운 패러다임으로 옮겨져서 대중시장의 수용이 이루어지는 시기이다. 즉, 누구도 막을 수 없는 강력한 위세로 비즈니스가 발전하는 시기라고도 할 수 있는데, 엄청난 선풍을 몰고 온 애플의 '아이팟'이나 '아이폰'이 그 좋은 예이다. 그러나 대부분의 경

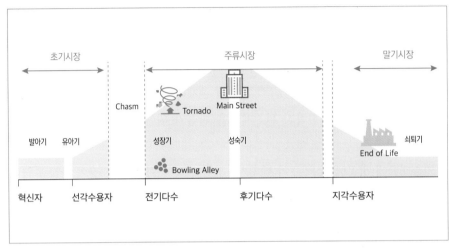

그림 11-2_ 기술수용주기 이론

우 '돌풍'으로까지 이어지지 못한 채 그저 하나의 '단층'으로만 끝나버리는 경우가 훨씬 많다.

　중심가(Main Street)는 새로운 제품을 일반 대중이 받아들여 사용하게 됨에 따라 매출액이 견실하게 늘어나는 시기이다. 그러나 상품을 대량으로 공급하면 할수록 수익률은 오히려 감소하기 때문에 새로운 시장을 개척하여 가능성을 확대해야만 하는 상황이다.

　말기시장, 즉 생의 최후(end of life) 시기는 또 다른 혁신적인 신제품으로 구성된 패러다임이 나타나 세력을 확장해 나감에 따라 시장이 축소되는 시기이다.

② 캐즘 극복전략

　캐즘 극복을 위해서는 초기시장의 한계를 극복하고 주류시장으로 진입해야 하는데, 주류시장으로 진입하기 위해서는 목표 틈새시장 공략에 집중해야 한다. 주류시장에 진입하기 위한 세 가지 전략을 살펴보면 다음과 같다.

　❶ 고객들이 원하는 모든 서비스 등이 결합된 제품, 즉 완전제품을 제공한다.

❷ 구매자들 사이에서 제품에 대한 좋은 평판이 구전되게 하는 강력한 전파력을 확보한다.

❸ 틈새시장에서 초기에 50% 이상을 점유함으로써 시장선도력을 확보한다.

여기서 완전제품이란 하버드 대학의 '테오도르 레빗(Theodore Levitt)' 교수가 그의 저서 『창조적 마케팅(The Marketing Imagination)』에서 제시한 개념으로서, 그는 고객에 대한 약속과 실제제품은 어느 정도 차이가 있으며 이 차이를 극복하기 위해서는 반드시 서비스와 보조제품으로 보강된 완전제품을 지향해야 한다고 주장하였다.

시장에 새로운 형태의 제품이 도입되면 마케팅경쟁은 통상제품의 수준에서 일어난다. 그러나 시장이 성숙되고 주류시장에 진입할수록 중심에 있는 통상제품이나 기대제품의 차별성은 점차 사라지고, 경쟁은 보강제품이나 잠재제품 중심으로 서서히 옮겨지게 된다〈그림 11-3〉. 이와 같은 중심이동에 의해 제품은 완전제품에 가까워지며, 완전제품은 강력한 진입장벽을 형성하게 된다. 그러나 초기에 어느 정도 성공한 듯한 창업기업의 대부분은 제품경쟁의 중심이동에 적응하지 못하고 시장에서 사

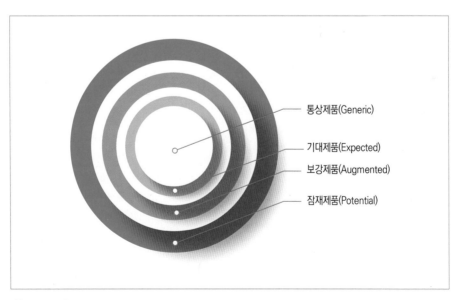

🐾 그림 11-3_ 완전제품의 개념

 Case Study

시장이 알아주지 않는 혁신들

혁신적인 제품임에도 불구하고 시장에서 널리 수용되지 않고 사라지는 경우가 많다. 다음 애플컴퓨터 'LISA'의 사례를 통해서 그 원인이 무엇인지 살펴본다.

애플 컴퓨터는 개인용 컴퓨터 역사에 큰 획을 그을 수 있었던 획기적인 제품을 실패작으로 만든 뼈아픈 기억을 갖고 있다. 지금은 PC를 갖고 있지 않은 사람들이 거의 없지만, 이 컴퓨터가 첫 선을 보인 것은 1983년이었다. 애플의 신제품 'LISA(Local Integrated Software Architecture)'는 그야말로 미래 세계를 바꿔놓을 확고부동한 혁신제품이었다. 'LISA'의 기능은 당시 상황에서 화려함의 극치였다. 사상 최초로 마우스를 장착했으며, 현재 모든 컴퓨터의 표준이 된 그래픽 유저 인터페이스(GUI), 동시에 두 가지 이상의 작업을 처리할 수 있는 멀티태스킹 운영체계를 갖추고 있었다. 그러나 애플은 이 놀라운 제품을 출시 2년 만인 1985년 단종해야 했다. 이유는 높은 가격 때문이었다. 'LISA'의 성능을 높이기 위한 통합 오피스 시스템 운영에는 대용량의 저장장치가 필요했다. 당시 최대 용량인 1MB의 메인 메모리, 그리고 양면 860K 5.25인치 플로피 드라이브 두 대를 내장했는데, 이로 인해 LISA 가격은 1만 달러로 뛰어 올랐다. 소비자들은 PC 성능에는 관심을 보였지만, 높은 가격을 매우 부담스러워 했다. 소비자들이 LISA로부터 눈을 돌렸고 애플이 자랑스럽게 내놓은 놀라운 혁신제품은 고작 2만 여대 판매량을 기록한 채 단종의 운명을 받아들여야 했다.

컴퓨터 네트워크의 선구자인 밥 메트칼프는 "발명은 꽃이고, 혁신은 잡초"라고 말했다. 발명이 반짝이는 아이디어로 사람들의 이목을 끄는 꽃과 같은 존재라면 혁신은 일시적인 흥분을 가져오는 데 그치지 않고 강한 생명력을 가지고 퍼져가는 잡초와 같은 존재라는 의미다. 한마디로 혁신은 잡초처럼 널리 퍼지고 살아남아야 한다는 것이다. 일정 수준 이상의 성과를 거두기 위해서는 혁신적인 신제품은 단지 새롭다는 것에 그쳐서는 안 되고 대중들에게 널리 수용돼야 한다.

혁신적인 신제품이 대중들에게 널리 수용되는 과정에서 넘어야 할 몇 가지 리스크가 있다. 그 중 하나가 '캐즘(Chasm)'인데 이는 제품이 출시돼 직면하는 초기 시장(early market)과 그 이후에 전개되는 주류 시장(mainstream market) 사이의 간극을 말한다. 제프리 무어가 발견한 이 간극은 초기 시장의 성공이 항상 주류 시장의 성공으로 연결되지 않는다는 현실을 직시하게 하는 것이다. 또한 주류 시장에 성공적으로 진입하기 위해서는 특별한 노력이 필요하다는 점을 일깨워 주기도 한다.

출처: 황혜정. (2010. 10. 13.). 시장이 알아주지 않는 혁신들. LG Business Insight.

라진다. 오직 완전제품을 만들어가는 기업만이 시장에서 살아남고, 시장을 지배하게 되는 것이다.

❶ 통상제품(generic product): 실제로 시장에 공급되는 것으로, 구매 계약조건을 만족시켜 주는 제품

❷ 기대제품(expected product): 구매자가 통상제품을 살 때에 자기가 산다고 생각하는 제품

❸ 보강제품(augmented product): 구매목적을 최대로 만족시켜 주기 위한 제품

❹ 잠재제품(potential product): 시장에 보조제품들이 많이 나오고 고객 스스로가 시스템을 확장할 경우에 대비하여 미리 마련해 두는 제품의 여유공간

4 마케팅전략의 실행

기업이 마케팅전략은 추진하는 이유는 시장을 대상으로 이익을 창출하기 위한 목적이다. 즉, 이익창출을 위한 시장에서의 활동과정을 의미힌다. 마케팅전략은 ①환경을 분석하여 마케팅기회를 포착하고 ②시장을 세분화(Segmentation)하여 그 속에서 표적시장(Target Market)을 골라내고 ③제품이나 서비스에 대해 포지셔닝(Positioning)을 하며 ④마케팅 믹스(Marketing Mix) 전략을 결정하는 절차로 진행된다. 여기서 시장을 세분화하고(Segmentation), 표적시장을 선정하여(Targeting), 포지셔닝(Positioning)하는 과정을 STP전략이라고 한다. 그리고 다음 단계로서 제품(Product), 가격(Price), 유통(Place), 판매촉진(Promotion)을 결정하는 마케팅 활동을 4P's Mix라고 한다〈그림 11-4〉.

각각의 프로세스를 살펴보면 다음과 같다.

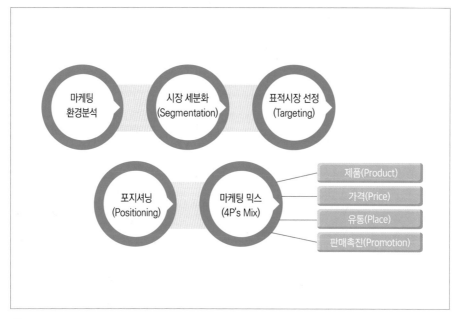

🚂 그림 11-4_ 마케팅전략 process

1️⃣ 마케팅 환경 분석

마케팅전략을 수립하기 위한 첫 단계는 마케팅 환경에 대한 분석이다. 이는 상시 변화하고 있는 기업 내·외의 마케팅 환경에 대해서 우선 사실을 정확하게 파악하고 마케팅전략을 수립하는데 필요한 정보를 선택하고 해석함으로써 기업이 직면한 시장의 기회와 위협을 발견하는 것이다. 마케팅 환경에 대한 분석은 외부환경 분석과 내부환경 분석으로 구분되며, 외부환경은 다시 거시적 환경과 미시적 환경으로 구분된다〈그림 11-5〉.

1. 거시적 환경분석

거시적 환경은 인구적, 경제적, 기술적, 법률적 변화 등과 같이 기업이 속한 산업의 밖에서 발생하여 마케팅 활동에 영향을 미치는 요인들로서, 기업이 통제할 수는 없지만 장기간에 걸쳐 기업에 영향을 미치는 환경요소를 분석하는 것이다.

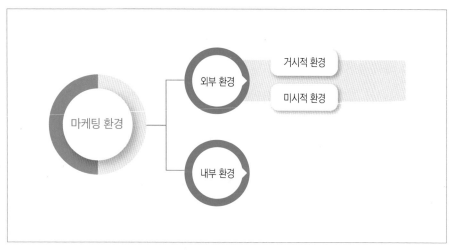

‼️ 그림 11-5_ 마케팅 환경

2. 미시적 환경분석

미시적 환경은 기업이 속한 산업의 주요 구성요소들을 말하는데, 공급자, 유통기관, 경쟁자, 잠재고객, 금융기관, 언론기관, 원재료 공급업자 등과 같이 마케팅의 목표달성에 직접적인 영향을 미치는 요인들을 의미한다.

3. 내부환경

내부환경이란 통제가 가능한 내부 경영자원에 대해 분석하는 것으로서, 이러한 내부환경으로는 생산, 재무, 인사관리, 기업이미지, 연구개발 등이 포함된다.

4. SWOT 분석

내·외부 환경분석이 끝나면, 분석한 결과를 토대로 자신의 회사의 SWOT 분석을 통하여 강점요인, 약점요인, 기회요인, 위협요인을 분석할 수 있으며, 이를 토대로 마케팅 전략을 수립할 수 있다. 'SWOT분석'이란 1960~70년대 미국 스탠포드 대학에서 연구 프로젝트를 이끌었던 알버트 험프리(Albert Humphrey)에 의해 고안된 전략개발 도구로서, 내·외부 환경분석을 기초로 기업의 강점요인·약점요인 및 환경의

기회요인·위협요인을 파악하는 방법이다. SWOT라는 이름은 기업 능력의 강점과 약점(Strengths/Weaknesses) 및 환경의 기회와 위협(Opportunities/Threats)의 영문 머리 글자만을 따서 붙인 것이다.

환경분석에서 기회요인과 위협요인이 식별되고, 기업능력에 대한 강점과 약점이 파악되면 무엇을 해야 할 것인가에 대한 환경대응 전략을 결정할 수 있다. 즉, 이와 같은 분석을 통하여 조직에서 환경에 대응하는 전략들을 어떻게 만들 것인가에 대한 방법적 모색이 가능하게 된다.

❶ Strengths: 기업의 내부적 강점을 말한다. 예를 들면 회사가 자본력이 충분하다든지, 기술적으로 앞서 있다든지, 충성스럽고 유능한 직원이 많이 있다든지 하는 것을 말한다.

❷ Weaknesses: 기업의 내부적 약점을 말한다. 예를 들면 충분한 생산을 할 수 없다던가, 새로 생긴 회사라서 브랜드가 사람들에게 생소하다던가, 자금력이 약하다던가 하는 것들이 이에 해당된다.

❸ Opportunities: 외부환경 요인 중에서 기회요인으로 작용하는 것들을 의미한다. 예를 들면 현재 기업이 타겟으로 하는 시장에 경쟁자가 없다거나 경제가 좋아지고 있음으로 해서 새로운 사업기회가 생긴다거나 하는 것들처럼 내부의 장단점을 바탕으로 외부로부터 발생하는 기회를 의미한다.

❹ Threats: 외부환경 요인으로서 기업에 위협이 되는 요소들을 의미한다. 예를 들어 중소기업인 한 회사가 막 시작한 사업에 대기업이 대 자본을 바탕으로 시장 진입을 한다거나 또는 반대로 대기업 입장에서는 대기업이 장악하고 있는 시장에 새로운 기술을 가진 새로운 기업이 출현한다든가 하는 것이 위협요인이 될 수 있다. 또한, 유가가 상승한다면 유류소비가 많은 기업의 입장에서는 큰 위협요인으로 작용할 수 있다.

SWOT 분석을 주로 표를 활용하여 이용되는데 내부환경의 강점요인, 약점요인, 외부환경의 기회요인과 위협요인에 어떠한 내용을 담아야 하는지 그 내용을 살펴보면 다음과 같다〈표 11-2〉.

표 11-2_   SWOT 분석에서의 각 요인 내용

강점요인(Strengths)	약점요인(Weaknesses)
기업 내부의 강점(장점)은 무엇인가?	기업 내부의 약점(단점)은 무엇인가?
기회요인(Opportunities)	위협요인(Threats)
외부의 환경에서 유리한 기회 요인들은 무엇인가?	외부의 환경에서 위협요인은 무엇인가?

이해를 돕기 위해 분석한 내용을 토대로 작성된 SWOT 분석 사례를 참고하기 바란다〈표 11-3〉.

표 11-3_   SWOT 분석 사례

강점요인(Strengths)	약점요인(Weaknesses)
· 유리한 시장 점유율 · 높은 생산성 · 규모의 경제 · CEO의 경영능력 · 독점적 기술 · 높은 직무 만족도 · 안정적인 공급 채널 · 자금 조달 능력	· 협소한 제품군 · 연구 개발 부족 · 낮은 광고효율 · 종업원의 고령화 · 낙후된 설비 · 불리한 공장입지 · 수익성 저하 · 브랜드 이미지 악화
기회요인(Opportunities)	위협요인(Threats)
· 높은 경제 성장률 · 시장의 빠른 성장 · 새로운 기술의 등장 · 경쟁 기업의 쇠퇴 · 신시장 등장 · 새로운 고객 집단 출현 · 유리한 정책, 법규, 제도 · 낮은 진입장벽	· 새로운 경쟁기업 출현 · 불리한 정책, 법규, 제도 · 시장 성장률 둔화 · 구매자, 공급자의 파워 증대 · 무역규제 · 불리한 환율 · 경기 침체

2 시장세분화(Segmentation)

고객의 욕구는 매우 다양하며 이런 다양한 욕구를 충족시키기 위해 기업에서는 고객의 욕구를 정확히 파악하고 고객의 기호에 맞은 제품을 공급해야 하는데, 하나의 제품으로 다양한 소비자의 욕구를 충족시켜 줄 수는 없고 그렇다고 개별고객의 요구를 모두 충족시켜줄 만큼의 제품을 공급할 수도 없다. 따라서 전체시장을 욕구가 비슷한 고객집단으로 구분하고 각 집단별로 차별적인 접근을 시도하는 전략이 필요하다.

시장세분화란 전체시장을 일정한 기준에 의해 동질적인 세분시장으로 구분하는 과정이다. 즉, 소비자의 특성과 상품에 대한 욕구가 비슷한 혹은 영업활동에 의미있는 동질적 부분시장으로 나누는 작업으로서, 이렇게 나누어진 동질적인 부분시장을 세분시장이라고 하고 이 중에서도 구체적인 마케팅 믹스를 개발하여 상대하려는 세분시장을 표적시장이라고 한다. 소비자의 욕구가 존재하는 다수의 세분시장 중에서 한 개 혹은 몇 개의 세분시장을 표적을 선정할 수 있는데, 이를 위해서는 각 세분시장의 크기와 성장성, 상대적 경쟁력, 기업의 목표와 자원, 그리고 접근의 용이성 등을 장·단기적으로 분석해야 한다.

3 표적시장의 선정(Targeting)

각 세분시장을 분석한 후에는 기업에 가장 유리한 세분시장을 표적시장으로 선정하여 표적시장별로 마케팅 활동을 전개해야 한다. 이 때 기업이 취할 수 있는 전략적 대안은 비차별화 전략, 집중화전략, 차별화전략 세 가지로서 제품의 특성이나 소비자 욕구 등을 고려하여 가장 적합한 전략을 취한다〈그림 11-6〉.

❶ 비차별화 전략: 고객들의 욕구나 특성이 비교적 동질적이어서 세분시장으로 나누는 것이 기업의 목표달성에 적합하지 않는 경우로서 해당 제품시장에서 전체 고객을 대상으로 마케팅 활동을 수행하는 것이다.

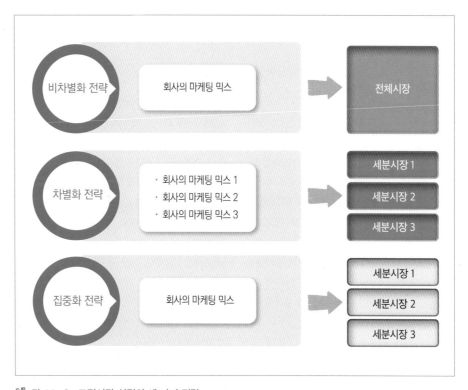

❷ 차별화 전략: 기업목표에 부합되는 다수의 세분시장을 선정하여 각 세분시장 별로 마케팅 활동을 차별적으로 수행하는 것이다.

❸ 집중화 전략: 세분시장 분석을 통하여 기업의 목표달성에 가장 적합한 하나 혹은 소수의 세분시장을 선정하고 이들 시장에 마케팅 활동을 집중시키는 전략이다.

4 포지셔닝(Positioning)

포지셔닝이란 한 제품이 소비자에 의하여 어떤 제품이라고 정의되는 방식으로 경쟁제품에 비하여 소비자의 마음 속에 차지하는 상대적 위치를 의미한다. 예를 들어,

 Case Study

당근마켓의 해외진출 전략

당근마켓은 2019년 11월 '캐럿(KARROT)'이라는 이름으로 영국 시장에 첫발을 내디뎠다. 당시 국내 월 이용자 수(MAU)가 500만 명 정도였다. 중고나라 등 국내 경쟁 업체를 따돌렸다고 보기 힘든 시기였다. 당근마켓의 해외 진출 전략은 국내에서 보기 드문 방식이다. 국내 시장을 장악하지 못한 상황에서 영국에 이어 캐나다(2020년 9월), 미국(2020년 10월), 일본(2021년 2월) 등 4개 국가를 동시에 공략했다. 보통 해외 진출 기업은 첫 번째 지역에서 성과가 나오면 다른 지역으로 사업을 확대하는 방법을 택한다.

당근마켓은 하이퍼로컬(지역 밀착) 서비스 특성 때문에 다양한 지역에 빨리 진출했다고 설명했다. 하이퍼로컬 서비스가 성공하기 위해서는 해당 지역의 문화적 특성과 국민 정서를 충분히 반영해야 한다. 국내보다 더 많은 시간과 노력이 필요하다. 그래서 해외 서비스 출시 시기가 빨랐다는 것이 회사 측의 설명이다. 때마침 투자 시장 활황으로 실탄이 풍부했다는 점도 당근마켓이 이 같은 전략을 취한 배경이다.

다른 이유도 있다. 당근마켓 관계자는 "여러 국가에 동시에 진출해 다양한 성공 방식을 찾아내면 글로벌 기업으로 도약하는 시간을 더 단축할 수 있을 것으로 생각했다"고 설명했

다. 예를 들어 영미권 이용자들은 중고거래 판매 게시글에 필수 요소를 누락하는 경우가 종종 있었다. 당근마켓은 필수 정보를 쉽게 쓰도록 기본 게시글의 포맷을 변경했다. 이 방법은 국내 서비스에도 적용했다.

국가별 이용자의 특성도 고려했다. 상당수 일본인은 개인정보 공개를 꺼린다. 그래서 집 앞보다는 지하철역, 편의점 등 공공장소에서의 거래를 선호한다. 이런 이유로 당근마켓은 일본에서는 거래 희망 지역을 표기하는 기능을 추가했다. 북미 지역 소비자의 선호를 고려해 앱 사용자환경(UI)을 기본 게시판 형태로 매우 간단하게 구현했다.

당근마켓 해외 진출 첨병은 '맘(육아 여성) 커뮤니티' 회원들이었다. 중고거래 수요가 가장 많은 육아 제품부터 공략한 것. 영국 브리스톨, 캐나다 토론토 등 주요 진출 지역에서 초기에 '맘 체험단'을 모집했고 주부들의 SNS를 중심으로 "한국의 당근이란 거래 사이트에 좋은 육아용품이 많다"는 입소문이 퍼져나갔다.

환경과 사회적 책임을 강조한 점도 현지 업체들과 차별화 포인트였다. "매년 영국 가정이 1600만t의 쓰레기를 배출한다"는 내용의 재활용 캠페인을 벌였고 최근엔 우크라이나 난민을 위한 육아용품 기부 행사로 주민들의 마음을 움직였다.

출처: 한국경제. (2022. 6. 29). 美서 전단지, 英선 주부 체험단···
스타트업 '한국식 입소문' 먹혔다.

볼보(Volvo)는 안전성이 좋으며, BMW는 성능이 좋은 승용차로 생각하는데, 이는 이 제품들이 우리들의 마음 속에 그렇게 자리 잡고 있기 때문이다. 따라서 포지셔닝은 어떤 제품을 경쟁제품에 비하여 차별적으로 받아들일 수 있도록 고객의 마음 속에 위치시키는 노력이라고 할 수 있다.

5 마케팅 믹스(4P's Mix)

창업기업은 자원이 부족한 상황에서 초기부터 전체시장을 대상으로 하는 것이 아니라 목표고객을 선정하고, 그에 맞게 자원을 효율적으로 활용해야 한다. 따라서 먼저 시장세분화를 통해서 목표고객을 확정한 후에 구체적인 마케팅 활동에 들어가야 하는데, 여기서 필요한 마케팅 활동이 마케팅 믹스이다.

마케팅 믹스(4P's Mix)란 기업이 표적시장을 대상으로 하여 원하는 반응을 얻을 수 있도록 통제가능한 마케팅 변수인 4P, 즉 제품(Product), 가격(Price), 유통(Place), 판매촉진(Promotion)을 배합하는 것이라고 정의할 수 있다.

제품(Product)이란 표적시장에 제공하고자 하는 제품과 서비스의 집합을 의미하고, 가격(Price)이란 제품이나 서비스에 대해 고객이 지급해야 하는 화폐적 금액을 뜻하며, 유통(Place)은 표적시장에 있는 고객이 제품이나 서비스에 쉽게 접근할 수 있도록 하는 것이며, 마지막으로 판매촉진(Promotion)이란 제품이나 서비스의 효용성을 다양한 채널을 통해 고객이 구매하도록 설득하는 과정을 의미한다. 이들 마케팅 변수는 각각 독립적으로 이루어져서는 충분한 효과를 볼 수 없으며, 전체적으로 배합되어 각각의 역할이 이루어져야 효과를 극대화할 수 있다. 그런 의미에서 4P's Mix란 명칭이 붙여졌다.

 참고문헌

- 김학윤. (2002). 벤처마케팅. 무역경영사.
- 유동근. (2017). 통합마케팅. 법문사.
- 윤남수. (2015). 경영학 이론과 실제. 한올출판사.
- 이학식 · 임지훈. (2015). 마케팅. 집현재.
- 제프리 A. 무어 저. 유승삼 · 김기원 역. (2005). 캐즘마케팅. 세종서적
- 중소기업진흥공단 외. (2001). 벤처 투자유치 성공전략. 매일경제신문사
- 황혜경. (2010. 10. 13). 시장이 알아주지 않는 혁신들. LG Business Insight.
- 한국경제. (2022. 6. 29). 美서 전단지, 英선 주부 체험단… 스타트업 '한국식 입소문' 먹혔다.
- Moore, Geoffrey, A. (1991). Crossing the Chasm (revised edition). New York, N.Y: Harper-Business, a division of HarperCollins Publishers
- Levitt, T., & Levitt, I. M. (1986). Marketing Imagination: New. Simon and Schuster.

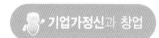

창업기업의 경영전략

1 경영전략의 이해

손자병법에 '지피지기 백전불태(知彼知己 百戰不殆)'라는 말이 있는데, 이는 '상대를 알고 나를 알면 백 번 싸워도 위태롭지 않다'는 뜻으로서 상대편과 나의 약점과 강점을 충분히 알고 승산이 있을 때 싸움에 임하면 이길 수 있다는 말이다. 손자의 이러한 군사전략은 경영활동에 있어서도 그대로 적용할 수 있는데, 현재와 같은 치열한 경쟁 상태에서는 상대를 알고 자신을 알면, 즉 기업의 외부환경을 통해 기회와 위협요소를 파악하고 기업 내부의 강점과 약점을 파악하면 경쟁에서 승리할 수 있는 전략을 수립할 수 있다.

전략이란 용어는 원래 군사병법에 근원을 두고 있으나 경영학에서는 경영전략을 다음과 같이 다양하게 정의하고 있다.

❶ 챈들러(A. D. Chandler): 기업의 장기적인 목표의 결정과 그 목표를 달성하기 위한 행동을 결정하고 경영자원을 배분하는 것이다.

❷ 앤드루스(K. Andrews): 기업의 목표와 그 목표를 달성하기 위한 여러 가지 계획이나 정책을 말하며, 전략은 그 회사가 어떤 사업분야에 참여하고 있어야 하고, 그 회사가 어떠한 성격의 회사이어야 하는 것을 결정하는 중요한 이론이다.

❸ 포터(M. E. Porter): 기업이 달성하고자 하는 목적들과 이들을 달성하고자 노력하는 과정에서 의존해야 할 수단들의 결합이다.

이러한 학자들의 견해를 바탕으로 경영전략의 개념을 정리해보면, "목표설정을 포함한 계획, 자원의 배분, 환경과의 상호작용, 경쟁이라는 속성을 갖고 ①묵시적으로 상대방을 이기기 위해 ②자신 회사의 이용가능한 모든 능력을 ③실행·통제하는 일련의 행위"라고 할 수 있다.

Case Study

허(虛)와 실(實)을 알면 이기지 못할 싸움이 없다

손자병법은 2500년의 세월이 흘렀지만, 지금도 세계 최고의 전략서로 꼽히고 있다. 수많은 기업이 경쟁을 치르는 경영 현장도 전쟁터와 같다. 전략을 가지고 접근해야 살아남을 수 있는 것이다. 손자병법은 전쟁에 대한 기록이기만 기업에 접목해 보면 많은 시사점을 찾을 수 있다. 허실 전략을 기업에 대입해 보면, 모든 일에는 실(實)-강점과 허(虛)-약점이 있고 이를 잘 활용해야 성공할 수 있다는 것이다. 다음 글에서 구체적인 내용을 살펴본다.

많은 병서 가운데 '손자병법'을 능가하는 것이 없고, 그 13편 가운데 6편 '허실편'을 능가하는 것이 없다. 당 태종 이세민은 "허실만 알면 이기지 못할 싸움이 없다"라고 하였다. 그렇다면 과연 허실 전략이란 무엇인가?

'손빈병법'의 저자인 손빈의 예를 보자. 그는 동기생 방연의 모함으로 두 다리의 경골을 잘리는 빈형을 받았다. 방연이 위나라 군 책임자가 되기 위해 손빈을 모함했기 때문이다. 제나라로 탈출한 손빈은 그곳의 군사(軍師)가 돼 방연과 마릉전투를 벌인다. 이 전투에서 손빈은 거짓으로 후퇴하면서 밥 짓는 아궁이 수를 매일 크게 줄여 방연으로 하여금 도망병 수가 급증한다고 믿게 했다. 이에 속은 방연은 경무장 기병만으로 손빈군을 맹추격했다. 손빈은 해질 무렵 방연이 마릉에 도착할 것을 예상하고 군사를 매복시켰다가 방연이 협곡에 도착하자 집중 공격을 퍼부었다. 참패한 방연은 자살했다.

여기서 보듯 상대보다 역량이 약하면 허(虛), 강하면 실(實)이다. 손빈처럼 싸울 시점과 장소를 미리 알면 실이요, 방연처럼 모르면 허이다. 손빈의 군대가 신참병으로 구성됐더라도 매복을 하고, 방연의 군대는 아무리 정예병이라도 매복을 당한다면 신참병은 '실'이고, 정예부대는 '허'가 된다. 아무리 많은 군사, 무기, 전투 경험도 허실 전략 앞에서는 헛것이 될 수 있다.

승자는 적의 허를 치지만, 패자는 적의 실을 친다. 전략전문가인 마크 맥닐리는 제1차 세계대전 때 참전국 군대 대부분이 적의 허가 아니라 실을 찾아 공격했기 때문에 막대한 인명피해를 보았다고 했다. 기업 경쟁에서도 마찬가지다. 한때 대형 컴퓨터의 최강자 IBM은 PC에는 약했다. IBM의 실은 대형컴퓨터, 허는 PC였다. 애플은 IBM의 허를 공격하여 승자가 되고, 제록스는 실을 공략해 손해를 보았다.

우리 기업 조직, 경영, 자본주의에는 모두 실과 허가 있다. 100% 허만 혹은 100% 실만 있을 수는 없다. 허실 전략의 교훈은 개인, 기업, 국가 할 것 없이 강점을 키우다 보면 약점도 강점으로 바뀌지만 약점을 고치는 데 치중하다 보면 강점도 약점으로 바뀐다는 것이다.

출처: 송병락. (2012. 9. 15.). 허실만 알면 이기지 못할 싸움이 없다. 조선일보, weeklybiz.

2 전략경영의 실행과정

전략경영(strategic management)이란 체계적인 경영전략을 마련하고, 그 틀에 따라 경영을 수행해 나가는 것, 즉 경영전략의 실행을 의미한다. 구체적으로 표현하면, 경영자가 주어진 환경과 이용 가능한 내부 조건 하에서 기업목표를 전략적으로 최적화하는 과정으로서 아래 그림 〈12-1〉과 같이 계획단계와 실천단계로 구분된다.

전략의 계획단계는 목표와 임무 확인, 경쟁분석, 세부전략 개발, 환경분석 및 내부분석으로 구성된 단계로서 전략의 실천단계보다 선행되는 단계이며, 전략의 실천단계는 전략적 계획을 실행하고 통제하는 것으로 구성된다. 아무리 전략적 계획이 잘 수립되었다고 하더라도 효과적으로 전략의 실행이 이루어지지 못한다면 어떠한 것도 달성할 수 없기 때문에 전략의 계획과 실행의 연계성은 매우 중요하다.

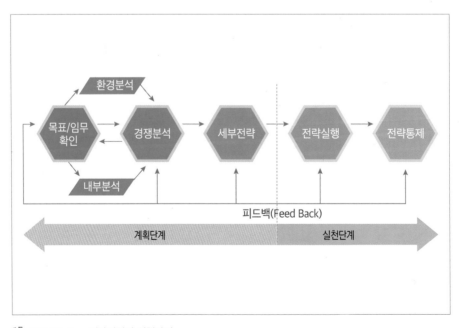

🚂 그림 12-1_ 전략경영의 실행과정

③ 창업기업의 사업전략

창업기업이 새로이 사업을 전개하기 위해서는 사내에 축적된 기술이나 노하우를
활용하여 신규사업을 개발하는 내부지향전략과 외부의 경영자원, 즉 M&A, 제휴,
라이센싱, 합작사업, 모험자본 등을 활용하는 외부지향전략으로 구분된다〈표 12-1〉.

표 12-1_ 창업기업의 신규사업 개발전략

전략	개발방법	주요 장점	주요 단점
내부지향 전략	내부개발	내부자원 활용 관리의 용이성	사업 전개의 폭과 스피드 상의 제약
	사내벤처	내부자원 활용 유능한 기업 내 기업가의 확보	관료제 조직 내 벤처조직 위치 정립 의 어려움
외부지향 전략	M&A	시장에의 신속한 진출	신규사업이 미지의 영역일 경우의 위 험성
	제휴	외부자원의 부분적 활용	지속적인 호혜적 관계유지의 어려움
	라이센싱	타기업이 이미 확보해 놓은 기술에의 신속한 접근 가능	기술을 독점할 수 없고 라이센서에 대한 높은 의존도
	합작사업	복수기업의 협력에 의한 시너지 효과 추구	파트너 간의 갈등이 발생할 가능성
	모험자본	신기술과 신시장에 대한 창구의 역할	단독으로는 기업 성장에 큰 효과를 발휘하지 못함

① 내부지향전략

1. 내부개발

내부에 축적되어 있는 자원만을 활용하는 전략으로서 관리가 용이한 반면, 사업
전개의 폭과 스피드가 크게 제약되는 단점이 있다.

2. 사내벤처

기업이 본업과 이질적인 분야의 제품이나 서비스를 개발하고 이를 사업화할 목적으로 사내에 독립된 사업체를 설치하는 것의 말한다. 사내의 경영자원을 활용한다는 점에서 내부개발과 유사하지만 기업은 사내벤처를 통해 분사(spin-off)를 방지할 수 있기 때문에 유능한 기업내 기업가를 확보할 수 있는 장점이 있다. 그러나 사내벤처를 대기업의 관료제 조직 속에서 하나의 독립된 기업으로 구축하는 것이 용이하지 않다는 것이 단점으로 지적된다.

2 외부지향전략

1. M&A

외부자원의 내부화를 의미하기 때문에 성공하면 신속한 신규사업 진출이 가능할 뿐 아니라 신규사업 개발비용도 비교적 적게 든다.

2. 제휴

복수기업이 상호 호혜적인 계약에 의해 공동으로 사업을 전개하는 것을 의미한다. 광범위한 제휴로부터 한정적 제휴, 즉 개발제휴, 생산제휴 및 판매제휴 등과 같이 여러 가지 형태가 있으며 자본관계를 동반하는 경우도 있으나 그렇지 않은 경우도 있다. 기업은 제휴를 통해 외부자원을 부분적으로 이용할 수 있는 이점이 있으나, 기업 상호간 호혜적인 관계를 지속적으로 유지하기 어려운 단점이 있다.

3. 기술도입

타기업이 이미 확보해 놓은 기술에 신속하게 접근하기 위해 도입하는 전략으로서 M&A에 비해 위험부담이 적은 장점이 있다. 그러나 기술을 독점할 수 없고 기술공여 기업에 대한 의존도가 높으며, 기술공여 기업과 기술도입 기업 간의 관계가 상호 호혜적이 아니라 일반적이라는 단점이 있다.

Case Study

아마존 성공의 3대 비결

다음은 아마존의 창업자 제프 베조스와의 인터뷰를 통해 아마존의 3대 성공비결을 소개하고 있다. 아마존이 지금의 위치에 오르기까지는 베조스의 뛰어난 경영전략에 힘입은 바가 크다. 그의 독특한 경영철학과 방식은 무엇인지 살펴본다.

제프 베조스(Jeffrey Preston Bezos)가 1994년 미국 시애틀에 있는 창고에서 설립한 아마존이 2018년 9월 4일 뉴욕증시에서 장중 시가총액 1조 달러를 돌파했다. 시총 1조달러 돌파는 애플에 이어 사상 두 번째다. 아마존은 손대는 사업마다 성공하는 '사업 다각화' 능력을 보여주었다. 온라인 서점에서 시작해 상품을 수천만 개로 확대했으며 오프라인 유통사업인 '홀푸드마켓'까지 진출하였다. 또한, 무인 슈퍼마켓인 '아마존 고' 등으로 영토를 확장하였다. 클라우드 사업을 시작한 뒤에는 이를 활용해 콘텐츠(엔터테인먼트)와 인공지능(AI) 분야 등으로 범위를 넓혀가고 있다.

아마존 신화 뒤에는 베조스의 독특한 경영법이 자리잡고 있다. 베조스는 포브스와의 인터뷰에서 '차별화된 아이디어'와 '장기적 사고', '실패의 중요성'을 강조했다.

그는 "기존기업에선 새로운 아이디어를 내면 직속 상사뿐만 아니라 상사의 상사까지 설득해야 하고, 그 과정에서 아이디어 대부분이 사장된다"며 "그래서 작고 민첩한 스타트업(신생 벤처기업)이 거대 기업을 넘어설 수 있다"고 말했다. 베조스는 또 아이디어를 선별하는 방법에 독창성이 있어야 하며, 규모의 경제가 가능해야 한다고 설명했다. 사업을 충분한 규모로 키울 수 있는 아이디어가 중요하다는 것이다. 또 충분한 수익률, 즉 높은 투자수익률(ROI)을 낼 수 있는 아이디어여야 한다고 덧붙였다.

베조스는 아마존은 수많은 시행착오를 겪었다며 '실패'의 중요성을 강조했다. 스마트폰 파이어폰과 전자책 킨들 등은 아마존이 실패를 통해 배운 사례로 꼽는다. 베조스는 "(파이어폰 등) 수많은 하드웨어 생산과 판매 경험이 AI 음성인식 비서인 '에코' 시스템을 안착시키는 데 도움을 줬다"고 말했다.

베조스는 "나는 대부분 2, 3년 뒤 일어날 일을 한다"며 자신이 하는 일 대부분이 장기 로드맵을 그리는 것이라고 설명했다. 아마존은 배당을 하지 않고 번 돈을 미래를 위해 몽땅 투자하고 있다. 아마존은 헬스케어와 온라인 광고, 엔터테인먼트 등으로 사업 영역을 계속 넓혀가고 있다.

출처: 한국경제. (2018. 9. 6.). 아마존의 3대 질주 비결.

4. 합작사업

신규사업을 개발하기 위해 복수기업이 협력하여 독립된 법인을 설립하는 것으로 관계기업은 출자분에 대해서만 위험을 부담하여 위험부담은 크게 줄어들지만 합작 파트너와의 사이에 갈등이 발견될 가능성이 높다. 대기업의 마케팅 노하우와 소규모 벤처기업의 기술 노하우를 결합하여 시너지 효과를 추구하는 것도 합작사업의 좋은 사례이다.

5. 모험자본

기존의 대기업이 마치 모험자본가와 같이 사업자금을 투자하여 신기술과 신시장을 개발하려는 전략을 말한다. 모험자본은 신기술, 신시장에 접근하기 위한 창구역할을 할 수 있다. 반면, 모험투자자는 기업의 벤처산업에 깊숙이 참여하기 어렵기 때문에 모험자본을 기업 단독으로 추진하게 되면 큰 성과를 거두기 어렵다는 단점이 있다.

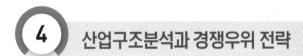

4 산업구조분석과 경쟁우위 전략

1 산업구조분석

사업이 직면하고 있는 현황을 경쟁우위 차원에서 분석하고 이에 적절한 방향을 제시하기 위해서는 산업구조분석(industry structure analysis)를 하게 되는데, 분석을 위해서 마이클 포터(Michael E. Porter)의 산업구조분석모형(또는 5 forces model)이 활용된다.

그림 12-2_ 산업구조분석모형

산업구조분석모형(5 forces model)은 사업이 속한 산업환경이 어떤가를 분석하는데 산업 내 경쟁, 신규 진입자의 위협, 대체재의 위협, 구매자의 교섭력, 공급자의 교섭력 측면에서 해당 산업을 분석하게 된다.

❶ 산업 내 경쟁: 사업부의 수익을 결정하는 가장 중요한 요인은 그 사업에서 이미 경쟁하고 있는 기존기업들 간의 경쟁구조이며, 기존기업들 간의 경쟁 정도가 높을수록 가격인하, 신제품출시, 치열한 광고 등이 필요하기 때문에 기업의 이익은 감소되고 기업에 위협이 된다.

 Case Study

아이폰의 산업구조분석

2007년 아이폰의 등장은 기존 휴대폰 산업의 구조를 완전히 바꿨다. 아이폰을 시장에 출시한 초기에는 아이폰과 대등한 스마트폰을 만들 수 있는 기업이 소수에 지나지 않아 해당 산업의 경쟁 강도가 낮았다. 아이폰을 만드는 데 필요한 높은 R&D 투자비용 또한 진입장벽을 높여 신규 진입자의 진입 가능성을 낮췄다.

한편, 아이폰은 전화, 카메라, 컴퓨터, MP3 플레이어 등 여러 가지 전자기기들의 기능을 모두 갖춘 기기로서 단기에 이를 대체할 더 간편한 대체재를 만드는 것도 쉽지 않았다. 또한, 아이폰을 만드는데 필요한 가장 중요한 요소 중의 하나는 운영시스템인데 이는 소수 기업에 의해 독점된 상황이었고, 특히 애플은 스스로 아이폰의 운영시스템을 갖고 있어서 다른 부품 공급자들은 교섭력이 별로 높지 않았다.

마지막으로 구매자들은 완전히 혁신적인 제품에 아직 익숙해져 가고 있는 단계이고, 또한 휴대폰 기간 약정 때문에 다른 제품으로 전환하는 비용이 높아졌기 때문에 구매자의 교섭력은 기존에 비해 낮아졌다. 따라서 스마트폰 산업의 매력도는 기존 휴대폰 산업의 매력도에 비해 훨씬 더 높아졌다.

출처: 문휘창. (2013. 10). 승리에 취해 경쟁자 못 보면 망한다. DBR, 139호.

❷ 신규 진입자의 위협: 어떤 사업의 수익률이 상당히 높거나 유망한 사업이라고 한다면 다른 기업들은 그 사업에 진입하고 싶어 할 것이다. 만약 진입장벽이 낮아 다른 새로운 기업의 진출이 용이하다면 그 사업에서의 가격을 높게 받을 수 없기 때문에 사업의 수익률은 낮아지게 된다.

❸ 대체재의 위협: 대체재가 많을수록 기업들은 자사 제품에 대해 높은 가격을 받을 수 있는 가능성이 줄어들기 때문에 사업의 수익률은 낮아진다. 반대로 대체재의 출현의 가능성이 낮으면 가격을 높게 책정할 수 있어 이윤이 늘어나고 시장침투의 위험성도 줄어든다.

❹ 구매자의 교섭력: 아무리 좋은 제품을 공급하여도 소비자가 구매하지 않으면 시장에서 실패하기 마련이다. 따라서 소비자의 구매력 정도에 따라 기업의 수익성은 크게 영향을 받는다.

❺ 공급자의 교섭력: 대부분의 사업은 공급자와의 공급사슬 속에서 이루어진다. 원자재 공급자들과의 교섭력이 떨어지면 원자재 공급이 원활히 이루어지지 못하여 결국 사업에 부정적인 영향을 주게 된다.

2 경쟁우위 전략

산업구조분석모델을 통해 분석된 정보를 바탕으로 해당 사업의 경쟁우위 확보 전략을 수립할 수 있는데, 사업의 경쟁력을 확보하기 위해서 어떠한 요소를 고려해야 하는가 하는 본원적 경쟁전략 단계로 넘어간다. 마이클 포터(Michael E. Porter)는 높은 투자수익률을 확보하고 장기적으로 산업 내에서 경쟁우위를 가질 수 있는 본원적 경쟁전략으로서 원가우위 전략, 차별화 전략, 집중화 전략 등 세 가지 전략을 제시하였다.

❶ 원가우위전략(cost-leadership strategy): 기업의 한 제품이 다른 경쟁기업의 제품에 비해 품질에는 그다지 손색이 없지만 가격을 현저하게 낮추어 고객에게 제공하는 전략이다. 원가우위전략이 성공하기 위해서는 첨단 생산설비 및 관리체제, 유리한 조건의 자원확보, 공급업체와의 긴밀한 유대관계 등 경쟁기업이 따라올 수 없는 경쟁우위 요소가 있어야 한다.

❷ 차별화 전략(differentiation strategy): 고객이 비싼 가격을 지불하더라도 구매하려고 하는 차별화된 요소가 제공되는 제품으로 경쟁우위를 확보하는 전략이다. 차별화 요소는 경쟁기업의 제품보다 품질이나 디자인에서 월등히 뛰어나든지 또는 유명한 브랜드가 부착된 경우 등이다. 차별화전략의 대표적인 예로 아이팟(iPod), 나이키(Nike), 구찌(Gucci) 등을 들 수 있는데, 이들은 세계적인 고급기술이나 브랜드로 다른 기업과의 차별화를 도모하고 있다.

❸ 집중화전략(focus strategy): 세분화된 고객 중 어느 특정층을 겨냥하여 비용우위나 차별화를 통해 집중적으로 공략하는 전략이다. 이 전략은 특정 고객층, 특

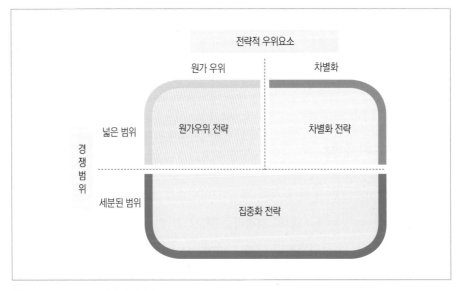

🚂 그림 12-3_ 본원적 경쟁전략

정 제품, 특정지역 등 한정된 영역에 기업의 경영자원을 집중하는 전략을 의미한다.

5 제품전략과 성장벡터

시장기회를 파악하는 방법은 앤소프(Ansoff)의 성장벡터를 이용할 수 있다. 성장벡터는 현재의 제품과 시장에서 기업이 어떠한 방향으로 제품전략을 추구해야 하는지를 보여주고 있는데, 제품과 시장의 양자를 각기 기존제품과 신제품, 기존시장과 신시장을 대별하여 매트릭스를 맞추면 시장침투, 제품개발, 시장개척 및 다각화로 구분되며, 기업은 이와 같은 전략을 통해 각 제품별로 어떠한 시장에 어떻게 진출할 것인가를 결정할 수 있다.

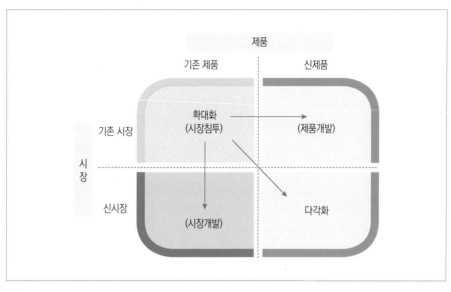

🚂 그림 12-4_ 앤소프(Ansoff)의 성장벡터

❶ 시장침투 전략: 기존의 제품과 기존시장에서 시장점유율을 확대함으로써 성장하기 위한 전략으로서, 예를 들면 가격을 인하하거나 광고를 늘리거나 그 제품을 취급하는 소매상의 수를 늘려 고객이 편리하게 사용할 수 있도록 하는 등의 방법을 들 수 있다.

❷ 시장개발 전략: 기존의 제품을 새로운 시장에 출시함으로써 시장점유율을 증대시키려는 전략으로서, 예를 들면 새로운 시장에 점포를 개설하거나 새로운 수출시장을 개척하는 것을 들 수 있다.

❸ 제품개발 전략: 기존시장에 신제품이나 기존제품을 개선한 제품을 출시하여 시장점유율을 증대시키려는 전략으로서, 예를 들어 샴푸회사의 경우에 현재의 제품에 새로운 향료와 성분을 사용한다든지, 포장을 새롭게 하는 것 등이다.

❹ 다각화 전략: 신시장에 신제품을 개발하여 시장점유율을 증대시키려는 전략으로서, 현재의 시장에서는 기업이 더 이상 성장할 수 있는 기회가 없거나 새로운 시장에서 새로운 제품이 유리하게 매출을 증대시킬 수 있는 경우에 사용하는 방법이다.

 참고문헌

· 김병윤, 김길평, 김영국, 임종일. (2002). 현대경영학원론. 명경사.

· 김철교.임순철. (2005). 벤처기업 창업과경영. 삼영사.

· 담덕의 경영학노트. (2019.1.17.). 경영전략 강의_경영전략이란 무엇인가. https://mbanote2.tistory. com/321

· 문휘창. (2013. 10). 승리에 취해 경쟁자 못 보면 망한다. DBR, 139호

· 송병락. (2012. 9. 15.). 허실만 알면 이기지 못할 싸움이 없다. 조선일보, weeklybiz.

· 윤남수. (2015). 경영학 이론과 실제. 한올출판사.

· 윤종훈, 송인암, 박계홍, 정지복. (2007). 경영학원론. 학현사.

· 조동성. (2008). 21세기를 위한 경영학. 서울경제경영출판사.

· 지호준, (2009). 알기쉽게 배우는 21세기 경영학. 법문사.

· 홍성도. (2006). 벤처창업경영. 무역경영사.

· Berry & Roberts. (1983). Entering New Business: Selecting the Strategies for Success. Working Paper at Sloan School of Management, Oct.

· Porter, M. E. (2008). The five competitive forces that shape strategy. Harvard business review, 86(1).

CHAPTER
13

창업기업의 산업재산권

학습 목표

1. 산업재산권의 이해

2. 산업재산권의 필요성

3. 산업재산권의 내용

4. 특허출원 절차

5. 특허를 출원하기 전에 유의할 사항들

6. 산업재산권의 활용

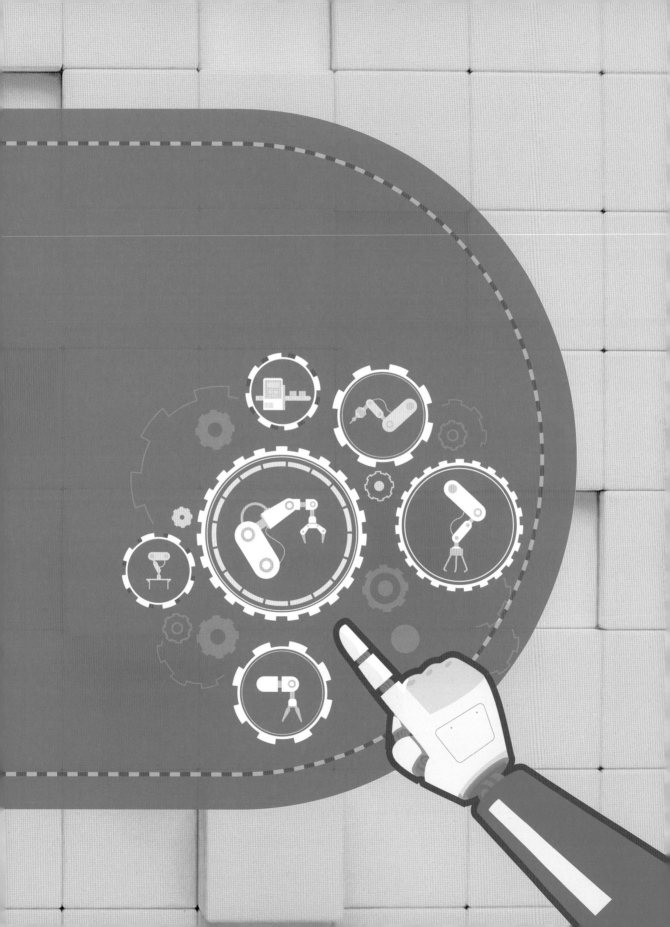

1 산업재산권의 이해

창업자는 아이디어를 기반으로 창업하는 경우가 많다. 이 경우 창업 아이디어를 시장의 공격으로부터 피하고 단기간에 경쟁력을 확보하기 위해서는 지식재산권의 확보가 필수적이다.

지식재산권(IPR: Intellectual Property Rights)은 지적재산권이라고도 하는데, 인간의 창조적 활동이나 경험 등을 통해 창출하거나 발견한 지식·정보·기술이나 표현, 표시 그 밖에 무형적인 것으로서 재산적 가치가 실현될 수 있는 지적창작물에 부여된 재산에 관한 권리를 의미한다. 우리나라는 「지식재산기본법」에서 '지식재산이란 인간의 창조적 활동 또는 경험 등에 의하여 창출되거나 발견된 지식·정보·기술, 사상이나 감정의 표현, 영업이나 물건의 표시, 생물의 품종이나 유전자원(遺傳資源), 그 밖에 무형적인 것으로서 재산적 가치가 실현될 수 있는 것'이라고 정의하고 있다(지식재산기본법 제3조 제1호).

지식재산권은 크게 산업재산권, 저작권, 신지식재산권으로 구분되며 그 중 특허, 실용신안, 디자인 및 상표 등 산업분야 권리를 산업재산권이라고 한다. 산업재산권 (industrial property)은 산업 활동과 관련된 인간의 지능적 창작행위로 창조된 물건이

표 13-1_ 산업재산권의 정의와 보호기간

구 분	특 허	실용신안	디자인	상 표
정의	자연법칙을 이용한 기술적 사상의 창작으로서 발명수준이 고도한 것(대발명)	물품의 형상·구조·조합에 관한 실용성 있는 고안(소발명)	물품의 형상·모양·색채 또는 결합한 것 시각을 통하여 미감을 느끼게 하는 것	타인의 상품과 식별하기 위하여 사용되는 기호·문자·도형·입체적 형상이나 이들을 결합한 것
보호 기간	20년	10년	15년	10년 • 10년마다 갱신 가능 • 반영구적 권리

나 창작방법에 대하여 인정하는 독점적 권리를 의미하는데, 이는 일정한 기술적 창작을 한 사람이 국가 사회에 공헌하는 대신 국가는 공권력으로 이들 발명·고안자 등에게 일정기간 동안 배타적인 권리를 부여하여 유효기간 동안 재산권으로서의 독점적 권리를 보장받도록 하는 것이다.

산업재산권에 대한 정의와 보호기간은 〈표 13-1〉과 같다.

2 산업재산권의 필요성

1 시장에서 독점적 지위 확보

특허 등 산업재산권은 독점배타적인 무체재산권으로 신용창출, 소비자의 신뢰도 향상 및 기술판매를 통한 로얄티 수입이 가능하다.

2 특허 분쟁의 사전예방

자신의 발명이나 개발기술을 적시에 출원하여 권리화함으로써 타인과의 분쟁을 사전 예방하거나, 타인이 권리를 무단 사용할 경우 적극적으로 대응하여 법적인 보호를 받을 수 있다.

3 R&D 투자비 회수 및 향후 추가 기술개발의 원천

산업재산권은 막대한 기술개발 투자비를 회수할 수 있는 확실한 수단이며, 확보된 권리를 바탕으로 타인과 분쟁 없이 추가 응용 기술개발이 가능하다.

4 정부의 각종 정책자금 및 세제지원 혜택

특허권 등 산업재산권을 보유하고 있는 경우에는 벤처기업으로 확인을 받을 수 있으며, 이 경우 벤처기업에 대한 다양한 정책적 지원 혜택을 받을 수 있다.

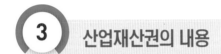

3 산업재산권의 내용

1 특허권

1. 특허권의 의의

특허(patent)는 이제까지 없었던 물건 또는 방법을 최초로 발명하였을 경우 그 발명자에게 주어지는 권리이다. 일반적으로 특허를 받을 수 있는 발명은 자연법칙을 이용한 기술적 사상의 창의성을 바탕으로 한 고도의 것을 일컫는데, 기술적 효과를 낼 수 있으며, 높은 수준의 창작에 이르러야 하고, 산업상 이용할 수 있는 것이어야 한다. 특허는 출원 후 심사를 거쳐 등록을 하여야 비로소 권리가 발생하며, 그 존속기간은 출원일로부터 20년이다.

2. 특허의 요건

아이디어만 있으면 무엇이든지 특허권을 취득할 수 있는 것은 아니다. 특허제도의 목적인 기술의 발전을 통한 산업발전에 도움이 되는 발명이 아니면 특허권으로 보호하는 의미가 없기 때문이다. 따라서 아이디어가 특허권을 취득하기에 적합한 조건을 구비하고 있는가를 파악할 필요가 있게 된다.

특허법에서는 개념 및 적용범위를 명확히 하여 법적 안정성을 도모하고자 "자연법칙을 이용한 기술적 사상의 창작으로서 고도한 것"으로 발명을 정의하고, 이에 해당하는 아이디어만을 특허법상 발명으로 하고 있다. 특허권 취득을 위한 요건을 살펴보면 다음과 같다.

❶ 자연법칙의 이용

자연계에서 경험에 의해 찾아낸 법칙을 응용하는 것으로, 여기서 말하는 '자연법칙'이란 '통나무는 물에 뜬다'든가 '돌은 물 속에서 가라앉는다' 등의 법칙을 말한다. 발명자는 자연법칙에 대하여 반드시 인식할 필요는 없고 일정의 수단에 의해 일정의 목적을 달성하는 것을 증명하여 결과로서 이용하면 족하다. 그러나 인간의 정신활동에 의한 수학적 법칙, 경제법칙 등 자연법칙이 아닌 것, 만유인력의 법칙 등 자연법칙 자체의 발명 등은 발명이 아니다.

❷ 기술적 사상

기술이란 일정한 목적을 달성하기 위한 구체적 수단으로 누가 하더라도 동일한 결과를 얻을 수 있는 객관성이 있어야 한다. 기술적 사상이란 발명의 본질이 그 형체 내에 존재하는 무형의 관념이므로 기술보다는 추상적이지만, 목적달성을 위한 수단으로서의 범위 내에서 구체성이 있어야 한다. 따라서 객관성이 결여된 단순한 미적 창작물이나 구체성이 결여된 단순한 소망, 목적달성을 위한 수단의 전부나 일부가 결여된 경우 등은 기술적 사상이 없는 발명이다.

❸ 창작

인위적으로 만들어내거나 생각해 낸 것으로 이미 존재하고 있던 것을 단지 인식하는 발견과는 구별된다. 따라서 단순히 X선 발견과 같은 경우에는 창작이 아니므로 특허법상 발명이 아니다.

❹ 고도

기술의 비약적 진보를 도모하기 위해 창작 중 비교적 기술의 정도가 높은 것을 발명으로 하여 적용범위를 명확히 하고 있다.

3. 특허권 취득을 위한 조건

특허제도의 목적을 달성할 수 없는 발명에 대해서까지 특허권이 부여된다면 발명자에게는 부당한 보호가 되며, 제3자에게는 독점권에 의한 불측의 불이익이 발생하므로 특허제도의 목적을 달성할 수 있는 일정한 조건을 갖춘 발명에 대해서만 특허를 받을 수 있도록 하고 있다.

❶ 산업으로서 실시(산업상 이용성)

특허제도의 목적이 산업발전에 있는 것이므로 발명이 공업, 광업, 농업, 수산업, 어업 등 산업분야에서 일반적으로 이용될 수 있는 것이어야 한다. 따라서 사람의 수술방법, 치료방법과 같은 의료방법의 발명, 흡연방법과 같은 개인적으로만 이용되는 발명이나 학술적·실험적으로만 이용되는 발명과 같이 사업화할 수 없는 발명 등은 산업으로서 실시할 수 없는 것으로 간주된다.

❷ 새로운 것(신규성)

발명은 기존에 없는 새로운 것이어야 한다. 따라서 특허출원 전에 국내 학회에 발표되어 불특정인에게 알려졌거나 판매되어 불특정인에 의해 실시된 발명, 또는 특허출원 전에 국내 또는 국외에서 불특정인이 볼 수 있도록 반포된 서적, 논문, 인터넷 홈페이지 등의 간행물에 기재된 발명은 특허를 받을 수 없게 된다.

❸ 간단(용이)**하지 않은 것**(진보성)

발명은 간단하지 않은 것이어야 한다. 특허제도의 목적은 기술의 발전을 촉진하여 산업발전을 도모하는 것에 있으므로, 비록 발명이 새로운 것이라 하더라도 그 기술분야의 평균적 기술수준을 갖는 해당업자가 이미 알려진 발명으로부터 간단하게 발명할 수 있는 때에는 기술의 비약적인 진보를 통한 산업발전을 도모할 수 없다. 이에 대해 독점권을 인정하면 특허권이 난립하여 오히려 산업발전을 저해하게 되므로 특허를 받을 수 없게 된다.

❹ 반사회적이 아닌 것

발명은 반사회적이 아닌 것이어야 한다. 비록 특허를 받을 수 있는 조건을 구비한 발명이라 하더라도 지폐위조기, 유해물질이 함유된 완구 등과 같이 공공의 질서 또는 공중위생을 해할 염려가 있는 발명은 공익적 측면에서 특허를 받을 수 없게 된다.

❺ 최선의 출원일 것(선원주의)

발명은 최선의 출원으로 선원주의가 중요하다. 특허권이 중복하여 존재하는 경우에는, 독점권으로서 의의를 상실할 뿐만 아니라, 실질적으로 특허권의 존속기간을 연장하여 출원인 및 일반공중의 이익을 해하게 되므로, 동일발명에 대해 둘 이상의 출원이 경합하는 경우에는 하나의 출원에만 권리를 부여할 필요성이 있게 된다. 이 경우, 어느 쪽이 먼저 출원하였는가의 판단이 쉽고 가장 빨리 발명을 공개하려고 하는 자를 보호한다는 특허제도의 목적에도 합치하도록 동일한 발명에 대하여 가장 먼저 출원한 자만이 특허를 받을 수 있게 된다.

❻ 출원서류에 불비가 없을 것

발명출원을 위해서는 출원서류가 완벽하게 구비되어야 한다. 특허제도는 발명의 이용을 도모하기 위해 발명을 가장 먼저 공개한 사람에게만 그 대가로서 특허권을 부여하여 보호하는 것으로 하고 있다. 그러므로 발명을 했다는 사실행위만으로는 보호되지 않으며, 발명자가 발명내용을 적극적이고 자발적으로 공개하고, 그 대가로서 특허를 부여하도록 국가에 대하여 의사표시를 하여야 한다. 이러한 특허출원에는 발명자의 주소, 이름이나 출원인의 주소, 이름 등 서지적인 사항을 기재하여 특허청에 제출하는 특허출원서 및 발명 내용이 자세하게 기재된 명세서를 제출하여야 하는데, 권리관계의 명확 등을 위해 그 기재에 하자가 있는 경우에는 특허를 받을 수 없게 된다.

특허출원을 받게 되면 특허권자와 제3자에게 특허가 효력을 발휘하게 되며 출원일로부터 20년 동안 특허를 통한 혜택을 받게 된다.

② 실용신안권

　실용신안권은 특허를 받을 수 있는 조건을 만족하지 못하여 특허권으로서는 보호받을 수 없지만, 실용적인 가치를 가지고 있는 고안(소발명이라고도 함)에 대하여 조기에 보호함으로써 중소기업 및 개인 발명가의 창작의욕을 고취하고 그들의 기술을 보호하고자 부여한다. 즉, 실용신안권은 이러한 소발명 기술에 대한 고안을 보호하여 특허권이 담보하지 못하는 영역을 보완하는 권리로서 그 존재의의를 가진다.

　고안과 발명의 차이를 살펴보면 다음 〈표 13-2〉와 같다.

표 13-2_ **고안과 발명의 차이점**

고 안	· 발명에 비하여 고도성을 요구하지 않는다. · 진보성에 있어서도 해당 기술분야에 종사하는 자가 기존의 공지기술에 의하여 극히 용이하게 창작할 수 없는 것이면 된다. · 권리보호의 대상은 물품에 한정된다. · 이상과 같은 이유에서 특허를 대발명(大發明), 실용신안을 소발명(小發明)이라고도 한다.
발 명	· 물건을 생산하는 수단 등으로서 자연법칙을 이용한 고도한 기술적 사상의 창작

③ 의장권

　같은 기능과 용도를 가진 물품이라도 그 디자인에 따라 가치가 크게 좌우된다. 또한 물품의 디자인은 겉으로 드러나 모방·도용이 용이하고 유행성이 강한 특성이 있다. 의장권은 창작의욕의 자극 및 부정경쟁을 방지함으로써 참신한 디자인의 물품이 수요자의 구매의욕을 자극하여 물품의 수요증대를 통한 관련 산업발전을 도모하기 위해 부여된다.

　이러한 의장권은 특허권에 의해 보호되는 발명과 같이 추상적인 창작에 관한 것이지만, 특허권이 기술적 아이디어의 창작인 발명을 보호하는데 반해 의장권은 미적인 디자인의 창작인 의장을 보호하는 점에서 차이가 있다.

❹ 상표권

상표권은 타인의 상품과 식별되도록 자기의 상품에 사용되어지는 상표를 보호하기 위한 권리이다. 상표권은 사익적 측면과 공익적 측면이 있는데, 사익적 측면에서는 출처혼동 방지를 통해 상표사용자의 업무상의 신용유지를 도모하고, 공익적 측면에서는 유통질서유지를 통한 산업발전 및 수요자의 이익을 보호하기 위해 부여된다.

상표권은 사업자의 영업활동에 의해 축적된 신용을 보호하기 위해 그 상표의 사용이 계속되는 한 존속시킬 필요가 있어 기술의 진부화에 따라 일정기간 동안만 부여되는 특허와 달리 10년의 존속기간을 반영구적으로 갱신할 수 있도록 하고 있다.

④ 특허출원 절차

특허의 출원에서부터 등록까지의 과정은 여타 행정절차에 비해 복잡한 편으로서, 특허청 홈페이지 등을 통해 미리 자세한 정보를 살펴보는 것이 바람직하다. 특허출원을 하기 전에 반드시 해야 할 일은 자신의 발명과 같은 발명이 먼저 출원·등록되었는지 확인하는 것이다. 이를 확인하기 위해서는 특허청 특허전자도서관, 특허청 서울사무소, 지방특허자료열람실에서 확인가능하며, 특허청 홈페이지(www.kipo.go.kr)와 한국특허정보원(www.kipris.or.kr)에서 인터넷으로 선행기술을 확인할 수 있다.

심 사 절 차

01
방식심사
출원의 주체, 법령이 정한 방식상 요건 등 절차의 흠 · 결유무를 점검

02
출원공개
특허출원에 대하여 그 출원일로부터 1년 6월이 경과한 때 또는 출원이의 신청이 있는 때는 기술 내용을 공개 공보에 게재하여 일반인에게 공개

03
실체심사
발명의 내용파악, 선행기술 조사등을 통해 특허여부를 판단

04
특허결정
심사결과 거절이유가 존재하지 않을시에는 특허결정서를 출원인에게 통지

05
등록공고
특허결정되어 특허권이 설정등록되면 그 내용을 일반인에게 공개함

세상을 바꾼 발명품 십자 나사못

지금처럼 크기가 작고 머리에 하나의 홈이 있는 최초의 금속 나사는 18세기 중반 무렵 독일의 한 시계공에 의해 만들어진 것으로 알려져 있다. 하지만 이 같은 일자형 나사못은 머리의 홈과 드라이버가 정확하게 밀착되어야 사용이 가능하며, 사용 중 드라이버가 머리의 홈에서 쉽게 미끄러질 수 있다는 단점이 있었다.

이러한 단점을 개선한 실용적인 아이디어로 나사못의 혁신을 주도한 인물은 헨리 F. 필립스였다. 1900년대 초 미국 오리건 주의 한 가난한 가정에서 태어난 그는 중학교 무렵 아버지가 갑작스레 세상을 떠나자 생활비를 벌기 위해 전자제품을 만드는 회사에 견습공으로 취직했다. 머리가 비상하여 남들보다 빨리 기술을 익힌 그는 1년 후 정식 수리공이 되어 고장 난 라디오를 고치는 일을 담당했다.

그런데 어느 날 그는 라디오를 수리하던 중 곤란한 일을 겪게 됐다. 당시 라디오는 고장이 잦았던 편이라 어떤 라디오의 경우 여러 번 수리를 거치기도 했는데, 그가 수리하던 라디오의 일자 나사못의 홈이 완전히 닳아 드라이버를 아무리 돌려도 빼낼 수 없었던 일이 벌어지고 만 것이다. 할 수 없이 그는 나사 머리에 홈을 하나 새로 파서 나사못을 풀었다. 그 후 필립스는 자신이 수리하는 라디오의 나사에 여분의 홈을 하나씩 더 파서 수리를 하곤 했다. 그러던 중 그는 흥미로운 사실을 발견했다. 그처럼 십자로 파놓은 나사못의 홈이 일자보다 쉽게 망가지지 않을뿐더러 조이는 힘이 더 세다는 걸 알아차린 것이다.

십자 나사못에 사용할 수 있는 십자 드라이버까지 개발한 그는 먼 친척의 도움을 받아 전 세계에 특허 출원을 하고, 1933년에 자신의 이름을 딴 '필립스 스크루 컴퍼니(Phillips Screw Company)'라는 회사를 설립했다. 그가 개발한 십자 나사못은 전 세계의 주목을 끌었으며, 필립스는 엄청난 부자가 되었다.

출처: The Science Times. (2015. 4. 15.). 200년간 이어온 고정관념 깨다.

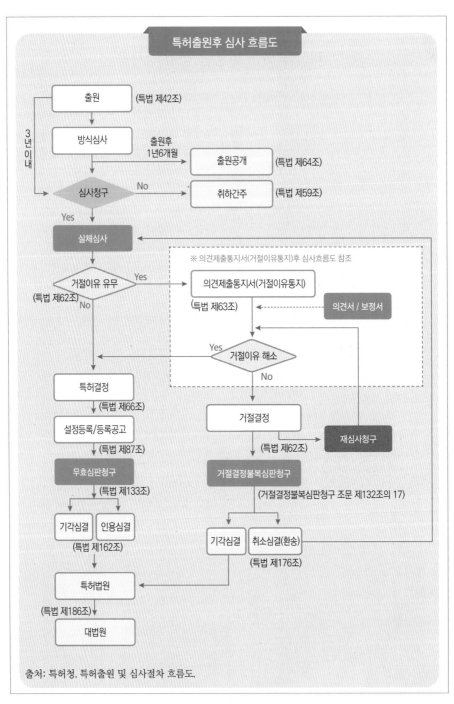

출처: 특허청. 특허출원 및 심사절차 흐름도.

🚂 그림 13-1_ 심사절차 및 특허출원후 심사 흐름도

1 출원

아무리 뛰어난 발명이라 하더라도 특허출원하지 않으면 특허권을 취득할 수 없다. 특허출원을 하기 위해서는 특허법에서 정한 서류를 특허청에 제출할 필요가 있다.

2 방식심사

서식의 필수사항 기재 여부, 기간의 준수 여부, 증명서 첨부 여부, 수수료 납부 여부 등 절차상의 흠결을 점검한다.

3 출원공개

출원 후 1년 6개월이 경과하면 그 발명 내용을 특허청이 공보의 형태로 일반인에게 공개한다. 출원공개는 심사가 지연될 경우 출원기술의 공개가 늦어지는 것을 방지하기 위해 도입되었다.

4 심사청구

특허출원된 것은 모두가 심사되는 것이 아니고, 특허출원인 또는 제3자가 심사청구료를 지급하여 출원심사의 청구가 있던 것만이 심사된다. 이러한 심사청구는 출원일로부터 5년 이내면 언제나 누구라도 할 수가 있다. 예외적으로 일정 조건에 해당되면 우선심사청구도 할 수 있다.

5 취하

출원일로부터 5년 이상 경과해도 심사청구되지 않는 출원은 취하된 것으로 간주하여 이후 권리화할 수 없게 된다.

6 실체심사

심사는 특허청의 심사관에 의해 행해진다. 심사관은 출원된 발명이 특허되어야할 것인가 여부를 판단한다. 즉, 심사에 있어서 특허요건인 산업상 이용가능성, 신규성 및 진보성을 판단한다.

7 의견제출 통지

심사관의 심사결과 거절이유를 발견할 경우는 그것을 출원인에게 알리기 위해 의견제출 통지서를 송부한다.

8 의견서 · 보정서

출원인은 의견제출 통지서에 제시된 종래 기술과는 이런 점에서 다르다는 의견서를 제출하거나 또는 특허청구 범위 등을 보정하면 거절이유가 해소된다고 하는 경우에는 그러한 보정서를 제출할 수 있다.

9 특허결정 · 거절결정

심사결과 심사관이 거절이유를 발견하지 못했던 경우는 심사단계의 최종 결정인

특허결정을 한다. 또한 의견서나 보정서에 의해 거절이유가 해소될 경우에도 특허결정이 된다.

한편, 의견서나 보정서를 검토해 보아도 거절이유가 해소되고 있지 않아 역시 특허할 수 없다고 심사관이 판단했을 때에는 거절결정(심사단계의 최종결정)을 한다. 이 경우에는 불복할 수 있다.

⑩ 설정등록

특허결정이 된 출원에 대해서는, 출원인이 특허료를 납부하면 특허등록원부에 등록되어 특허권이 발생한다. 여기에서 비로소 특허 제0000000호라는 번호가 붙게 된다. 특허권의 설정등록 후 특허증이 출원인에게 보내진다.

⑪ 특허공보발행

설정등록되어 발생한 특허권은 그 내용이 특허공보에 게재된다.

⑫ 특허이의신청

특허 이의신청은 누구나 진행할 수 있으며, 설정 등록이 있는 날로부터 등록 공개일 후 3개월 이내에 신청을 할 수 있다. 이 경우에 특허청은 처분의 적부를 재차 심리하여 하자있는 경우에는 시정을 함으로써 특허에 대한 신뢰성을 높이고 있다.

⑬ 유지결정·취소결정

특허 이의신청의 심리는 3명의 심사관 합의체에 의해 행해진다. 심리결과 특허처

분에 하자가 없는 것으로 판단될 경우는 특허권의 유지결정을 한다. 한편, 특허처분에 하자가 있는 것으로 판단될 경우는 특허권자에게 취소이유를 통지해 특허권자의 의견을 듣고, 취소이유가 해소되지 않은 것으로 판단될 경우에는 특허권의 취소결정을 한다.

유지결정, 취소결정, 거절사정 등의 판단에 대해서 불복이 있는 경우에는 출원인, 이해관계인은 심판청구, 특허법원에 소(訴) 제기 등의 수단을 통해 문제를 해결할 수 있다.

5 특허를 출원하기 전에 유의할 사항들

1 특허출원까지 비밀유지

발명은 특허출원의 시점에서 새롭지 않으면 안된다. 따라서 특허출원을 하기 전에 발명 내용을 비밀 유지가 없는 제3자에게 알려주거나, 발명이 구현된 제품을 일반에게 판매하거나, 발명내용을 간행물에 소개한 경우에는 더 이상 새로운 발명이 아니므로 특허를 받을 수 없다.

만일, 발명의 내용이 공개된 경우라도 학회에 발표하거나 박람회에서 전시한 경우 등에는 예외적으로 그 날부터 6월 내에 출원하면 인정해 주기는 하지만, 어디까지나 예외이므로 특허출원 전에는 가능한 공개하지 않는 것이 바람직하다. 특히, 카탈로그의 배포나 전시회 등에 출품시에는 특허출원을 완료 후 하는 것이 중요하다.

2 선행기술 조사

특허출원된 발명이 특허를 받기 위해서는 특허출원시를 기준으로 종래에 없는 새로운 것, 출원시의 공지된 기술로부터 간단(용이)하게 생각되지 않는 것 등을 만족할 필요가 있으므로, 이를 사전에 조사한다. 국내자료 조사는 한국특허정보원(http://www.kipi.or.kr)에서, 국외 자료 조사는 특허청 홈페이지(http://www.kipo.go.kr) 사이트맵에 링크된 외국특허청의 검색코너(예: http://www.uspto.gov 등)에서 할 수 있다.

특허출원 전에 선행기술을 조사하여 신규성이나 진보성이 없다고 판단되면 무용의 출원비용이나 노력을 감소시키기 위하여 출원을 단념하거나 발명을 더욱 개량해 진보성을 확보한 후 출원하는 것이 바람직하다.

③ 특허출원서류작성

선행기술 조사 결과 발명이 특허를 받을 수 있는 것으로 판단되면 특허권을 취득하기 위한 특허출원서와 발명내용을 상세하게 설명하는 명세서 등 특허출원서류를 작성하는데, 특히 명세서는 발명의 내용을 제3자에게 공개하는 기술문헌·기술정보로서의 역할과 특허 후 권리범위를 정하는 권리서로서의 역할을 가지는 것으로서, 특허에 있어서 가장 핵심적인 사항임에 유의하여야 한다.

이러한 명세서는 발명자가 출원일부터 20년간 타인의 실시를 배제하고 독점적으로 실시할 수 있는 권리를 주장하는 자료가 된다. 집이나 땅이 건물대장이나 토지대장에 기재된 대로 재산권을 행사할 수 있는 것과 같이 비록 눈에 보이지 않는 무체의 재산권인 발명내용이 특정되어 있는 명세서도 그 기재된 대로 권리를 행사할 수 있는 것임을 감안할 때 명세서 작성의 중요성은 아무리 강조한다고 하여도 지나치지 않다.

따라서 명세서에 발명내용을 기재할 경우에는 발명의 목적, 구성, 효과를 가능한 구체적으로 기재하여 그 명세서를 보면 누구나 그 발명을 실시할 수 있는 정도까지 구체적 구조, 작동 등이 나타나 있어야 한다. 특히 명세서 중 권리서의 기능을 수행하는 특허청구범위에는 발명자가 보호받고자 하는 사항을 기재한다. 따라서 발명자는 도출된 발명을 어느 범위까지 보호받을 것인가 하는 보호경계를 신중하게 정하여야 한다.

4 신속하게 특허출원

중요한 발명에는 서로가 진정한 권리자라고 주장하는 사람이 다수 있을 수가 있다. 이 경우 발명을 한 사람 중에서 가장 먼저 특허청에 특허출원서류를 제출한 사람에게 특허를 주도록 하는 선원주의를 채용하고 있으므로 가능한 조속히 특허출원을 하여야 한다.

5 공동발명의 경우

공동으로 완성한 발명은 공동으로 특허출원하여야 한다. 따라서 공동 발명자 중 일부가 마음대로 출원하면 공동출원 위반으로서 특허를 받을 수 없게 되는 것에 유의하여야 한다. 다만, 공동으로 발명을 완성하면 특허를 받을 수 있는 권리는 각 공유자에게 분배되므로 공유자로부터 특허를 받을 수 있는 권리의 양도를 받은 경우에는 특허출원을 할 수가 있게 된다.

6 직무발명의 경우

직무발명이란 종업원이 한 발명이 종업원의 직무에 관한 발명으로서 사용자의 업무범위에 속하는 발명을 의미하는데, 기술개발을 위하여 투자를 한 사용자와 연구개발을 담당한 종업원 사이에 발명에 관한 권리를 효율적으로 배분함으로써 기술개발을 촉진시키고자 규정하고 있다.

직무발명을 한 경우 종업원은 특허받을 수 있는 권리를 원시적으로 취득한다. 따라서 종업원은 특허를 받을 수 있는 권리를 사용자에게 양도할 수 있는데, 이 경우 정당한 보상을 받을 권리를 가진다. 또한 종업원이 한 직무발명이 특허를 받았을 경우에는 사용자는 무상의 통상실시권을 갖는다.

6 산업재산권의 활용

1 적극적 활용

특허권자 등은 본인의 권리가 소멸되기 전까지는 독점적으로 실시할 수 있다. 그러므로 특허권자 등은 본인의 특허발명 등을 활용하여 물건을 제조하거나 제조한 물건의 사용, 양도 등의 행위와 관련하여 독점적 지위를 확보하여 이용할 수 있다. 따라서 권한이 없는 자가 이들 특허발명 등을 도용할 경우 보호수단을 침해자에 대하여 주장할 수 있다.

2 실시권 등의 활용

산업재산권은 본인이 직접 이용할 수도 있지만, 필요시 재산권 활용의 수단으로서 타인에게 실시권을 허용할 수도 있다. 이들 실시권에는 독점성의 「전용실시권」과 비독점성의 「통상실시권」이 있다. 전용실시권을 허용하면 그 범위 내에서는 특허권자라도 실시할 수 없으며, 통상실시권은 비독점성의 권리이므로 전용실시권과는 달리 동일범위 내에서라도 중복적으로 허용해도 된다.

상표권에 대하여는 위와 같은 원리로서 「전용사용권」과 「통상사용권」을 허용할 수 있다.

전용실시권(전용사용권)은 등록이 효력발생요건이고, 통상실시권(통상사용권)은 등록이 제3자 대항요건이므로 전용실시권을 취득한 자는 반드시 등록을 하여야 법의 보호를 받을 수 있으며, 통상실시권의 경우는 등록을 함으로써 그 이후 특허권 등이 제3자에 이전되더라도 보호받을 수 있다.

③ 질권설정

산업재산권 등 무체재산권은 질권의 목적물이 될 수 있다. 따라서 자금회전의 수단으로서 질권설정도 가능하다.

 Case Study

세상을 바꾼 발명가들

에어컨을 발명한 사람은 미국 뉴욕의 기계 회사에서 일하던 윌리스 하빌랜드 캐리어였다. 그는 무더위 속에서 인쇄기 성능이 떨어지는 문제를 해결하기 위해 연구하다가 '액체가 기체로 변할 때 열을 흡수한다'는 점에 착안해 1906년 에어컨 특허를 등록했다. 이후 에어컨은 가정용 냉장고와 함께 20세기 최고의 발명품으로 각광받았다.

자동 세탁기는 1908년 미국인 알바 피셔가 발명했다. 그는 전기 모터로 드럼통을 돌리고 빨래가 뭉치지 않는 기능도 제공했다. 그러나 모터가 바깥에 있어 불편하고 위험했다. 얼마 후 캐나다 기업 비티 브라더스의 연구원들이 이 단점을 극복하고 세탁통 중앙에 날개를 단 제품을 선보였다.

이들은 대부분 생활 속의 불편을 해소하려는 필요에 의해 발명을 시작했다. 전자레인지를 발명한 미국의 퍼시 스펜서도 진공관에서 나오는 극초단파 때문에 주머니 속의 초콜릿이 녹는 현상을 보고 즉석 음식조리기를 개발했다.

이들은 발명을 통해 인류 문명의 역사를 바꿨다. 르네상스 시대의 '위대한 천재' 레오나르도 다빈치와 백열전구·축음기를 발명한 토머스 에디슨, 전화기를 발명한 그레이엄 벨이 모두 그렇다. 각국 과학자들은 이들의 업적을 기려 '발명가의 날'을 제정했다. 미국은 '발명왕' 에디슨의 생일인 2월 11일을 발명가의 날로 기념하고 있다.

출처: 한국경제. (2019. 5. 28.). 세상을 바꾼 발명가들.

 참고문헌

• 박희섭, 김원호. (2009). 특허법원론, 세창출판사.

• 유재복. (2004). 번뜩이는 아이디어 발명ㆍ특허로 성공하기. 새로운제안.

• 윤남수. (2008). 벤처비즈니스의 이해와 창업. 백산출판사.

• 위키백과. 지식재산권, https://ko.wikipedia.org/wiki/%EC%A7%80%EC%8B%9D_%EC%9E%AC%EC%82%B0%EA%B6%8C

• 이병길. (2002. 9. 10.). 특허권의 취득과 활용. 대진대학교 벤처창업강좌.

• 중소기업청, 한국창업보육센터. (2015. 3.). 기술창업 가이드. 한국창업경영컨설팅협회.

• 지적재산권법연구회. (2000). 디지털 시대 지적재산권이 벤처다. 전자신문사.

• 특허청. 지식재산제도. https://www.kipo.go.kr/kpo/MainApp

• 한국과학기술기획평가원. (2017. 12.). 연구자를 위한 지식재산 지침서. 국가지식재산위원회.

• 한국경제. (2019. 5. 28.). 세상을 바꾼 발명가들.

• 홍성도, 박노국, 황정희. (2014). 기술사업화 기술금융 길잡이. 이프레스.

• The Science Times. (2015). 200년간 이어온 고정관념 깨다, 4월 15일.

창업기업의 세무전략

학습 목표

1. 창업자가 알아야 하는 세금

2. 창업기업에 대한 세금혜택

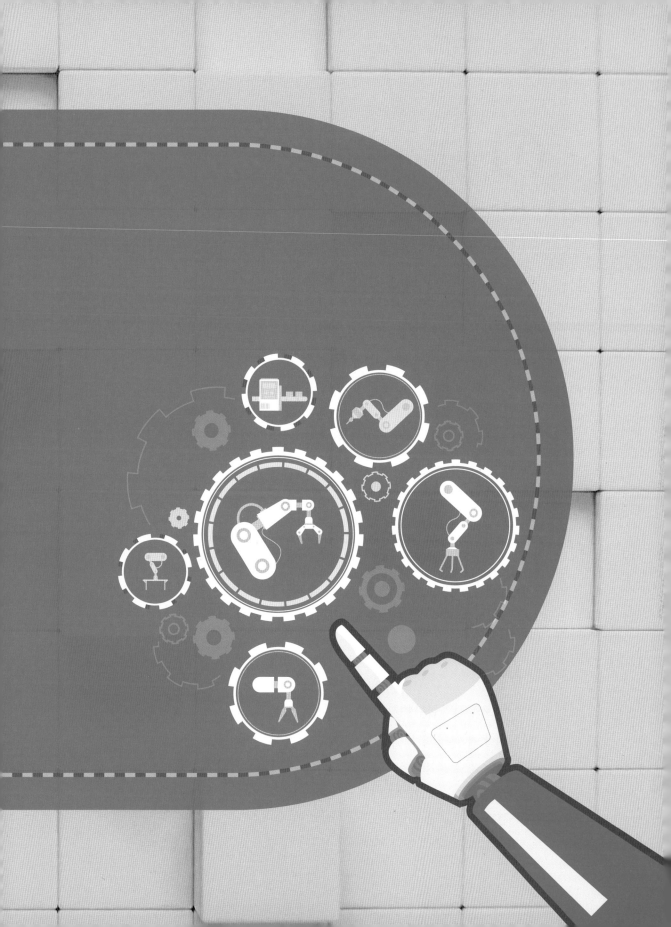

1 창업자가 알아야 하는 세금

세금이란 국가나 지방자치단체가 재정수입을 조달할 목적으로 납세의무가 있는 모든 개인 또는 법인에게 개별적인 반대급부 없이 공권력에 의해 강제적으로 징수하는 금원을 말한다. 세금은 사람이 태어나서 죽을 때까지 따라다니는 것처럼 사업자도 창업에서 폐업에 이르는 모든 과정에서 세금이 따라다닌다. 세금 문제를 충분히 고려하지 않고 기업을 경영하다 보면 심한 경우 기업의 존립까지도 좌우하게 되는 경우를 볼 수 있다. 특히, 창업자의 경우는 세금에 대한 상식이 부족하여 세금을 납부하지 않거나 신고 의무를 이행하지 않아 나중에 가산세를 부담하는 경우가 많다. 따라서 세금에 대한 기본적인 사항을 충분히 숙지하고 사업을 전개해 나가는 것이 필요하다.

1 개인사업자가 알아야 하는 세금

개인사업자는 사업을 하면서 부담해야 할 세금으로 가장 중요한 것은 소득세와 부가가치세이다. 이들 각각에 대해 살펴본다.

1. 소득세

(1) 개인사업자의 장부 비치·기장

소득세란 개인사업자가 사업을 통해 얻은 소득에 대하여 내는 세금을 의미하며, 사업자가 스스로 본인의 소득을 계산하여 신고 및 납부하는 세금이기 때문에 모든 사업자는 장부를 비치·기록하여야 한다. 장부는 간편장부대상자와 복식부기의무자로 구분되는데, 간편장부대상자는 해당 과세기간에 신규로 사업을 시작하였거나, 직전 과세기간의 수입금액(결정 또는 경정으로 증가된 수입금액을 포함)의 합계액이 아래 〈표 14-1〉에 해당하는 사업자를 말한다. 복식부기의무자는 간편장부대상자 이외의 모든 사업자가 해당되며, 재산상태와 손익거래 내용의 변동을 거래시마다 차변과 대변으로 나누어 기록한 장부를 기록·보관하여야 하며, 이를 기초로 작성된 재무제표를 신고서와 함께 제출하여야 한다.

한편, 장부기장을 의무화하기 위해 사업자가 장부기장을 하지 않을 경우에는 불이익을 주고 있다. 즉, 복식부기의무자가 장부를 기장하지 않아 추계신고할 경우 무신고가산세 [수입금액의 0.07%와 무신고납부세액의20%(부정무신고시 40%, 국제거래 수반한 부정무신고시 60%) 중 큰 금액]와 무기장가산세(산출세액의 20%)중 큰 금액을 가산세로 부담하게 된다. 간편장부대상자는 산출세액의 20%를 무기장가산세로 부담하게 된다. 또한, 결손금액이 발생하더라도 이를 인정받지 못한다.

표 14-1_ 간편장부대상자

업 종 구 분	직전 과세기간 수입금액
① 농업·임업 및 어업, 광업, 도매 및 소매업(상품중개업 제외), 부동산매매업, 그 밖에 아래 ②, ③에 해당하지 아니하는 사업	3억 원 미만
② 제조업, 숙박 및 음식점업, 전기·가스·증기 및 수도사업, 하수·폐기물처리·원료재생 및 환경복원업, 건설업(비주거용 건물 제외), 운수업, 출판·영상·방송통신 및 정보서비스업, 금융 및 보험업, 상품중개업, 욕탕업	1억 5천만 원 미만
③ 부동산임대업, 부동산관련서비스업, 전문·과학·기술서비스업, 임대업(부동산임대업 제외), 사업시설관리·사업지원서비스업, 교육서비스업, 보건 및 사회복지서비스업, 예술·스포츠 및 여가관련서비스업, 협회 및 단체, 수리 및 기타 개인서비스업(욕탕업 제외), 가구내 고용활동	7천 500만 원 미만

(2) 소득금액의 계산

사업자가 장부를 비치·기록하고 있는 경우에 소득금액은 총수입금액에서 필요경비를 공제하여 계산한다.

• 소득금액 = 연간 총수입금액 - 필요경비

257

장부를 비치·기장하지 않는 사업자는 '소득세법 시행령 제143조'에 의한 업종별 직전연도 수입금액의 합계액이 기준수입금액 이상이면 기준경비율 대상자로, 그 이하이면 단순경비율 대상자로 분류하여 소득금액을 달리 계산한다.

❶ 기준경비율 대상자

• 소득금액 = 수입금액 − 주요경비(매입비용 + 임차료 + 인건비) − (수입금액 × 기준경비율)

❷ 단순경비율 대상자

• 소득금액 = 수입금액 − (수입금액 × 단순경비율)

개인사업자가 부담하는 소득세율은 6%에서 42%까지의 7단계 누진세율 구조로 되어있으며 세율적용 방법은 다음과 같다.

• 세율적용 방법: 과세표준 × 세율 − 누진공제액

표 14-2_ **과세표준별 세율 및 누진공제액**

과세표준 금액	세 율	누진공제액
1,200만 원 이하	6%	0
4,600만 원 이하	15%	108만 원
8,800만 원 이하	24%	522만 원
1억5천만 원 이하	35%	1,490만 원
3억 원 이하	38%	1,940만 원
5억 원 이하	40%	2,540만 원
10억 원 이하	42%	3,540만 원
10억 원 초과	45%	6,540만 원

(3) 소득세 신고방법

소득세는 사업자가 매년 1. 1.부터 12. 31.까지 얻은 소득에 대하여 다음해 5. 1.~5. 31.까지 주소지 관할세무서에 신고하여야 한다. 소득세는 납세자 스스로가 장부에 의해 내야 할 세금을 계산하고 납부한다. 또한, 사업자는 기업회계기준에 의하여 장부 및 증빙서류를 작성·비치하며, 이를 근거로 작성한 대차대조표, 손익계산서, 그 부속서류 및 합계잔액시산표와 조정계산서를 작성하여 소득세신고서에 첨부한다. 장부를 기장하지 않는 사업자의 경우도 매입비용, 임차료, 인건비 등 주요경비를 지출할 때에는 증빙서류를 빠짐없이 수취하여 보관하여야 한다.

한편, 중·소규모 개인사업자는 간편장부를 이용하면 편리하다. 간편장부란 중·소규모 개인사업자를 위해 정부(국세청)에서 특별히 고안한 장부양식으로서 누구나 쉽고 간편하게 작성할 수 있다. 간편장부를 사용할 경우 혜택은 간편장부를 통해 소득세를 신고하는 경우 납부할 세금의 10%를 공제한다. 또한, 비용이 수입을 초과하는 경우 결손금으로 인정받아 다음 과세연도에 공제받을 수 있다.

표 14-3_ 간편장부 대상자

업 종	직전연도 수입금액
농·수렵·임·어업, 광업, 도·소매업, 부동산매매업 및 아래에 해당되지 아니하는 업	3억 원 미만
제조업, 숙박·음식업, 가스·수도사업, 건설업, 소비자용품 수리업, 운수·창고 및 통신업, 금융·보험업	1억 5천만 원 미만
부동산임대업, 서비스업(사업·교육·보건사회·개인 및 가사 서비스업)	7천 5백만 원 미만

사업자는 소득세할 주민세를 납부하여야 한다. 소득세할 주민세는 소득세와는 별도로 소득세액의 10%를 과세하는 지방세이다.

소득세할 주민세는 매년 소득세 신고납부기일인 5. 31.까지 소득세신고서에 함께 기재하여 신고하고 납부하여야 한다.

2. 부가가치세

(1) 부가가치세의 이해

부가가치세란 물건값에 부가가치세가 포함되어 있어, 물건을 팔 때 받은 세금에서 물건을 살 때 지급한 세금을 차감한 금액에 납부하는 것이다. 소득세는 사업결과 얻

어진 소득(이익)에서 내는 세금으로 소득이 없으면 세금을 내지 않을 수 있지만, 부가가치세는 소비자가 부담한 세금을 잠시 보관했다가 국가에 내는 세금으로 소득이 없어도 물건만 팔면 내야 하는 세금이다.

부가가치세의 납세의무자는 부가가치세법상 사업자로서 일반과세자와 간이과세자로 구분하여 세금의 신고방법을 달리하고 있다. 개인사업자의 경우 최초 사업자등록시 일반과세자와 간이과세자 중 선택하여 사업자등록을 할 수 있기 때문에 이 두 과세유형에 대한 차이점을 정확히 알고 있어야 한다. 참고로 법인사업자는 간이과세 제도가 적용되지 않으므로 모든 법인사업자는 일반과세자이다.

원칙적으로 개인사업자는 일반과세자로 분류된다. 다만, 일반과세자 중 매출액이 적을 경우 세금 부담을 줄여주기 위해 간이과세자 제도를 만들어 혜택을 주고 있다. 매출액을 기준으로 일반과세자는 연간매출액 4,800만 원 이상인 개인사업자, 간이과세자는 연간매출액 4,800만 원 미만인 개인사업자가 해당된다.

❶ 일반과세자

매출세액(공급가액×10%)에서 매입가액을 차감하여 납부한다.

- 부가가치세 = (공급가액 × 10%) - 매입세액

부가가치세는 1년에 2번 신고, 납부한다.

표 14-4_ 부가가치세 신고기간

구 분	제 1 기		제 2 기	
	신고사항	신고기간	신고사항	신고기간
확정신고	1.1.~6.30. 실적	7.1.~7.25.	7.1.~12.31. 실적	다음해 1.1.~1.25.

4월, 10월의 예정신고기간 중에는 직전 과세기간 납부세액의 1/2에 상당하는 금액이 관할세무서에서 고지(예지고지세액이 10만 원 이하인 경우는 예정고지 생략)되므로 이를 가까운 은행에 납부하면 된다. 다만, 직전기 납부액이 없는 자, 당해 예정신고기간(1~3월, 7~9월) 중 신규사업자 등은 반드시 예정신고를 하여야 한다.

❷ 간이과세자

매출액(세금 포함 가액)에 업종별 부가가치율을 적용한 금액에 10%의 세율을 적용
한다.

· 부가가치세 = (매출액 × 업종별부가가치율 × 10%) - (매입세액 × 부가가치율)

업종별 부가가치율을 다음과 같다.

·소매업: 15%

·제조업, 전기·가스 및 수도사업: 20%

·농·수·임·어업, 건설업, 부동산임대업, 기타서비스업, 음식점업, 숙박업: 30%

·운수 창고 및 통신업: 40%

부가가치세는 일반과세자와 같이 1년에 2번 신고·납부한다.

3. 원천징수하는 세금

(1) 원천징수의 이해

원천징수란 상대방의 소득 또는 수입이 되는 금액을 지급할 때 이를 지급하는 자
(원천징수의무자)가 그 금액을 받는 사람(납세의무자)이 내야할 세금을 미리 떼어서 대신 내
는 제도이다.

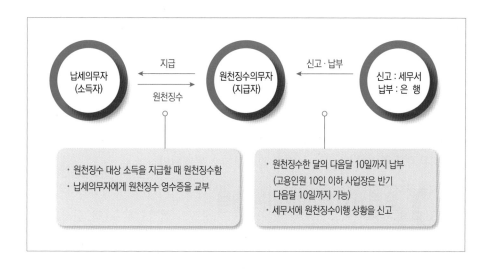

(2) 근로자에게 대한 원천징수

매월 급여를 지급할 때마다 간이세액표에 의해 소득세를 떼어 납부하고 다음해 1월분 급여를 지급할 때(미지급시는 1. 31.일까지) 연말정산을 한다. 연말정산이란 1년간 지급한 급여총액에 대하여 내야 할 소득세를 계산하여 매월 원천징수한 소득세의 합계금액과 비교하여 남거나 모자라는 세액을 돌려주거나 더 떼는 절차로서 근로소득만 있는 경우 종합소득세 신고로 갈음하게 된다.

(3) 퇴직 임직원에 대한 원천징수

임직원이 퇴직하여 퇴직금을 지급할 때 원천징수를 하며. 퇴직소득에 대한 세액 산출 방법은 다음과 같다.

- 퇴직소득에 대한 세액산출방법

$$\left(\frac{총퇴직금 - 퇴직소득공제}{근속연수} \times 기본세율 \right) \times 근속연수 - 퇴직소득세액공제$$

(4) 상금 등 기타소득에 대한 원천징수

상금 등 기타소득을 지급할 때 원천징수를 하며, 세액 산출 방법은 다음과 같다.

- 기타소득에 대한 세액 산출 방법

$$\left(\frac{기타소득}{총지급액} - 필요경비 \times 기타소득금액 \right) \times \frac{원천징수세율}{(20\%)} = 납부할 원천징수세액$$

다음의 기타소득에 대한 필요경비는 지급금액의 80%이다. 다만, 필요경비가 확인되는 경우에는 확인된 필요경비를 모두 공제한다. 기타소득 이외의 경우에는 원천징수의무자가 확인할 수 있는 금액이 필요경비로 공제된다.

- 지급금액의 80%가 필요경비로 인정되는 기타소득: 공익법인이 주무관청의 승인을 얻어 시상하는 상금과 부상, 지역권·지상권의 설정·대여가액, 일시용역제공에 의한 강연료·방송해설료·변호사 등이 당해 지식 등을 활용하여 받는 보

수 등, 전속계약금, 광업권·어업권·공업소유권·산업상 비밀 등의 자산이나 권리의 대여금액, 문예·학술·미술·음악 또는 사진의 창작품에 대한 원작자가 받는 원고료, 인세 및 그 대가, 주택입주 지체상금

② 법인사업자가 알아야 하는 세금

법인은 개인의 소득세에 해당하는 법인세를 납부하며 원천징수는 개인사업자와 같다.

1. 법인세의 이해

법인세는 개인사업자에게 부과되는 소득세와 같은 성격의 세금으로서, 주식회사와 같이 법인형태로 사업을 하는 경우 그 사업에서 생긴 소득에 대하여 내는 세금이다. 법인사업자는 각 사업연도 소득에 대하여 법인세를 납부하여야 하고, 지가급등지역으로 고시된 지역에 소재한 토지 등을 양도하는 경우 토지 등 양도소득에 대한 법인세를 추가로 납부하게 된다.

- 각사업연도 소득 = 총익금 - 총손금
- 익금: 사업에서 생기는 수익금액 외에 사업과 관련하여 발생하는 자산의 양도금액, 자산의 평가차익, 무상으로 받은 자산의 가액 등도 익금에 포함된다.
- 손금: 제품의 원가 및 인건비 외에 사업과 관련하여 지출한 접대비, 복리후생비 등을 포함하며 세법에서 특별히 인정하는 특정 손금이 있다.

각 사업연도 소득에서 이월결손금, 비과세소득, 소득공제를 차감한 것이 과세표준이다.
- 법인세 과세표준 = 각사업연도 소득 - (이월결손금/비과세소득/소득공제)

법인세는 법인세 과세표준에서 법인세율을 곱하고 누진공제액을 공제하여 산출
한다. 과세표준별 세율 및 누진공제액은 〈표14-3〉과 같다.

- 법인세 = (과세표준 × 세율) - 누진공제액

표 14-5_ **과세표준별 세율 및 누진공제액**

과세표준 금액	세 율	누진공제액
2억 원 이하	10%	0
2억 원 초과	20%	2,000만 원
200억 원 초과	22%	4억 2,000만 원
3천억 원 초과	25%	94억 2,000만 원

2. 법인세 신고방법

법인세 신고기한은 사업연도 종료일부터 3월내『법인세 과세표준 및 세액신고서』
를 작성하여 납세지 관할세무서장에게 신고한다. 법인세 신고시 제출하여야 할 서
류는 다음과 같다.

- 재무상태표와 손익계산서
- 이익잉여금처분계산서(결손금처리계산서)
- 세무조정계산서
- 기타 부속서류

법인세의 납부는 법인세신고서에 기재된 납부세액을 법인세 신고기한 내에 가까
운 은행 또는 우체국에 납부하여야 한다. 법인세는 분납이 가능한데, 납부할 세액이
1천만 원을 초과하는 경우에는 1천만 원 초과분 중 일부를 납부기한이 경과한 날부
터 1월내(중소기업의 경우 45일내) 나누어 납부할 수 있다. 법인세할 주민세는 개인사업자
와 달리 사업연도 종료일로부터 4월내에 법인세액의 100%를 사업장소재지를 관할
하는 시·군·구에 신고납부한다.

3. 법인사업자의 부가가치세

법인사업자는 매출세액(공급가액×10%)에서 매입세액을 차감하여 납부한다.

- 부가가치세 = (공급가액 × 10%) - 매입세액

법인사업자의 경우 부가가치세는 1년에 4번 신고·납부하며, 신고기간은 다음 〈표 14-6〉과 같다.

표 14-6_ 부가가치세 신고기간

구 분	제 1 기		제 2 기	
	신고사항	신고기간	신고사항	신고기간
예정신고	1.1.~3.31. 실적	4.1.~4.25.	7.1.~9.30. 실적	10.1.~10.25.
확정신고	4.1.~6.30. 실적	7.1.~7.25.	10.1.~12.31. 실적	다음해 1.1.~1.25.

2 창업기업에 대한 세금혜택

1 창업 중소기업 등에 대한 법인세(소득세) 감면

1. 감면 내용

수도권 과밀억제권역* 외의 지역에서 창업한 중소기업 등(창업중소기업, 창업보육센터사업자로 지정받은 자, 창업후 3년 이내 벤처확인을 받은 기업, 에너지신기술중소기업)에 대하여 창업후 소득 발생연도부터 5년간 납부할 법인세(소득세)의 50%를 감면한다. 또한, 상시근로자가 증가할 경우에는 초대 50% 추가감면을 해 줌으로써 최대 100%감면혜택을 받을 수 있다.

특히, 청년창업 중소기업(창업 당시 대표자가 15세 이상 29세 이하 법인으로서 창업시 최대주주 등) 또는 신성장서비스업종 중소기업(컴퓨터 프로그래밍, 창작 및 예술관련 서비스업, 엔지니어링사업, 인쇄출판업, 연구개발업, 관광숙박업 등)은 혜택의 폭이 더 커서 3년간 법인세(소득세) 75%, 이후 2년간 50%의 감면혜택을 받을 수 있다.

> **■수도권 과밀억제권역**수도권정비계획법 시행령 제9조
>
> 서울특별시, 인천광역시[강화군, 옹진군,서구 대곡동·불로동·마전동·금곡동·오류동·왕길동·당하동·원당동, 인천경제자유구역(경제자유구역에서 해제된 지역을 포함한다) 및 남동 국가산업단지는 제외한다, 의정부시, 구리시, 남양주시(호평동, 평내동, 금곡동, 일패동, 이패동, 삼패동,가운동, 수석동, 지금동 및 도농동만 해당한다), 하남시, 고양시, 수원시, 성남시, 안양시, 부천시, 광명시, 과천시, 의왕시, 군포시, 시흥시[반월특수지역(반월특수지역에서 해제된 지역을 포함한다)은 제외한다].

2. 감면기간 및 감면세액

(1) 감면기간

- 창업중소기업 및 창업보육센터지정사업자: 창업후 해당 사업에서 최초로 소득이 발생한 날이 속하는 과세연도와 그 다음 과세연도 개시일로부터 4년 이내 끝나는 과세연도까지 5년간.
- 창업벤처중소기업 및 에너지신기술중소기업: 벤처기업으로 확인받거나 에너지신기술중소기업에 해당하는 날 이후 최초로 소득이 발생한 과세연도와 그 다음 과세연도 개시일로부터 4년 이내 끝나는 과세연도까지 5년간.

(2) 감면세액

법인세 산출세액은 법인세법 제13조에 의한 과세표준에 같은 법 제55조에 의한 세율을 적용하여 계산한 금액으로서, 가산세와 토지 등 양도소득에 대한 법인세를 제외한다. 감면소득은 감면업종으로 열거된 해당 사업에서 발생한 소득으로서 법인세법 제14조에서 규정하고 있는 각 사업연도소득을 의미하는 것으로, 감면사업과

기타의 사업을 겸영하는 경우에는 「법인세법」 제113조 규정을 준용하여 계산한 소득금액으로 한다.

$$감면세액 = 산출세액 \times \left(\frac{감면소득}{과세표준} \right) \times 감면율(50\%)$$

에너지신기술중소기업의 경우 아래와 같이 감면대상 소득을 계산하며, 이 경우 고효율제품의 매출액은 제조업분야의 다른 제품의 매출액과 구분 경리하여야 한다.

$$감면소득 = 해당과세연도의 제조업에서 발생한 소득 \times \left(\frac{고효율제품의 매출액}{제조업에서 발생한 총매출액} \right)$$

2 지방세 감면

1. 취득세 감면

창업중소기업 및 창업벤처기업이 사업을 영위하기 위하여 창업일로부터 4년 이내에 취득하는 부동산에 대해 취득세 75%를 감면한다.(지방세법특례제한법 제 58조의3①항

2. 재산세 감면

창업중소기업 및 창업벤처기업이 소유하는 부동산에 대해 창업일로부터 3년간 재산세 100%감면하며, 이후 2년간 50%의 감면혜택이 주어진다.(지방세법특례제한법 제 58조의3②항

3. 등록면허세 면제

창업중소기업의 법인설립 등기에 대한 등록면허세가 면제된다.(.지방세법특례제한법 제 58조의3③항

 참고문헌

- 국세청. www.nts.go.kr.
- 국세청. 종합소득세란?, https://www.nts.go.kr/support/support_01.asp?cinfo_key=MINF8020100726112230& menu_a=10&menu_b=100&menu_c=1000
- 윤남수. (2008). 벤처비즈니스의 이해와 창업. 백산출판사.
- 이정란. (2010). 창업중소기업 조세지원제도에 관한 연구. 공법학연구, 12(3).
- 중소기업청, 한국창업보육센터. (2015. 3.). 기술창업 가이드. 한국창업경영컨설팅협회.
- 중소벤처기업부, 한국세무사회. (2018. 6.). 2018년도 중소기업 조세지원. 중소벤처기업부.
- 중소벤처기업부. k-startup. 2018년도 창업지원사업. http://www.k-startup.go.kr/common/post/detail.do
- 중소벤처기업부. (2018. 3.). 창업상담 표준해설서.

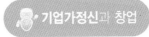

창업
실무절차

학습 목표

1. 제조업 창업절차

2. 서비스업 창업절차

3. 창업 이후의 행정절차

4. 창업기업의 의무신고사항

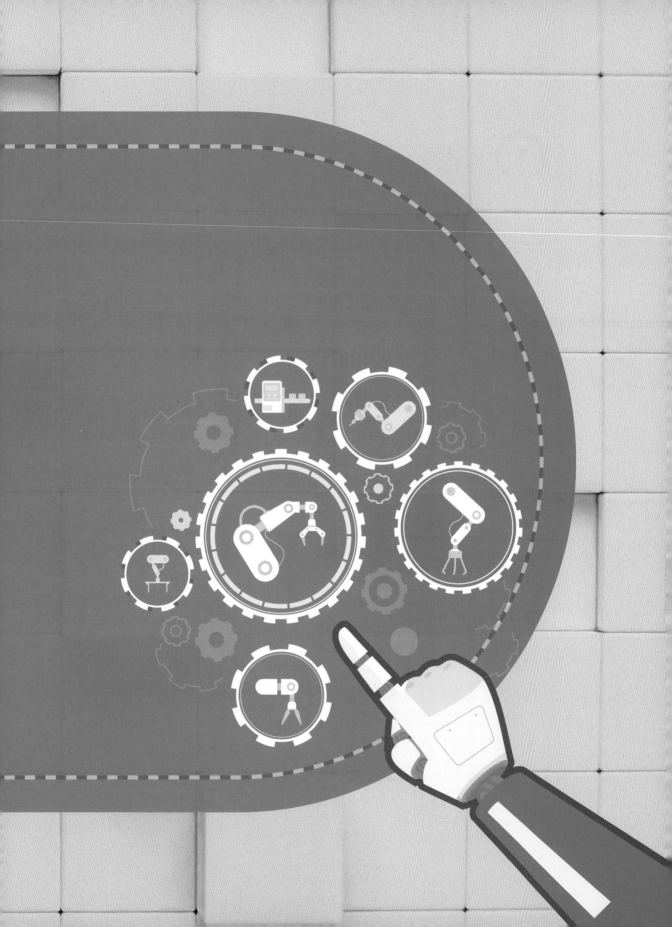

1 제조업 행정절차

창업을 준비하는데 있어서 창업절차를 잘 숙지하고 수행하는 경우와 그렇지 못한 경우 기간과 비용면에서 많은 차이가 난다. 창업에 대한 절차를 제대로 알지 못한 상태에서 창업을 하게 되면 많은 시행착오를 거치게 되며, 불필요한 비용과 시간을 낭비하게 된다. 반면에 창업절차를 잘 숙지하고 체계적으로 계획을 세워 준비하면 필요 없는 고생이 줄어들어 창업 기간이 단축되고 결국 비용 절감 효과를 얻을 수 있으며, 당연히 사업의 본궤도 진입도 앞당길 수 있다.

창업에 있어서 이행해야 할 절차는 업종과 기업형태, 그리고 공장을 설치하느냐 여부에 따라 많은 차이가 난다. 특히, 제조업 창업은 다른 업종에 비해 제조활동 부분이 추가되어 창업과정이 좀 더 복잡하다.

제조업 창업의 기본절차는 크게 나누어 ①제조업 설립준비 ②회사설립 절차 ③자금조달 계획 수립 ④공장설립 기본계획 수립 ⑤공장설립 실행 및 개업준비 절차 등으로 나누어 볼 수 있다. 각 단계별로 세부처리 절차를 살펴본다〈그림 15-1〉.

1 제조업 설립준비

제조업 설립을 위해서는 다소 복잡한 절차를 거쳐야 한다. 따라서 설립 전에 체계적으로 사업 구상을 하고 실현 가능성을 사전에 검증하여야 한다. 제조업 설립준비 단계에서 결정되거나 검토되어야 할 핵심요소는 크게 사업 핵심요소의 결정, 사업 타당성 분석, 사업계획서 작성 등이다.

❶ 사업 핵심요소란 사업 시작 전에 미리 결정하여야 할 사업의 중요요소를 말한다. 이들 요소에는 업종 및 사업 아이템 선정, 기업형태 및 사업규모 결정, 창업 핵심맴버와 경영조직의 구성, 기타 요소의 결정문제 등이 있다.

❷ 사업타당성 분석은 주로 창업자의 경영능력, 제품의 기술성, 시장성 및 판매 전망, 수익성 등을 다각도로 분석하는 것이 포함된다.

❸ 사업계획서 작성은 성공가능성이 인정된 후 성공가능한 사업내용을 좀더 체계화하는 데 목적이 있다. 사업계획을 체계화하기 위해서는 일정한 양식의 사

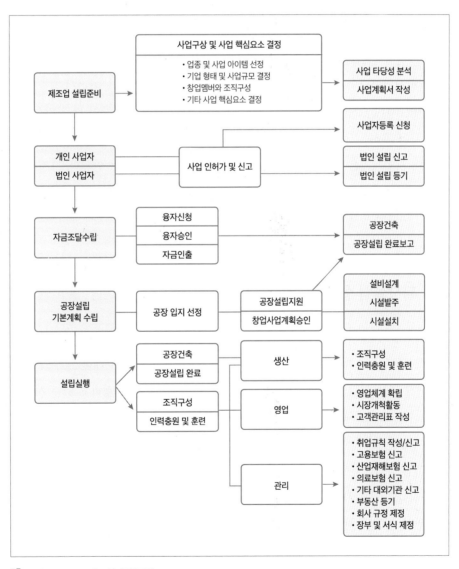

🚂 그림 15-1_ 제조업 창업절차

업계획 내용을 또박또박 알기 쉽게 표현할 필요가 있으며, 이렇게 작성된 사업계획서는 주주·금융기관·동업자·거래처 등에 제출하거나 브리핑 자료로 활용될 수 있다.

사업타당성 분석과 사업계획서 작성은 절대 생략되어서는 안된다. 이는 창업 성패의 핵심 요인이기 때문에 사업타당성 분석 없이 사업을 추진할 경우 사업실패로 이어질 가능성이 크다. 사업타당성 분석시 주의할 점은 객관성이 얼마나 확보되느냐이다. 흔히 창업자의 입장에서는 사업 성공가능성을 맹목적으로 믿어버리는 경향이 있어 사업타당성 검토의 내용이 객관성을 잃을 가능성이 높다. 따라서 객관화 과정이 반드시 필요하며, 경우에 따라서는 주위의 사업 경험자나 창업 전문 컨설턴트의 자문을 구하는 것이 좋다.

또한, 사업계획은 창업자 자신의 머릿속 내용에만 의존해서는 안된다. 그것은 창업 구상단계에 불과하기 때문이다. 따라서 창업자의 구상을 좀 더 체계화하고 가시화하기 위해서는 체계적인 사업계획서의 작성이 필요하다.

② 회사설립 절차

회사설립 단계는 법률적으로 정당하게 회사가 설립되는 과정이다. 따라서 회사설립 절차에서 수행하여야 할 핵심요소에는 창업 예정 업종에 대한 정부의 각종 인·허가 또는 신고의 이행, 사업을 수행하기 위해 세법에서 규정하고 있는 사업자 등록 신청, 그리고 법인설립의 경우는 법인설립등기와 법인설립신고 등의 절차를 이행하여야 한다.

제조업 창업절차에서 업종 및 사업 아이템이 결정되면 그 다음 절차는 각종 법에서 규정하고 있는 사업 인·허가 내지는 신고이다. 창업자가 선택한 업종이 인·허가 대상인지, 신고만 하면 되는 업종인지를 파악한 후, 별도의 인·허가가 필요한 경우에는 해당관청은 어디며, 어떤 서류가 필요하고 어떤 절차를 밟아 이행하여야 되는지 함께 검토한다.

또한, 설립할 기업의 형태가 결정되어 법인, 예를 들면 주식회사로 기업을 설립할 경우에는 자본규모의 결정, 주주구성 등을 규정하는 절차에 따라 법원에 법인설립 등기를 하고, 그 후 발급되는 법인 등기부등본 등을 첨부하여 관할세무서에 법인설립신고와 사업자등록 신청을 한다. 법인이 아닌 개인기업 설립시에는 사업 인·허가와 사업자등록만으로 사업수행을 위한 법적 절차를 마무리할 수 있다.

법인설립등기에는 법적 등기사항이 있기 때문에 이들 사항이 누락되는 일이 없도록 주의해야 하며, 법인설립 신고시에는 향후 경영상 회계처리 기준이 되는 고정자산 등의 감가상각방법을 사전에 신고해야 한다. 이렇듯 법적으로 회사가 설립되는 과정에서 실수로 법적 요건에 흠결이 없도록 세심한 주의가 필요하다.

③ 자금조달 수립

제조업 설립을 위해 공장설립이나 생산시설 도입이 필요한 경우에는 자금조달 계획을 세심하게 수립해야 한다. 대개의 경우 공장건축과 병행하거나 공장 준공예정일에 맞춰 생산설비의 설계, 시설발주 등이 필요하므로 생산설비 설치 등에 따라 자기자금 이외에 금융기관을 통한 추가 자금조달이 이루어지지 않으면 안 된다. 따라서 공장건축과 생산설비 발주시에는 사전에 정확한 견적서, 설계서 등을 청구하여 자금부족이 생기지 않도록 신중을 기해야 한다. 시설자금 조달이 필요한 경우 사전에 금융기관과 접촉하여 한도승인 내지는 자금조달 신청을 하는 등 적기에 자금이 지원될 수 있도록 세심한 주의를 기울여야 한다.

④ 공장설립 기본계획 수립

공장설립은 제조업 창업 중에서 가장 절차가 복잡하고 지연되기 쉬운 단계이다. 공장설립시 공장입지 선정에서부터 각종 법적 인·허가 절차를 밟아야 하며, 계약

이 원만히 이루어져야 공사가 순조롭게 진행될 수 있다. 공장설립시에는 공장 건축공사 이외에 이 무렵을 전후해서 관할관청에 공장설립신고, 그리고 공장설립 완공보고 등 각종 검사도 함께 받아야 한다.

공장설립 절차는 매우 까다롭다. 그러므로 사전에 공장입지와 관련해서 규제되고 있는 법의 내용을 어느 정도 알고 접근하는 것이 좋다. 공장입지를 선정할 때에는 공장설립 기본계획을 사전에 수립하는 것이 무엇보다 중요하다. 이 기본계획에 따라 순차적으로 입지의 적합성 분석과 더불어 정부 또는 지방자치단체 등에서 분양하는 계획입지 내용, 창업자가 임의로 선정하여 개별적으로 추진하는 자유입지의 선택문제, 그리고 창업절차를 간소화하기 위한 창업 사업계획 승인여부 등을 사전에 충분히 검토한다. 공장입지를 내정하고 나서 공장용지에 대한 토지거래허가, 농지전용 허가 등의 절차를 밟아야 한다. 그리고 공장설치 계획수립시에는 신용 있는 건설업체의 선정에서부터 적합한 설계, 자금의 조달방법, 생산설비의 생산업체 선정과 발주시기 등에 대해서도 세밀한 검토를 함과 동시에 공사일정도 차질이 없도록 해야 한다.

5 공장설립 실행 및 개업준비 절차

회사설립, 공장건축 및 생산설비 설치가 완료됨으로써 회사의 골격이 갖추어지게 되고 개업을 위한 준비가 마무리된다. 개업준비 절차에서는 우선 창업요원 이외에 본격적인 영업에 돌입하기 위해 필요한 관리·영업·생산직 직원을 충원하고 훈련하는 일에서부터 체계적인 조직의 구성으로 이어진다.

회사설정에 맞는 조직이 구성되면 각 분야별로 생산 파트에서는 원·부자재 조달, 생산설비 시운전 및 시제품 생산과정을 거친 후 본격 생산에 돌입한다. 그리고 이어서 공장등록, 공장설립 완료보고, 부동산 등기 등의 절차도 이행하여야 한다.

관리분야에서는 급여규정, 회계규정 등 각종 회사내규의 제정, 그리고 업무에 필요한 각종 장표와 서식 제정과 더불어 직원연수도 실시해야 한다. 그리고 대외기관에 신고해야 할 각종 사규, 즉 취업규칙 신고, 그리고 기타 대외기관 신고 등을 이행해야 한다.

영업분야에서는 영업체계의 확립, 시장개척 활동 및 시장조사 등을 병행하여 실시함으로써 본격적으로 영업에 대비한다. 자사 제품을 홍보하고, 소비자 반응을 체크하여 제품의 성공가능성을 타진해보는 등 더 좋은 제품으로 발전해갈 수 있도록 다양한 측면에서 소비자 반응을 살피는 일도 중요하다. 그리고 영업사원에 대한 교육과 더불어 영업직에 대한 자긍심 제고 노력을 위한 연수도 병행하여 실시해야 한다.

② 서비스업 행정절차

① 서비스업 창업의 기본절차

서비스업형 기업은 제조업형 기업에 비해 창업절차가 간단한 편이다. 서비스업은 크게 나누어 개인 서비스업과 사업 서비스업으로 나누어지는데, 개인 서비스업이라 하면 일반 개인을 그 고객으로 하여 각종 서비스 용역을 제공하는 것을 말하며, 부동산 관련 서비스업·여행알선업·수리업·음식점업 등이 여기에 해당된다.

사업 서비스업은 주로 사업체를 주 고객대상으로 하여 각종 서비스 용역을 제공하는 사업을 말하며, 전기통신업·보관 및 창고업·정보처리 및 기타 컴퓨터 운용 관련업·교육 서비스업 등이 여기에 해당된다. 이들 서비스업 중 규모면에서는 개인 서비스업보다 사업 서비스업이 더 크며, 업무 자체도 전문적이고 복잡하다. 사업 서비스업은 법인형태로 설립되는 경우가 많은데, 제조업에서와 똑같이 법인설립 절차가 필요하며, 고객왕래가 쉬운 곳 등 사무실 입지조건도 중요하다.

서비스업 창업절차는 크게 나누어 ①창업예비 절차 ②회사설립 절차 ③사무실 입지선정 절차 ④개업준비 절차로 구분되며 그 세부절차는 〈그림 15-2〉와 같다.

2 서비스업 창업시 기본 고려사항

서비스업형의 창업은 여러 가지 특성을 갖고 있는데 비교적 창업이 쉬운 반면 고려해야 할 사항도 적지 않다. 서비스업 창업의 특징은 다음과 같다.

❶ 창업자와 가장 밀착된 산업이다. 즉 창업자의 지식·경험·노하우 등이 직접 사업에 적용되고, 이들 요소가 사업 수익력의 원천이 된다. 따라서 서비스업 창업자는 해당분야에 대한 전문지식이 없이는 창업이 거의 불가능하다.

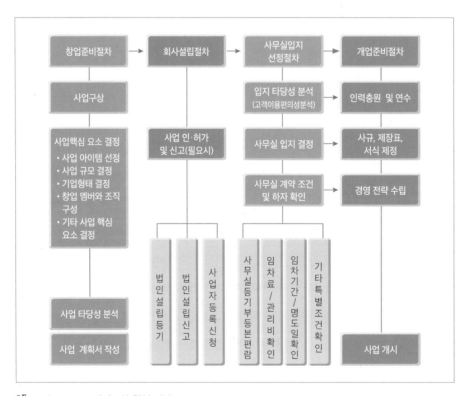

🚌 그림 15-2_ 서비스업 창업 절차

❷ 인간이 중시되는 산업이다. 제조업의 경우 기술자의 손을 빌어 기계가 제품을 생산해내지만, 서비스업은 임직원의 지식을 바탕으로 운영되며 종업원의 능력과 노력에 의해 사업이 번창한다. 그렇기 때문에 서비스업의 성패는 바로 인력의 질과 직결되며, 핵심 멤버가 퇴직하거나 이직하면 사업에 큰 타격을 입게되는 것이다. 따라서 서비스업 창업시 대표자는 그 분야에 대해 정확히 알고있지 않으면 안된다.

❸ 서비스업의 특징은 무형의 재화를 생산하므로 서비스업이 사업으로 성립하기위해서는 소비자(이용자)의 동의가 필수요건이다. 보이지 않는 무형의 재산을 상품화하기 위해서는 이용자가 그 무형의 재산가치를 인정해주어야 하며, 따라서 무형의 재화를 팔기 위한 마케팅전략 수립이 필연적인 과정으로 대두된다.

❹ 창업에 소요되는 자금은 여타 산업에 비해 훨씬 적은 편이다. 서비스업은 제조업처럼 생산설비 시설을 따로 갖추지 않아도 되므로 사무실 개설비 정도가필요하며, 그 이후 관리업무비도 사무실 유지관리비와 인건비가 대부분이다. 따라서 좋은 아이템만 있다면 쉽게 창업할 수 있고, 또 쉽게 폐업할 수 있어비교적 자유롭다.

❺ 경제여건과 경영환경 등에 아주 민감하다. 서비스업은 기업 경영과 밀접하게연관되기 때문에 불경기인 경우에는 이 업종이 가장 큰 영향을 받는다. 그러므로 제조업이 호황일 때 서비스업도 호황을 누리는 것은 당연하다. 따라서수주 자체가 불규칙적이며, 용역 건당 수수료(용역비)도 수행 내용 및 수주처의성격에 따라 큰 차이가 나므로 장·단기 수지계획에 의거하여 경영하지 않으면 안 되는데, 언제 닥칠지 모르는 불경기에도 어느 정도 대비할 필요가 있다.

❻ 창업 초기부터 영업기반 확보까지 다소 긴 시간이 소요된다. 우선 영업 내용을 홍보하고 이를 이용자가 인식하기까지는 상당한 기간이 필요하며, 종업원의 업무추진 능력향상에 많은 시간이 소요되기 때문에 초기 영업기반 확충시까지 어느 정도 자금력이 뒷받침되어야만 한다.

이상과 같은 여러 가지 특징으로 인하여 서비스업형 기업은 쉽게 창업하기도 하

지만 쉽게 폐업하기도 한다. 따라서 성공적인 서비스업형 기업의 창업을 위해서는 창업 전에 충분한 준비가 선행되어야 하며, 창업 후에도 경제 및 경영환경 변화에 적응할 수 있도록 신축성 있는 경영전략이 요구된다.

3 창업 이후의 행정절차

개인기업이든 법인기업이든 회사를 설립하고 사업자등록이 끝나면 법적으로 사업을 시작할 수 있는 절차가 완료된다. 그러나 실제적으로는 산업재해보상보험, 고용보험, 국민건강보험, 국민연금 등 이른바 4대 사회보험의 가입이 의무화되어, 이들 절차가 마무리되어야 기업 활동을 개시할 수 있다.

또한, 기업설립 후 필요에 의하여 신고하는 사항 중 유리한 것이 있다. 즉, 한국산업기술진흥협회에 기업부설연구소 또는 연구개발전담부서의 설치신고를 하면 신고 후 벤처기업 확인, 조세감면, 병역특례연구원 공급 등 각종 지원제도를 받을 수 있다. 또한, 수출입에 대비하여 기업설립 후 미리 무역업을 신고하는 것이 유리하다.

창업 이후에 행정절차를 요하는 신고사항을 살펴보면 다음과 같다.

표 15-1_ 창업기업의 의무신고사항

구 분	상시근로자수			비 고
	5인 이상	10인 이상	50인 이상	
근로자명부와 임금대장 작성	○	○	○	근로기준법 제40조, 제47조
고용보험 신고	전사업장	○	○	고용보험법 제7조
국민연금 의무가입	○	○	○	국민연금법 시행령 제19조
국민건강보험 의무가입	○	○	○	의료보험법 시행령 제3조
산업재해보상보험 의무가입	○	○	○	산업재해보상보험법 제5조
취업규칙 작성신고		○	○	근로기준법 제96조

표 15-2_ 4대 사회보험 비교

구 분	국민연금	건강보험	고용보험	산재보험
적용 사업장	상시근로자 1인 이상 법인 및 전문직종 개인사업장과 상시 근로자 5인 이상 일반사업장	상시근로자 1인 이상	1996년 10월 1일부터 1인 이상 근로자 의무 가입	상시근로자 1인 이상
신고기한	근로자를 사용하는 사업장이 된 때에서부터 14일 이내		가입사유가 발생한 날. 즉 근로자를 채용한 날로부터 그 다음달 15일까지	
부과소득 상한선	360만 원(45등급)	548만 원(등급 없음)	상한선 없음	상한선 없음
보험료 부담	사용자와 근로자가 각각 1/2씩 부담	사용자와 근로자가 각각 1/2씩 부담	실업급여는 사용자와 근로자가 각 50%씩 부담, 기타사업은 사업주가 전액부담	사업주가 전액부담
납부방법	월납	월납	연납 (분할납부 가능)	연납 (분할납부 가능)
납부마감일	다음달 10일 (신고마감일은 15일)	다음달 10일 (신고마감일은 15일)	당해 연도의 3.31까지 (연도 중 성립의 경우 성립일로부터 70일)	당해 연도의 3.31까지 (연도 중 성립의 경우 성립일로부터 70일)

* 부과소득 상한선: 순서대로, 434만 원, 7,810만 원, 상한선 없음, 상한선 없음

4 창업기업의 의무신고사항

1 근로자명부와 임금대장신고

창업회사는 근로기준법 제40조 및 제47조의 규정에 의하여 상시근로자가 5인 이상인 경우 근로자명부와 임금대장을 작성하여야 한다. 사업자는 근로기준법 시행규칙 제19조에서 정하는 서식에 각 사업장별로 근로자의 성명, 생년월일, 이력 등을 기

재한 근로자 명부(소정양식 제25호)와 임금과 가족수당 계산의 기초가 되는 사항, 임금액 등을 기재한 임금대장(소정양식 제26호)을 작성하여 보존하여야 한다.

2 고용보험 신고

고용보험은 실업의 예방, 고용의 촉진 및 근로자의 직업능력의 개발·향상을 도모하기 위하여 실시하는 것으로서 고용보험 적용대상 사업장이 1998년 10월 1일부터 영세사업장을 포함한 모든 사업장으로 확대됨에 따라 사업주는 당해 보험관계가 성립한 날로부터 14일 이내에 관할 지방노동청(사무소)에 신고하여야 한다.

1. 고용보험적용 대상사업(고용보험법 제7조 및 시행령 제2조)

근로자를 고용하는 모든 사업장이 해당되나, 근로자수가 4인 이하인 사업장 중 농업, 임업, 어업 및 수렵업과 개인이 건축하는 소규모 주거용 건출물 공사 및 가사서비스업은 제외된다.

신규로 사업을 개시하는 사업자는 당해 사업장이 보험관계가 성립된 날(당해사업이 개시된 날 또는 고용보험 적용요건에 해당하게 된 날)부터 14일 이내에 고용보험관계 성립신고서와 피보험자자격취득 신고서를 함께 지방노동청(사무소)에 제출하여야 한다.

2. 고용보험적용제외근로자(고용보험법 제8조)

❶ 60세 이후에 새로이 고용된 자

❷ 65세 이상인자

❸ 1월간의 소정근로시간이 80시간 미만인 자(1주간 소정의 근무시간이 18시간 미만인자를 포함)

❹ 일용근로자(1월 미만인 기간동안 고용되는 자)

❺ 국가공무원 및 지방공무원법에 의한 공무원

❻ 사립학교교원연금법의 적용을 받는 자

❼ 외국인 근로자(다만, 외국인 근로자 중 취업활동을 할 수 있는 체류자격을 가진 자로서 가입을 희망하는 자 및 거주의 자격에 해당하는 자는 제외)

고용보험관계 성립신고를 한 사업자는 고용보험 관계의 변경이 있는 경우에는 보험관계 변경신고, 사업의 폐지·종료 등으로 인하여 보험관계가 소멸하는 경우에는 보험관계 소멸신고, 근로자의 신규 고용 또는 퇴직으로 인한 경우에는 피보험자격의 취득 또는 상실신고를 소재지 관할 지방노동청(사무소)에 하여야 한다.

표 15-3_ 고용보험 신고요건 및 신고사항

신 고 요 건	신 고 사 항	신 고 서 류
근로자를 고용하는 모든 사업장 (회사 설립시)	고용보험관계 성립신고 및 피보험자격 취득	고용보험보험관계성립신고서 1부 고용보험피보험자자격취득신고서 1부
사업의 명칭·소재지·종류·사용자의 변경	고용보험관계 변경	고용보험관계 변경신고
사업장이 휴업·폐업 (사업의 종료, 폐지)	고용보험관계 소멸	고용보험보험관계소멸신고서 1부 고용보험피보험자자격상실신고서 1부
직원의 신규채용	피보험자격 취득	고용보험피보험자자격취득신고서 1부
외국인 근로자 신규채용	외국인 피보험자격 취득	고용보험외국인피보험자자격취득신고서 1부
직원 등의 퇴직·정년·사망 등	피보험자격 상실	고용보험피보험자자격상실신고서 1부

❸ 국민연금 의무가입

대표이사 등 상근임원과 종업원을 합해서 5인 이상인 회사(법인)를 설립한 때에는 당연적용 사업장이 되어 국민연금법 시행령 제19조의 규정에 의하여 국민연금에 의무적으로 가입하여야 하며, 임원·종업원이 4인 이하의 사업장 근로자 및 농·어민, 자영업자, 일용근로자, 주부 등은 신청에 의하여 가입할 수 있다.

국민연금에 가입하려면 「당연적용사업장해당신고서」, 「사업장가입자 자격취득신고서」를 법인의 사업소 소재지 관할 국민연금관리공단에 제출하여야 한다.

당연적용 사업장이란(국민연금법 시행령 제19조) 국내에 거주하고 3월 초과하여 계속 사용되는 18세 이상 60세 미만의 근로자(외국인 포함)와 사용자의 수가 5인 이상 사업장을 의미한다. 다만, 공무원연금법, 군인연금법, 사립학교 교원연금법의 적용을 받는 자 및 일용근로자, 3월 이내의 기한부로 사용되는 근로자, 비상임이사, 시간제 근로자, 산업연수생인 외국인 등은 제외(국민연금법 제6조 및 동법 시행령 제2조)된다.

사업장의 사용자는 매년 2월말까지 해당 사업장가입자의 전년도중 소득월액내역을 국민연금관리공단에 제출(동법 시행규칙 제16조)하여야 하며, 직원 등이 퇴직, 사망 등으로 인하여 사업장가입자의 자격을 상실한 때에는 사업장가입자 자격상실 신고서를 제출(동법 시행규칙 제11조)하고, 사업장의 종류·명칭·소재지·사용자의 변경 등이 있는 때에는 사업장 내역변경 신고서를 제출(동법 시행규칙 제 17조)하는 등 지속적인 관리를 하여야 한다.

• 국민연금관련 신고시기

❶ 당연적용 사업장신고, 사업장 가입자 자격취득신고, 가입자 자격상실 신고, 사업장내역변경 신고는 그 원인 행위(당연적용 사업장의 적용·변경, 자격의 취득·상실)를 한 날이 속하는 달의 다음달 7일 이내에 지역관할 국민연금관리공단에 신고

❷ 사업장가입자의 전년도 중 소득월액 내역 신고는 매년 2월말까지 지역관할 국민연금관리공단에 제출

표 15-4_ **국민연금 신고요건 및 신고사항**

신 고 요 건	신 고 사 항	신 고 서 류
사업장을 설립하여 근로자가 5인 이상일 경우	당연적용 사업장 해당 신고	당연적용사업장 해당신고서 1부 사업장가입자격취득신고서 1부
사업장의 종류·명칭·소재지·사업장의 변경	사업장 내역 변경신고	사업장내역변경신고서 1부
사업장의 휴업·폐업	휴·폐업 사업장 탈퇴 신고	휴폐업등사업장탈퇴신고서 1부 사업장가입자격취득신고서 1부
근로자 5인 미만인 사업장의 가입	임의적용 사업장 가입 신청	임의적용사업장가입신청서 1부 사업장가입자격취득신고서 1부
직원의 신규채용	사업장 가입자 자격취득신고	사업장가입자격취득신고서 1부
직원등의 퇴직, 사망, 60세 도달	사업장가입자 자격상실 신고	사업장가입자격상실신고서 1부
가입자의 이름, 주민등록번호 정정	가입자 내역변경 (정정)신고	가입자내역변경(정정)신고서 1부
60세에 연장하여 계속 가입(탈퇴)하는 경우	임의 계속 가입자 가입·탈퇴 신청	임의계속가입자가입·탈퇴신청서 1부

④ 국민건강보험 의무가입

상시근로자 5인 이상을 사용하는 사업장의 사업자는 국민연금과 마찬가지로 당연적용 사업장이 되어 국민건강보험에 의무적으로 가입하여야 한다.

• **당연적용 사업장**(국민건강보험법 시행령 제3조)

2개월을 초과하여 계속 사용되는 근로자의 수가 5인 이상 사업장. 다만, 산업단지 또는 수출자유지역에 입주한 사업장, 국민건강보험법에 의해 의료보호를 받는 자, 일용근로자, 2개월 이내의 기한부로 사용되는 근로자, 비상근 고문, 시간제 근로자 등은 제외된다.

국민건강보험법 시행규칙 제2조의 규정에 의하여 사용자는 상시근로자가 5인이상의 사업장으로 된 날로부터 1월 이내에 「당연적용 사업장 해당신고서」 및 「직장

피보험자 자격취득의 신고서」를 사업장이 속한 지역을 관할하는 직장국민건강보험 조합(지역별 관할조합 문의는 국민건강보험연합회 상담과)에 신고한다.

표 15-5_ **국민건강보험 신고요건 및 신고사항**

신 고 요 건	신 고 사 항	신 고 서 류
사업장을 설립하여 근로자가 5인 이상인 경우	당연적용 사업장 해당 신고	당연적용사업장 해당신고서 1부 직장피보험자자격취득신고서 1부 피부양자자격취득(상실)신고서 1부
직원의 신규채용	피보험자 자격 취득 및 부양자 자격 신고	직장피보험자자격취득신고서 1부 피부양자자격취득(상실)신고서 1부
직원등의 퇴직, 사망, 60세 도달	피보험자 자격 상실 신고	직장피보험자자격상실신고서 1부
직장피보험자의 피부양자발생 또는 자격상실	피부양자 자격취득 및 자격상실 신고	피부양자자격취득(상실)신고서 1부

5 산업재해보험 의무가입

상시근로자가 5인 이상인 사업장(당연적용 사업장)의 사업자는 의무적으로 산업재해 보상보험 가입하여야 하며, 당해 사업개시한 날로부터 14일이내에 사업장 관할 근로 복지공단에 보험관계성립신고를 제출하여야 한다.

1. 당연적용사업장(산업재해보상보험법 제5조)

한국표준산업분류표를 기준으로 한 당연적용사업장 예시: 농업, 수렵업, 어업, 광업, 제조업, 전기·가스 및 상수도 사업, 건설업, 도소매 및 소비자용품 수리업, 운수·창고 및 통신업, 숙박 및 음식점업, 부동산 임대 및 사업서비스업, 교육서비스업, 보건 및 사회복지사업, 금융 및 보험업(98.7.1. 신규적용), 기타 공공·사회 및 개인서비스업 (회원단체 제외)

▶ 2000. 7. 1.부터는 모든 사업장에 적용되고 중소기업 사업주도 해당된다.

2. **임의적용 사업장**(산업재해보상보험법 시행령 제3조)

❶ 임업 중 벌목업으로서 벌목재적량이 800㎥ 미만인 사업

❷ 국체 및 기타 외국기관, 기타 공공·사회 및 개인서비스업 중 회원단체

❸ 국가 또는 지방자치단체에서 직접 행하는 사업

❹ 선원법 및 사립학교연금법에 의하여 재해보상이 행하여지는 사업

❺ 기간의 정함이 있는 사업(1의 벌목업, 6의 건설공사 제외) 또는 계정사업으로서 연간 연인원 1,350인 미만의 근로자를 사용하는 사업

❻ 건설공사 중 총공사금액이 4천만 원 미만인 공사, 또는 주택건설촉진법에 의한 주택사업자 기타 건설산업기본법에 의한 건설업자가 아닌 자가 시공하는 공사로서 주거용 건축물은 연면적 661㎡ 이하인 건축 및 대수선에 관한 공사

❼ ①~⑥ 외의 사업으로서 상시 5인 미만인 근로자를 사용하는 사업

보험료는 매 보험연도마다 그 1년 동안 모든 근로자에게 지급하는 임금총액에 동종 사업에 적용되는 보험요율을 곱한 금액으로 산업재해보상보험의 보험료는 선납주의가 원칙이다.

연말에 납부하는 것이 아니라, 보험연도 초에 개산보험료를 납부하고 보험연도 말일을 기준으로 하여 계산된 확정보험료에 의하여 초과납부액은 반환하고 차액은 그 다음연도 초일부터 70일 이내에 납부하는 등 개산보험료를 확정·정산한다.

3. **개산보험료**

❶ 보험료 산정: 1년간 지급할 임금총액의 추정액×산업재해보상보험요율

❷ 납부: 연도 초일부터 70일 이내에 "보험료신고서"를 작성하여 제출하고, 납부서에 의하여 국고수납대리점(은행)에 자진납부(연 4회 분할납부 가능)

❸ 보험료 산정시, 임금추정액이 전년도 임금의 70/100 ~ 130/100 이내인 경우, 전년도 임금총액으로 개산보험료를 정산

❹ 보험료 분할납부는 일정요건(개산보험료금액 40만 원 이상, 6월 30일 이전에 보험관계 성립)에만 허용되고, 연도 중 창업 등으로 보험관계가 성립된 경우, 분할납부 횟수는 2~3회로 조정

4. 증가개산보험료

증가개산보험료 신고·납부 후 임금총액의 추정액이 100% 이상으로 증가한 경우에, 그 증가한 날이 속하는 달의 다음달 말일까지 신고하고 증가개산 보험료와 기납부액의 차액을 납부한다.

5. 확정보험료

❶ 보험료산정: 1년간 지급한 임금총액 × 산업재해보상보험요율

❷ 보고: 이미 납부한 개산(증가)보험료와의 차액을 다음연도 초일부터 70일 이내 (보험연도중에 소멸한 경우 소멸일로부터 30일 이내)에 확정보험료신고서를 공단에 제출

❸ 정산·납부: 초과 납부액은 반환 혹은 충당이 가능하고, 부족한 납부액은 추가 납부하여야 한다.

가입신고를 하지 않았을 경우에는 과거보험료(최고 3년간)를 소급 징수함은 물론 연체금 및 가산금 징수하고, 보험관계 성립신고를 태만히 한 기간중에 발생한 재해는 그 보금급여액의 50% 징수하며, 사업개시 신고를 태만히 한 기간중 발생한 재해는 그 보호급여액의 5%를 징수하는 불이익이 있다.

6 취업규칙신고

"취업규칙"이란 근로계약관계에 적용되는 근로조건이나 복무규율 등에 대하여 사용자가 일방적으로 작성하여 자신의 근로자들에게 공통적으로 적용하는 규칙을 의미한다. 상시근로자 10인 이상을 사용하는 사업자는 취업규칙을 작성하여 관할 고용노동지청에 신고하여야 한다. 또한, 변경하는 경우에도 변경신고를 하여야 한다. 취업규칙에 포함되어야 할 사항은 근로기준법 제 93조에 명시되어 있는데 열거하면 다음과 같다.

- **취업규칙에 포함되어야 하는 사항**(근로기준법 제93조)

❶ 시업·종업의 시각, 휴식시간, 휴일, 휴가 및 교대근로에 관한 사항

❷ 임금의 결정·계산·지급방법·임금의 산정기간·지급시기 및 승급에 관한 사항

❸ 가족수당의 계산·지급방법에 관한 사항

❹ 퇴직에 관한 사항

❺ 퇴직금, 상여 및 최저임금에 관한 사항

❻ 근로자의 식비, 작업용품 등 부담에 관한 사항

❼ 근로자를 위한 교육시설에 관한 사항

❽ 출산전후휴가·육아휴직 등 근로자의 모성 보호 및 일·가정 양립 지원에 관한 사항

❾ 안전과 보건에 관한 사항

❿ 근로자의 성별·연령 또는 신체적 조건 등의 특성에 따른 사업장 환경의 개선에 관한 사항

⓫ 업무상과 업무외의 재해부조에 관한 사항

⓬ 직장 내 괴롭힘의 예방 및 발생 시 조치 등에 관한 사항

⓭ 표창과 제재에 관한 사항

⓮ 기타 당해 사업 또는 사업자의 근로자 전체에 적용될 사항

사업자는 상기내용 포함하는 취업규칙을 작성하고, 근로자의 과반수로 조직된 노동조합이 있는 경우에는 그 노동조합 또는 노동조합이 없는 경우에는 근로자의 과반수의 의견을 들어야 한다. 사업자는 근로자의 의견수렴후, 취업규칙신고서을 관할 지방노동청(사무소)에 제출하여야 한다.

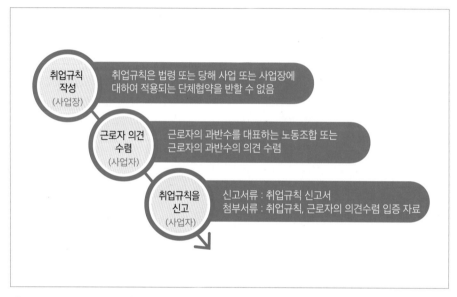

🚂 **그림15-3_** 취업규칙 신고절차

- **취업규칙신고 서류**(근로기준법 시행규칙 제17조)
  ❶ 취업규칙신고서
  ❷ 취업규칙
  ❸ 근로자의 과반수를 대표하는 노동조합 또는 근로자의 과반수의 의견을 들었음을 증명하는 자료

- **취업규칙변경신고 서류**(근로기준법 시행규칙 제17조)
  ❶ 취업규칙변경신고서
  ❷ 취업규칙(변경신고인 경우 변경전과 변경후의 내용을 비교하여 기재한 서류)

❸ 근로자의 과반수를 대표하는 노동조합 또는 근로자의 과반수의 의견을 들었음을 증명하는 자료

❹ 근로자의 과반수를 대표하는 노동조합 또는 근로자의 과반수의 동의를 얻었음을 입증하는 자료(근로자에게 불이익하게 변경되는 경우에 한함)

7 무역업 신고 및 기업부설연구소 신고

1. 무역업 신고

- 무역업 신고 신청서 구비서류
  ❶ 무역업신고신청서 1부
  ❷ 사업자등록증 1부
  ❸ 사단법인 무역협회 및 대한상사중재원의 회원가입신청서 1부

- 무역업 신고사항의 변경신고 신청서 구비서류
  ❶ 무역업 신고필증
  ❷ 변경사실을 증명하는 서류 1부

- 무역업 신고의 면제대상
  ❶ 미화 10만 달러 상당액 이하의 물품의 수출로서 미리 외화를 받은 경우
  ❷ 취소 불능 일람불 화환신용장에 의하여 수출하는 미화 5만 달러 상당액 이하의 물품의 수출
  ❸ 상기 ①, ②의 혼합으로서 취소불능 일람불 화환신용장에 의하는 요건을 충족하는 미화 10만 달러 상당액 이하의 수출

2. 기업부설연구소 설립신고

기업이 지속적으로 성장하기 위해서는 다른 기업보다 먼저 새로운 제품을 수요자에게 공급하여야 한다. 이를 위해서는 무엇보다도 연구개발을 전담하는 연구소 또

는 부서의 설립이 필요하다. 또한 정부에서는 일정 요건을 갖춘 기업부설연구소와 기업의 연구개발전담부서를 설립·신고시 조세지원, 자금지원 및 병역특례 등의 혜택을 부여함으로써 기업의 연구개발을 적극 유도하고 있다.

연구소와 연구개발전담부서의 차이점은 전담부서는 연구소에 비하여 소규모의 연구조직 형태로서 인적요건상 연구전담요원을 1인 이상 요구하고 있는 점에서 구분되며, 물적요건은 동일하다. 그러나 연구개발전담부서는 지원제도의 폭이 연구소에 비하여 상대적으로 협소한 경우도 있을 뿐만 아니라 "연구소"라는 명칭을 사용할 수 없게 되어 있다.

연구소나 전담부서 신고·인정제도는 기본적으로 선설립, 후신고 체계이므로 이를 신고하고자 하는 기업은 먼저 회사의 조직개편 및 연구시설(연구기자재 포함) 보완을 통하여 소정의 요건을 보유한 상태에서 소정의 신고서류를 작성하고 상시비치서류 관련대장을 비치한 후 「한국산업기술진흥협회」에 신고하면 된다.

연구소나 전담부서 설립신고 절차는 한국산업기술진흥협회에 서류를 신청한 날로부터 30일 이내에 서류심사, 현지확인 및 종합평가 등의 절차를 거쳐 처리되며, 신고 기준에 적합한 경우에 한하여 「연구소 확인서」, 「연구개발 전담부서 확인서」를 각각 발급한다.

연구서의 소재지와 관련하여 유의할 사항은 연구소 또는 전담부서의 직원 및 연구시설은 동일한 소재지에 위치함을 원칙으로 하나, 연구수행의 원활화를 위하여 필요한 경우에는 연구소 또는 전담부서의 소재지를 2개 이상으로 할 수 있다. 다만, 이러한 경우에도 소재지별로 각각 연구소의 인정기준을 갖추어야 한다.

또한, 1개 기업에서 2개 이상의 연구소 전담부서를 설치하고 이를 각각 신고코자 할 경우에는 연구소와 전담부서 상호간의 전문분야 또는 설치한 소재지가 다른 경우에 한하여 연구소 또는 전담부서로 신고할 수 있다.

 참고문헌

• 박주관. (2003). 청년 사장학. 넥서스

• 삼일회계법인. (1993). 중소기업 성공조건. 김영사.

• 윤남수. (2008). 벤처비즈니스의 이해와 창업. 백산출판사.

• 윤남수. (2015). 경영학 이론과 실제. 한올출판사.

• 중소기업청, 한국창업보육협회. (2015. 3.). 기술창업 가이드. (사)한국창업경영컨설팅협회.

• k-startup. (2018. 3.). 창업상담 표준해설서. http://www.k-startup.go.kr/common/post/detail.do

• k-startup. (2018. 3.). 2018 창업지원사업. http://www.k-startup.go.kr/common/post/detail.do

저자 소개

윤 남 수

- 세종사이버대학교 경영학과 교수
- 경영학박사(세종대학교)
- 한국물류학회/한국프랜차이즈경영학회/한국외식산업학회 부회장
- 경영지도사, 신용분석사, 선물거래중개사(AP), 전자상거래관리사, 품질경영진단사
- 전) KDI공공투자사업 자문위원
  신용보증기금 자금운용성과평가 위원장
  중앙대학교 창업대학원/세종대학교/상지대학교 겸임교수
  신용보증기금 종합기획부/경제조사부/경영지도부 근무

|저서|

- 경영학 이론과 실제(한올출판사, 2015. 1)
- 벤처비즈니스의 이해와 창업(백산출판사, 2008. 7)
- 벤처기업 창업경영실무(백산출판사, 2006. 1)
- 중소기업 자금조달 100% 활용법(진문사, 1999)

|주 논문|

- T-commerce 산업에 대한 의미연결망 분석_미디어 자료를 중심으로. (2022. 6). 물류학회지. 32(3).
- 한국과 미국소비자의 문화적 차원에 따른 윤리적 소비동기 차이분석, FoodService Industry Journal, 13(4), 2017. 12.
- CSR 연상이 기업 이미지에 미치는 영향: 적합성의 조절효과, 대한경영학회지, 29(9), 2016. 9.
- 사이버대학과 일반대학 학습자 간의 창업동기, 기업가정신 및 창업의지 비교 연구, 대한경영학회지, 26(3), 2013.3.
- 잠재적창업자의 창업동기 요인이 기업가정신 및 창업의도에 미치는 영향: 기업가정신의 매개효과, 산업경제연구, 25(2), 2012. 4.

기업가정신과 창업

초판 1쇄 발행　2020년 9월 10일
2판 1쇄 발행　2024년 1월 10일

저　자　윤남수
펴낸이　임순재
펴낸곳　(주)한올출판사
등　록　제11-403호
주　소　서울시 마포구 모래내로 83(성산동 한올빌딩 3층)
전　화　(02) 376-4298(대표)
팩　스　(02) 302-8073
홈페이지　www.hanol.co.kr
e-메일　hanol@hanol.co.kr
ISBN　979-11-6647-405-7